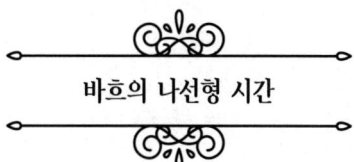

바흐의 나선형 시간

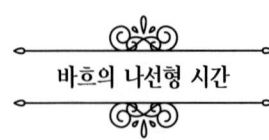

바흐의 나선형 시간

초판 1쇄 발행 2025년 11월 18일 펴냄
오자경 지음, 오윤경 그림

펴낸곳   모노폴리
발행인   강정미
대 표   배상연
편 집   신동욱
마케팅   김민수

출판등록   제2023-000054호 / 2008년 5월 21일
주   소   경기도 파주시 회동길 480 아트팩토리 B동 437호
대표전화   031-944-6692
팩시밀리   031-944-6693
홈페이지   www.mpmusic.co.kr

ⓒ 오자경
ISBN 978-89-91952-36-2 (03670)

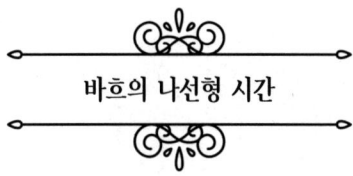

바흐의 나선형 시간

오자경 지음

바흐에 관한 전기들

요한 제바스티안 바흐의 위대한 음악에 매료되면 될수록 바흐라는 인물과 그의 주변 상황이 궁금해진다. 후대의 연구자들은 쉬지 않고 그의 삶과 음악을 탐구해 왔고, 수많은 연구와 전기가 남아 있다. 초기 전기들은 사실보다는 전해 내려오는 이야기에 근거하다 보니 부정확한 면들이 다소 있고, 반면 최근 전기들은 지나치게 많은 연구 결과를 포함하려다 보니 너무 방대해져서 일반인들이 접근하기가 쉽지 않다. 그래도 대표적인 몇몇 바흐 전기를 살펴보려 한다. 발터[1]의 음악사전에 짧게 바흐의 이력이 등재된 것 외에 그의 사후 첫 기록은 아들 카를 필리프 에마누엘과 제자 아그리콜라가 쓴 『추도문』[2]이다. 그로부터 50여 년 후 포르켈[3]은 바흐의 건반 음

---

1. 발터(Johann Gottfried Walther, 1684-1748)는 바이마르 시 오르가니스트로 그가 1732년에 출판한 『음악사전(Musicalisches Lexicon)』이 J. S. 바흐 생전에 출판된 유일한 전기적 기록이다.

2. 『추도문(Nekrolog)』은 작곡가 사후인 1750년에 차남 카를 필리프 에마누엘이 전기 부분을 맡고, 아그리콜라가 음악적 특징에 관해 썼는데, 미츨러가 펴낸 잡지 음악 도서관(*Musikalische Bibliothek*) 마지막 호에 실리면서 출판은 1754년에 이루어졌다.

3. 포르켈(Johann Nikolaus Forkel, 1749-1818)은 독일의 음악 역사학자로 괴팅엔 대학 재학 시절

악에 중점을 둔 전기를 썼고, 교회음악의 부흥을 주도하던 음악학자 슈피타[4]는 바흐의 독실한 신앙인의 면모를 강조하면서 매우 포괄적이고 학문적 가치가 있는 기록을 남겼다. 한편 음악학자인 볼프[5]는 바흐를 학식이 뛰어난 지적인 음악가로 추앙했고, 가디너[6]는 지휘자답게 바흐의 교회음악과 합창음악에 집중해 전기를 썼다. 특히 가디너는 반항적이며 고집 센 바흐의 성격을 강조하며 전기 작가들이 지금껏 그려낸 지나치게 완벽한 이미지의 허실을 지적했다. 오르가니스트며 음악학자인 윌리암스[7]는 첫 전기인 『추도문』을 바탕으로 거기다가 최근에 밝혀진 정보들을 더해 재구성하였다.

바흐에 관해 글을 쓰기로 마음먹은 후 그의 위대한 후기 음악과 평탄치

대학 오르가니스트로 활약했다. 요한 제바스티안 바흐의 두 아들, 빌헬름 프리데만과 카를 필리프 에마누엘과 활발히 교류하면서 얻은 정보와 작품 목록, 약간의 작품 분석으로 구성된 바흐의 전기 『요한 제바스티안 바흐의 삶과 예술, 작품(Über Johann Sebastian Bachs Leben, Kunst und Kunstwerke)』을 1802년 라이프치히에서 출판하였다. 포르켈은 바흐가 음악 역사의 정점이라고 여기면서 미학적이고 분석적인 내용을 포함하였으나 이후 연구자들에 의해 여러 오류가 발견되었다.

4. 슈피타(Philipp Spitta, 1841-1894)는 독일 음악 역사학자로 괴팅엔 대학에서 고전 철학을 공부해 박사학위를 취득했다. 초기의 가장 중요한 바흐 학자로 꼽히는 그는 1723년까지의 바흐의 삶을 다룬 방대한 전기 제1권을 1873년에 출판하였다. 1874년부터는 라이프치히의 니콜라이 학교에 재직하면서 바흐의 라이프치히 시절을 다룬 제2권을 1880년에 완성하였다.

5. 볼프(Christoph Wolff, 1940~)는 독일 음악학자로 토론토대, 콜럼비아대, 하버드대, 프라이부르크대 등에서 가르쳤다. 바흐에 관한 여러 저서(참고 서적 참고)를 썼으며, 특히 2000년에 출판된 『요한 제바스찬 바흐(Johann Sebastian Bach: Learned Musician)』는 국내에서 번역되었다.

6. 가디너(John Eliot Gardiner, 1943~)는 시대 악기 단체와 고음악을 선도하는 영국 지휘자로 1964년에 몬테베르디 합창단, 1978년에 잉글리쉬 바로크 솔로이스트, 1989년에 혁명과 낭만 오케스트라를 창립하고 이끌어왔다. 2000년에는 유럽 전역과 미국에서 바흐의 교회칸타타 순례 연주를 하면서 얻은 영감으로 『바흐: 천성의 음악(Music in the Castle of Heaven: A Portrait of Johann Sebastian Bach)』을 2013년 출판하였고, 이 책도 국내에서 번역되었다.

7. 윌리암스(Peter Williams, 1937-2016)는 영국의 음악학자며 오르간, 하프시코드 연주가로 오르간 분야와 바흐 관련된 많은 서적을 집필했다. 그의 바흐 전기는 『바흐: 음악 안에서의 삶(J. S.Bach.: A Life in Music)』(2007)과 『바흐: 음악으로 쓴 전기(Bach: A Musical Biography)』(2016)이다.

않았던 삶을 소개하기 위해 나는 좀 독특한 방식을 선택했다. 일반적인 바흐 전기와 달리 65년의 삶 중 후반 30년이란 명확한 시간적인 한계를 설정했다. 또한 매해 지정한 주제에 집중하다 보니 바흐의 전체적인 활동이나 작품을 전부 다루지 못해 연대별 일대기와는 사뭇 다르다. 예술작품에는 그것을 만든 예술가의 생각이 그대로 반영된다. 특별히 그의 대표작인 〈골드베르크 변주곡〉처럼 독창적인 작품은 바흐가 어떤 생각을 하면서 구상했는지 궁금증을 자아낸다. 나는 바흐가 머리에 그렸던 음악적인 밑그림에 맞춰 그의 일상과 작품 및 그의 주변 인물들을 매듭처럼 엮어볼 용기를 내보았다. 그런데 신기하게도 매듭이 쌓여갈수록 그들은 점점 독자적인 무늬와 그림이 되기 시작했다.

〈골드베르크 변주곡〉과 카논의 의미

〈골드베르크 변주곡〉은 바흐의 음악에서 건축적인 구조가 극명하게 잘 드러난 작품이다. 바흐는 출판 당시 이 곡의 제목을 〈아리아와 다양한 변주곡〉이라 불렀다. 걸출한 내용에 비해 사실 제목이 소박한 편이다. 하지만 바흐의 사망 후 그의 둘째 아들 카를 필리프 에마누엘은 『추도문』에 아버지의 작품 목록을 정리하면서 이 곡을 두 개의 건반을 위한 〈아리아와 30개의 변주곡〉이라 기록했다. 나는 바흐의 인생 후반 30년을 30개의 변주에 대입해 보았는데 공교롭게도 바흐의 36세부터 65세까지 30년은 바흐가 안나 막달레나와 함께 그의 두 번째 결혼생활을 보낸 시기다.[8]

바흐의 후반 인생을 30개의 변주곡을 통해 그려보고자 계획하면서 매

---

8. 1720년 6월 첫째 부인인 마리아 바바라가 갑작스럽게 세상을 떠난 후 바흐는 안나 막달레나와 1721년 12월 재혼하였다. 만약 몇 달이라도 혼인이 미뤄졌다면 이 30년이란 나의 구상이 어그러졌을 텐데 날씨도 추운 12월의 결혼식 덕분에 나는 이 퍼즐 맞추기를 시작할 수 있었다.

해 중요한 사건이나 작품 혹은 연관된 주변 인물을 골라 연작처럼 구성했음에도 불구하고 이 곡의 특별한 내적 구조인 '카논'을 어떻게 독자에게 전달할지는 정말이지 어려운 숙제였다. 카논은 '규칙'이나 '표준'을 뜻하는 그리스어다. 바흐는 30개의 변주곡에서 3의 배수 순번에 해당하는 변주곡마다 쐐기처럼 2도, 3도, 4도 순으로 음정이 점점 넓어지는 카논을 배치했다. 예를 들어 세 번째 변주에선 유니슨(1도) 카논, 여섯 번째 변주에선 2도 카논, 아홉 번째 변주에선 3도 카논과 같은 방식이다. 이는 매우 독특한 건축적인 구조로, 마치 높고 아슬아슬한 인생의 구름다리를 한 칸씩 건너갈 때 세 번째마다 조금씩 더 넓은 바닥을 설치해 안전을 배려한 듯한 인상을 받는다. 더 광활한 세계로 뻗어가는 듯한 카논의 진행은 신을 향한 바흐의 신실함과 순종의 표현으로 느껴졌는데, 이는 동시에 기독교 교리문답의 중심인 십계명을 떠오르게 했다. 예를 들면 첫 번째 카논은 쾨텐의 궁정악장 자리를 버리고 라이프치히 칸토르로 직장을 옮긴 제바스티안이 '나 외 다른 신을 두지 말라'는 제1계명을 따르는 것이며, 심지어 연대까지 1723년으로 맞아 떨어진다. 이어지는 다른 카논들은 제바스티안을 따르는 자식들과 주변인들의 이야기로 엮어보았다. 이 카논들을 통해 바흐에게 거의 절대적이었던 기독교의 계명과 그 의미를 확인하는 일은 바흐의 음악으로 들어가는 자연스러운 통로가 될 듯하였다.

　시의회는 물론이고 토마스 학교 교장과의 갈등으로 인해 그 무엇도 본인 뜻대로 되지 않는 라이프치히에서 바흐는 어떻게 버티며 살았을까? 그에게 대본을 건네준 문인들은 어떤 사람이며, 주변 인물들과는 어떤 친분을 쌓았을까? 생전에 평판은 어땠을까? 당시에도 커피와 커피하우스의 인기가 대단했다던데, 커피하우스에서 개최되는 콜레기움 음악회의 분위기와 수준은 어땠을까? 이런 궁금증을 해소하기 위해 필자는 남아 있는 당대 기록물들을 참고할 수 있었다. 하지만 바흐의 인간적인 모습이나 주변 인물들과의 개인적인 관계에 대해서는 가족들을 통해 추측하는 방법 외엔 별도리가 없었다. 왠지 나는 처음부터 바흐의 두 부인보다 맏딸 카타리나 를 주목했다,

맏딸 카타리나 도로테아

바흐의 맏딸 카타리나 도로테아는 평생 독신으로 지냈다. 그녀는 두 번째 부인 안나 막달레나보다 훨씬 오래 바흐를 지켜보았고, 바흐 사후에도 남은 가족들의 상황을 제일 잘 알고 챙겼을 터이다. 그러나 아버지의 모든 관심은 항상 아들에게 쏠려 있던 터라 아들들은 일찌감치 취업에 성공해 집을 떠났고, 맏딸은 평생 음악을 귀동냥하며 집안을 건사했을 것이다. 심지어 새어머니 안나 막달레나도 성악가로 활동하며 남편의 외부 행사에 자주 동행하고 악보를 사보하는 일에도 관여했다고 알려져 있는데, 맏딸의 행보만은 알려진 바가 거의 없다. 사실 바흐가 맏딸의 음악적인 재능을 인정한 게 친구 에르트만에게 보낸 편지[9]로 남아 있긴 하다. 하지만 음악적 재능의 유무와 상관없이 딸이라는 이유 하나만으로 그녀는 전문적인 음악의 세계에 초대받지 못했고, 가장 풍요로운 음악적인 환경 속에서 그저 구경꾼으로 남아야 했다.

바흐가 집 안에서 음악에 관해 얼마나 많은 이야기를 나누었는지 물론 짐작하기 힘들다. 그러나 그의 집은 항상 손님으로 북적거렸고, 그들은 대부분 음악가였다. 음악적으로 뛰어난 바흐의 아들들이나 많은 제자와 가깝게 접촉한 카타리나와 막달레나 같은 여인네들이 귀동냥한 정보가 하찮은

---

9. 편지 끝 부분에 "현재 부인이 선명한 소프라노로 노래를 잘하며 맏딸 역시 그렇다."고 씀. David & Mendel, ed. The New Bach Reader (New York: W. W. Norton, 1998), 152.

수준은 아니었을 듯하다. 당시 음악교육은 다른 분야와 마찬가지로 철저히 도제식으로 이루어졌다. 스승이 있는 곳이 곧 학교이고 교육 현장이었으니 바흐와 한집에 오래 산 카타리나와 가족들은 별도의 교육 없이도 일반인보다 높은 식견은 갖고 있었으리라 본다. 물론 내가 쓴 카타리나의 목소리와 시각이 객관적이라 할 순 없다. 하지만 아버지를 전폭적으로 지지하고 응원하는 맏딸의 애정 어린 시선과 입장에 내가 들어가 감정을 이입해 보니 어느 정도 그녀를 공감할 수 있었다.

두 개의 건반, 두 명의 대화

바흐는 〈아리아와 다양한 변주곡〉 표지에 '두 개의 건반'을 가진 쳄발로 사용에 대해 기록했고, 심지어 각 변주곡마다 몇 개의 건반을 사용해야 하는지까지 명시했다.[10] 오르간을 위한 〈토카타 D단조 BWV 538〉에서도 바흐는 직접 두 개의 건반 사용을 지시하는데, 이를 '두 명이 등장하는 대화극'처럼 수사학적으로 해석[11]하기도 한다. 상대방을 설득하는 게 목적인 수사학이 당시 음악에서 중요했으므로 그것에 기초해 두 개의 건반을 사용하라고 명시한 11개의 변주곡들을 특별히 대화체로 구성했다. 카타리나, 프리데만, 카를, 제바스티안, 막달레나, 질버만 등 여러 인물을 출현시켜 두 명의 대화로 풀어낸 건 조금이라도 더 친숙하고 쉽게 읽히길 바라며 마련한 소소한 장치이다. 바흐가 복잡한 대위법적 작품에 춤 리듬을 자주 사용

---

10. 30개 변주곡 중 한 건반(a 1 Clav.) 사용을 명시한 게 16곡이고, 한 건반이나 두 건반 중(a 1 ô vero 2 Clav.) 선택이 가능한 게 5번 7번, 29번 셋이다. 나머지 11개의 변주곡(8, 11, 13, 14, 17, 20, 23, 25, 26, 27, 28)이 두 개의 건반(a 2 Clav.)을 사용하라고 분명하게 지정했다. 건반 두 개를 사용하는 구체적인 이유는 음역이 겹치거나 각 선율의 독립성 유지 등 여러 이유가 있는 듯하다.

11. Williams, *The Organ Music of J. S. Bach. Vol. 1* (Cambridge University Press, 1980), 89.

한 것도 어찌 보면 글에 있어서 가독성을 염두에 두듯 청중이 듣기 쉽게 하기 위한 장치는 아니었을까? 반면 건반 하나만 쓰는 나머지 변주곡들에선 후반에 '카타리나의 회고'를 넣어 전반의 객관적인 사실과 후반의 주관적이고 감정이 담긴 카타리나의 시각이 서로 대조되도록 했다. 나름 학자들의 연구 결과와 당대 기록에 따른 사실에 준하는 서술을 하고자 노력했으나 주체적으로 인물과 주제를 선택하고 구성하다 보니 약간의 억지스러움이 있음을 인정한다. 그러나 이는 피아노에서는 상상할 수 없는 두 개의 건반 사용이 지니는 의미처럼 당대 악기 사용을 통한 시대악기 연주법 및 여성 인권 문제 등을 중요한 요소로 다루고 싶었기 때문이다.

바흐의 음악을 좋아하는 사람들에게 나는 이 글이 그의 삶과 음악, 주변 인물들과 당시 상황을 이해하도록 돕는 가이드가 되길 바란다. 베이스 성부의 반복을 통한 변주곡과 다시 돌아온 아리아가 상징하는 바가 돌고 도는 원과 같은 영원한 시간이라 하더라도 화살처럼 날아가는 직선적인 현실의 시간과 합쳐지면 결국 나선형이 된다. 점점 음정의 폭이 넓어지는 카논의 사용 역시 나선형 구조와 잘 어울린다. 표면적으로는 보이지 않는 바흐의 후반 30년간의 잠상(潛像)들을 〈골드베르크 변주곡〉의 구조 위에 올려보니 나만의 내적인 화학 반응을 통해 인화되기 시작했다. 나는 이를 바흐의 나선형 시간으로 이해했고, 완벽한 균형과 아름다움을 갖춘 작품으로 우리에게 남겨졌다. 부족한 지식과 빈약한 상상력, 겨우 걸음마를 시작한 글솜씨이지만, 더 밀접하고 섬세하게 바흐란 인물과 그의 예술이 독자들에게 이해되길 바라는 마음만 여기에 담고 싶다. 또 다른 이야기, 새로운 상상, 더 풍부한 바흐의 소문이 앞으로도 이어지길 바랄 뿐이다.

우면산 자락에서,

오자경

제1부

제2부

　마리아 바바라[12]는 남편 제바스티안을 따라 1708년 7월 새로운 도시 바이마르로 이사했다. 뮐하우젠에서 둘이 신혼살림을 차린 지 일 년도 되지 않았고, 이사할 당시 그녀는 임신 4개월이었다. 제바스티안은 이전 직장이었던 뮐하우젠의 성 블라지우스 교회에서 매우 큰 신임을 받고 있었으므로 그가 제안하자마자 거금을 들여 오르간의 대대적인 수리가 진행되었고, 예배에서 칸타타를 직접 작곡해 연주할 기회도 충분했다. 하지만 제바스티안은 단순한 음악만을 듣기 원하는 목사가 마음에 들지 않았고, 바이마르에서 제안한 훨씬 더 많은 연봉을 거절할 이유 또한 없었다. 뿐만 아니라 바이마르 궁정에선 공작이 인정해 주는 수준 높은 음악 활동이 보장된다는 이유를 대며 그는 뮐하우젠 시의회에 보란 듯이 사직서를 제출하곤 그 도시를 떠났다.

---

12. 마리아 바바라 바흐(Maria Barbara Bach, 1684-1720)는 요한 제바스티안의 첫 번째 부인으로 그와 육촌 사이다. 요한 미하엘 바흐와 카타리나 베데만 사이에 태어난 막내딸로 1704년 엄마 카타리나가 죽은 후 그녀는 아른슈타트 시장인 이모부 마르틴 펠트하우스의 집에서 살게 되었다. 바흐가 아른슈타트의 오르가니스트로 오게 되면서 펠트하우스의 집 한 지붕 아래 기거하였고, 거기서 둘이 친숙해진 것으로 추측한다.

바이마르로 옮긴 부부의 집은 도시 중앙의 광장 앞에 있었고, 이전보다 훨씬 여유 있는 생활을 누릴 수 있었다. 젊은 부부의 신혼집치고 꽤 넓고 쾌적했기에 당시에도 여러 제자가 집에 함께 기거하면서 음악 수업을 받았다. 제바스티안은 걸어서 5분 거리인 공작의 궁정으로 늘 분주하게 오갔다. 첫 아이인 카타리나가 태어난 직후부터 카타리나의 이모이자 마리아 바바라의 언니 프리델레나가 함께 집안일을 거들었다. 카타리나와 2년 터울로 프리데만[13]이 태어났고, 5년 터울의 쌍둥이 남자 아기는 출생 중 사망했고 여동생 역시 한 달을 버티지 못했다. 카를[14]과 베른하르트[15] 두 남동생은 연년생으로 1714년과 1715년 봄에 태어났다.

바이마르의 궁정 오르가니스트로 재직하면서 제바스티안은 뛰어난 여러 오르간 작품과 실내악곡들을 썼다. 1714년 할레 마리아교회로 이직할 것처럼 그곳 음악감독 오디션에 지원함으로써 제바스티안은 공작에게서 콘체르트마이스터란 새 직위를 얻어냈다. 타의 추종을 불허하는 최고의 건반악기 연주가이면서 동시에 오르간 검수 전문가로 제바스티안은 계속 탄탄한 경력을 쌓아갔다. 또한 초기 칸타타 같은 더 다양한 성악과 기악곡들을 작곡하면서 작곡가로서의 자신감 또한 높아졌다. 하지만 바이마르에서 일하면서 제바스티안은 두 명의 공작, 빌헬름 에른스트 공작과 그의 조카인 에른스트 아우구스트 공작의 불화와 암투 때문에 자주 곤경에 처하곤 했다. 이런 와중에 젊은 에른스트 아우구스트 공작이 1716년 1월 말 안할

---

13. 빌헬름 프리데만 바흐(Wilhelm Friedemann Bach, 1710-1784)는 제바스티안의 맏아들로 이 글에선 프리데만이라 부른다.

14. 카를 필리프 에마누엘 바흐(Carl Philipp Emanuel Bach, 1714-1788)는 둘째 아들로 여기선 카를이라 부르며, 흔히 C. P. E. 바흐라고 부른다.

15. 요한 고트프리트 베른하르트 바흐(Johann Gottfried Bernhard Bach, 1715-1739)는 셋째 아들로 여기선 베른하르트로 칭한다.

트 쾨텐의 엘레오노레 빌헬미네 공주와 결혼하게 되었고, 같은 해 4월에는 공작의 생일, 5월에는 공주의 생일이 연달아 있었다. 이런 궁정의 축하 행사에 제바스티안은 물론 궁정 음악가로 참여했고, 그 자리에서 엘레오노레 공주의 오빠인 쾨텐의 레오폴드 대공을 직접 만났다. 이 만남을 계기로 레오폴드공은 이 뛰어난 음악가를 쾨텐의 카펠마이스터로 고용하기 위한 작업에 착수했다.

1717년 후반은 제바스티안에게 매우 다사다난하고 역동적인 해였다. 그는 그해 가을 드레스덴에 초청받아 프랑스 왕실 오르가니스트인 루이마르샹과 경합을 벌였다. 작센의 수도인 드레스덴 최고의 음악가들뿐 아니라 정치가, 귀족들에게 실력을 인정받고 인맥까지 쌓아 성공 가도를 향해 달려가는 듯한 찰나에, 바이마르의 상황이 제바스티안의 발목을 잡았다. 쾨텐 궁정 카펠마이스터로 이직을 허락받는 과정에서 11월 6일 주 판사의 구치소에 4주간 감금되었는데, 죄목은 고집스럽게 자신의 면직을 요청했다는 것이다. 결국 '명예스럽지 못한 퇴직'이라는 통보와 함께 12월 2일 그는 풀려났다. 물론 일반 죄수와는 다른 감옥이었지만 이런 황당한 조치는 평소 귀족이 음악가를 어떻게 대하는지 쉽게 알 수 있는 실례[16]이다. 이렇게 극적인 상황에도 불구하고 제바스티안은 바라던 궁정 악장이 되어 사회적인 입지를 높였고, 라이프치히의 파울리너 대학교회에 오르간 검사관으로 초빙되어 쿠나우 씨와 친분을 다지기도 했다.

1717년 연말 온 가족이 쾨텐으로 거처를 옮기는 일은 제바스티안과 바바라 단둘이서 뮐하우젠에서 바이마르로 이사할 때와는 차원이 달랐다. 9

---

16. 바이마르 공작의 횡포는 대단했다. 한 호른 연주자는 곤장 백 대를 맞고 감금당했는데 몰래 도망가다 잡혀 교수형을 당하기도 했다. Williams, *J. S. Bach.: A Life in Music* (Cambridge University Press, 2007), 123.

살 된 맏딸 카타리나와 세 명의 아들, 거기다가 집안일을 돌보는 바바라의 언니 프리델레나 등 식솔이 몇 배로 늘어 있었다. 쾨텐의 새 거처는 궁정 정문에서 가까운 곳이라 여기서도 제바스티안은 걸어서 궁정을 수월하게 오갈 수 있었다. 쾨텐에 정착한 후 제바스티안은 막 7살을 넘긴 프리데만의 음악교육에 부쩍 열의를 보였다. 친척들이나 음악에 관심이 있는 손님들이 오면 제바스티안은 프리데만의 기량을 자랑하고 싶어 했다. 프리데만의 쳄발로[17] 연주에 손님들은 감탄했고, 이를 보는 제바스티안의 표정은 자랑스러움으로 차올랐다. 그러나 이들의 이러한 평범한 행복은 서둘러 날아가 버렸다. 아무도 상상하지 못했던 비극이 그들을 기다리고 있었기 때문이다.

1720년 5월 말 제바스티안은 쾨텐의 레오폴트 공을 수행해 실내악단 단원들과 함께 온천 휴양지 칼스바트로 떠났다. 레오폴트 공의 건강을 북돋기 위한 온천여행이지만 그의 휴식엔 음악이 필수 사항이었기에 고용된 대부분 음악가가 여행에 동행했다. 제바스티안 역시 궁정에 새로 들여온 쳄발로까지 싣고 가면서 이번 여행이 2년 전의 칼스바트 여행처럼 한 달 남짓 걸리리라 예상했던 것 같다. 제바스티안이 타지로 떠난 지 대략 보름 정도 지났을 무렵 바바라가 갑자기 열병으로 앓아누웠다. 사경을 헤매던 그녀는 결국 숨을 멈추었다. 제바스티안은 부인이 세상을 떠나고 일주일이 지나도록 돌아오지 않았다. 아마도 개인적인 사정이 통하지 않는 상황이었을 수도 있다. 집에 돌아와 아내의 타계 소식을 접하게 된 제바스티안의 마

---

17. 독일어로는 쳄발로(cembalo), 이탈리아에서도 쳄발로 혹은 클라비쳄발로(clavicembalo), 프랑스어로는 클라브상(clavecin), 영어로는 하프시코드(harpsichord) 등 나라마다 다른 이름을 가지나 기본적으로 금속으로 만든 줄을 뜯어서 소리 내는 방법은 같다. 르네상스 시대부터 18세기까지 궁정이나 가정에서 사용된 건반악기이다.

음은 두려움과 함께 어디로 향할지 모르는 원망만이 가득하지 않았을까? 7월 7일, 가족들은 사랑하는 아내이자 어머니인 바바라의 장례를 치렀다. 큰아들 프리데만이 소속된 소년합창단이 부르는 청아한 합창만이 장례식의 유일한 위안이었다. 바바라의 관은 무더운 지상의 열기를 벗어나 시원한 땅속에 자리 잡았고, 그 자리에 모인 모두가 그녀의 영혼이 자비하신 예수님의 품 안에서 고통과 걱정 없이 편안한 안식에 들도록 기도했다.

바바라의 장례 후 넉 달쯤 지났을까. 제바스티안은 남은 가족에게 어떤 이유도 말하지 않은 채 간단한 짐을 꾸려 함부르크로 떠났다. 바바라가 세상을 떠난 뒤로 제바스티안은 그동안 거쳐온 직장 중 최고라고 여겼던 쾨텐 궁정에 대한 애정을 잃어버린 듯 했다. 그러나 제바스티안이 예정보다 훨씬 빨리 집에 돌아왔고 계획했던 무엇인가가 어그러진 게 분명했다. 그의 출중한 연주 실력과 상관없이 음악 외적인 이유로 그 자리엔 이미 내정된 이가 있었다는 후문이 돈 것은 한참 후였다. 만약 오디션이 공정하게 진행되었다면 제바스티안과 가족은 함부르크로 향했을까? 후일 카를이 『추도문』에서 노령의 대가인 라인켄[18]을 언급하며 함부르크 방문을 장황하게 소개한 걸 보면 제바스티안에게 이 사건은 중요했나 보다. 무엇보다 바바라의 사망 년도를 1720년이 아닌 1722년이라고 『추도문』에 쓴 것을 보면 당시 겨우 여섯 살이던 카를의 기억이 그리 정확하지 않았다는 것을 알 수 있다.

---

18. 라인켄(Johann Adam Reinken, 1643-1722)은 독일 함부르크 카타리넨 교회의 오르가니스트였고 1678년에 함부르크 오페라를 창단한 인물로 당대에 큰 명성을 누렸다. 바흐가 1720년 함부르크 야코비 교회의 오르가니스트 오디션에 참여했을 때 심사위원으로 그의 연주를 들었고, 둘이 직접 만났던 것으로 추정된다. Boyd, ed, *Oxford Composer Companions J. S. Bach* (New York: Oxford University Press, 1999), 417-8.

카타리나의 회고

오랫동안 마음속에 품어온 아버지와 우리 가족의 이야기를 세상에 드러내려니 정체를 알 수 없는 두려움에 휩싸인다. 하지만 이를 낱낱이 글로 남기지 않으면 이 모든 소소한 이야기들은 안개처럼 허공을 떠돌다 사라져 버리고 말 것 같다. 머릿속에 각인된 아버지의 음악과 그 많은 인물의 아우성을 글로 뽑아내지 않고는 마음 편히 영혼의 안식을 누릴 수 없을 터이다. 도도하게 흐르는 시간 아래 인간은 각자 주어진 삶의 무게를 짊어지고 자신의 길을 끝까지 가야 한다. 돈도 명예도 일단 소유하고 나면 시시해지는 법, 그렇다면 모두가 끝까지 염원하는 가장 소중한 가치는 무엇인가? 가족, 이웃들과 나눈 따스한 마음, 하나님의 선물인 음악을 통해 얻은 기쁨과 만족, 평화와 영원을 간구하는 겸손한 기도. 사소해 보이는 이런 것들의 가치를 조금이라도 일찍 깨닫는 사람은 복 되리라!

내 이름은 카타리나 도로테아, 위대한 음악가 요한 제바스티안 바흐와 마리아 바바라 바흐 사이에서 태어난 첫아기, 소중한 사랑의 열매이다. 카타리나라는 이름은 1708년 12월 29일 내가 바이마르의 성 베드로와 바울 교회에서 세례받을 때 대모가 되어주신 마르타 카타리나 램머히르트[19]와 요하나 도로테아 바흐[20]에서 따온 것이다. 나중에 들은 이야기지만 마르틴

---

19. 마르타 램머히르트(Martha Catharina Lämmerhirt, d. 1721)는 바흐의 외숙모이다. 램머히르트 가문은 요한 제바스티안의 어머니 마리아 엘리사베트(1644-1694)의 집안이다. 외삼촌이었던 토비아스 램머히르트(1639-1707)는 가업인 모피 장사를 하여 유복하였으며, 과부가 된 마르타 카타리나를 1684년에 두 번째 부인으로 맞았다. 둘 사이에 자식이 없어 외삼촌이 돌아가신 1707년에 그 유산으로 바흐는 마리아 바바라와 결혼식을 했고 1721년에 외숙모 마르타 카타리나의 유산은 안나 막달레나와의 두 번째 결혼식 비용으로 사용되었다. Boyd, ed. *Oxford Composer Companions J. S. Bach*, 261.

20. 요하나 도로테아(Johanna Dorothea Bach, 1674-1745)는 바흐의 큰형인 요한 크리스토프 바흐(Johann Christoph Bach, 1671-1721)의 부인으로 요한 세바스티안의 형수이다.

루터를 존경했던 아버지는 내가 루터의 부인 카타리나 폰 보라처럼 헌신적인 여인이 되길 바랐고, 엄마는 일찍 돌아가신 외할머니의 이름이라 좋아하셨다고 한다.

당시에는 누구나 그렇듯이 아버지 역시 아들에 대한 애착이 무척 강했다. 만약 내가 아들로 태어났다면 인생이 어떻게 바뀌었을까? 남의 집이 아닌 우리 집을 돌본 세월이니 가슴 저린 후회까지야 아니지만 나도 남동생들처럼 음악적인 재능이 있었다면 조그만 시골 교회의 칸토르 자리 하나 차지하고 음악가로 살았을까? 어쩌다 결혼 적령기를 놓친 나는 점점 딸이 아닌 하녀처럼 눈치 보며 하루하루를 얹혀 살아야 했다. 그렇다고 매순간 불행했다는 것은 아니다. 비록 껍데기뿐인 삶을 살았어도 나는 늘 하나님께 바칠 감사가 충만했다. 왜냐하면 누구보다도 가까운 곳에서 위대한 음악가인 아버지 제바스티안의 삶을 지켜보았고, 그의 음악을 듣고 즐겼는데 더 이상 바랄 게 무엇이겠는가. 이제 나는 아버지와 우리 가족, 주변 인물들의 이야기를 조금씩 끄집어내 희미해진 기억을 가다듬어 보려한다.

제 1 부

요한 제바스티안 바흐

아리아

〈아리아와 다양한 변주곡〉의 아리아는 프랑스의 세련된 취향이 반영된 사라방드[21] 풍의 춤곡이다. 부드러우면서도 고상한 품위로 넘치는 이 곡은 사람의 마음을 끌어당기는 묘한 매력이 있다. 이 곡은 그동안 준비해 발표한 〈클라비어 위붕〉[22] 시리즈의 네 번째이자 마지막으로 1741년 말에 출판되었다. 게다가 아리아는 제일 마지막에 다시 돌아옴으로써 순환 구조로 완성된다. 30개의 변주곡 양 끝에 똑같은 아리아를 배치함으로써 총 32개로 된 악장은 출판 당시 마지막 아리아를 다시 쓰지 않고 다카포로 처리해 32쪽으로 조정되었으며 아리아 자체도 32마디 구성이라 더욱 흥미롭다.

---

21. 사라방드는 스페인에서 유래된 3박자 계열의 춤곡으로 이탈리아와 프랑스에서 각각 다른 특색을 지니고 발전되었다. 17세기 후반부터 사라방드는 진지하고 부드러운 성격을 띠나 표현의 긴장감이 살아있어 바흐가 선호했던 춤곡이다.

22. 클라비어(clavier)는 오르간과 쳄발로(하프시코드), 클라비코드 등 당시의 모든 건반악기를 통틀어 부를 때 사용하는 용어이다. 바흐는 클라비어 위붕(Clavierübung)이란 제목으로 독주용 건반음악곡집을 생전에 네 번 출판했다. 첫 번째는 6곡의 파르티타 모음집으로 1726~1731년에, 두 번째는 〈이탈리아 협주곡〉과 〈프랑스풍 서곡〉을 1735년에, 세 번째는 루터교 예배에서 사용되는 코랄 전주곡들과 그 밖의 곡들이 포함된 오르간곡들로 1739년에 출판되었다. 〈아리아와 30개의 변주곡〉 역시 네 번째라고 명시하지는 않았으나 클라비어 위붕이란 제목으로 1741년에 마지막으로 출판되었다. Boyd, ed. *Oxford Composer Companions J. S. Bach*, 112.

제바스티안은 1750년에 하나님의 부름을 받았는데, 공교롭게도 이는 안나 막달레나와 결혼한 지 30년째 되는 해였다. 서른 번째 마지막 변주곡은 이제껏 3의 배수에 해당되는 변주곡에 카논을 배치시킨 것과 달리 쿼들리벳[23]을 사용했다.

서른다섯의 나이에 네 아이를 홀로 양육해야 할 처지가 된 제바스티안이 재혼을 미룰 이유는 전혀 없었다. 제바스티안이 안나 막달레나 빌케와 처음 만난 것이 언제인지는 정확히 알 수 없다. 하지만 제바스티안의 아내 바바라가 세상을 떠나고 일 년이 채 지나지 않은 1721년 6월 중순부터 안나 막달레나가 쾨텐 궁정에 공식적으로 드나들기 시작했다. 그해 9월 25일에는 궁정 주방에서 일하는 크리스티안 한의 아들 세례식 때 막달레나가 대모[24]가 되었는데 이때 대부가 바로 제바스티안이었다. 막달레나는 제바스티안보다 16살 어렸고, 맏딸 카타리나와 여섯 살 차이 밖에 나지 않는 스무 살의 앳된 아가씨로 맑고 아름다운 목소리를 지녔다. 쾨텐과 바이센펠스 궁정에서 소프라노 가수로 활동하던 그녀는 제바스티안과 결혼한 후에도 남편의 적극적인 도움으로 활동을 지속했다. 노래라면 카타리나도 막달레나 못지않게 좋은 소프라노 음성을 타고났지만, 그녀는 그 어떤 정식 교육도 받지 못했기에 감히 사람들 앞에 나설 수 없었다. 반면 막달레나는 궁정 음악가 집안에 태어나 제대로 된 음악 교습을 받았기에 당시로는 희귀했던 소프라노로 활동할 수 있었다. 막달레나의 부모는 바이센펠스로 이사한 후 당시 유명한 궁정 가수였던 파울리네 켈너에게 딸을 보내 성악 레

---

23. 쿼들리벳(Quodlibet)은 이미 존재하는 익숙한 선율들을 모아 콜라주 형식으로 만드는 익살스러운 음악 형식이다. 바흐 일가의 연례 모임에서 즉흥적이고 장난기 넘치는 놀이로서 자주 행해졌다고 한다.

24. A. Glöckner, rev., *Kalendarium zur Lebensgeschichte Johann Sebastian Bachs* (Leipzig: Evangelische Verlagsanstalt, 2008), 28.

슨을 받을 수 있도록 지원을 아끼지 않았다.

바이센펠스 궁정의 트럼펫 주자인 막달레나의 아버지 요한 카스파르 빌케는 1718년 그곳에 온 후부터 제바스티안과 친분이 있었던 듯하다. 막달레나에겐 궁정 음악가인 오빠 한 명과 언니가 셋 있었는데 오빠와 형부 세 명이 모두 트럼펫 주자였다. 궁중의 특별행사에 관악기가 필요하면 제바스티안은 물론 다른 사람들도 빌케 씨에게 부탁만 하면 되었다. 게다가 둘째 딸 크리스티나와 막내 안나 막달레나는 제대로 훈련받은 성악가로서 이중창도 가능했고, 특히 막달레나는 고정적인 일자리를 찾던 차였다. 그러니 쾨텐 궁의 궁정 악장 요한 제바스티안이 홀아비가 되어 신부를 구한다는 소문을 모를 리 없었을 것이다. 결혼과 음악 활동 두 마리 토끼를 다 잡을 수 있는 자리임을 막달레나와 빌케 가문 사람들은 충분히 잘 알았으리라. 쾨텐 궁성에서 받은 막달레나의 급료는 사실 다른 궁중 음악가들과 비교해도 상당히 높은 편이었다.[25] 여자 성악가가 귀했을 때라 좋은 대우를 받을 수는 있었겠지만 제바스티안의 체면을 봐서 레오폴트 공이 막달레나에게 최고 수준의 월급을 책정한 듯싶다.

---

25. 1721년부터 1723년 사이 쾨텐에서 받은 요한 제바스티안 바흐의 연봉이 33탈러인데 안나 막달레나는 16탈러 16그로셴을 받았다. 궁정악단 악장인 요제프 슈피스의 연봉이 18탈러이니 그녀의 연봉은 꽤 높은 편이었다. Hübner, Anna Magdalena Bach (Leipzig: Evangelische Verlagsanstalt, 2005), 42.

카타리나의 회고

　　아버지가 이 아리아를 젊은 아내 막달레나에게 바쳤다고 떠드는 사람
들이 있는데 이는 사실이 아니다. 도리어 그녀가 이 곡을 좋아해 〈안나 막
달레나를 위한 클라비어 소품집〉에 베껴 넣었다고 보는 게 더 정확하다.[26]
혹여 아버지가 이 아리아를 젊은 아내에게 써주었다 하더라도 다음에 오
는 30개의 변주곡은 그녀의 실력으로는 감히 넘볼 수 없을 만큼 까다롭고
기교적으로 어려운 곡들이다. 아버지가 인정한 비르투오소 쳄발로 연주사
인 프리데만이라면 모를까.[27] 러시아의 대사였던 카이저링크 백작은 아버
지의 절친한 후원자였고 나중에 프리데만과 카를과도 각별한 인연을 유지
한 분이다. 아버지가 1741년 11월 중순에 드레스덴의 카이저링크 백작을
방문했던 건 사실이다. 하지만 〈아리아와 다양한 변주곡〉은 그해 9월 상업
박람회 때 이미 출판이 되었다. 아버지가 따끈따끈하게 출판된 이 소중한
작품 한 부를 카이저링크 백작에게 선물로 드렸다는 건 의심의 여지가 없
다. 문제가 되는 것은 이 작품의 작곡을 백작이 의뢰했다던가, 그의 불면증
치료를 위해 썼다던가 하는 다소 황당한 설정이다. 프리드리히 대왕을 위
한 〈음악의 헌정〉처럼 출판 시 겉장에 그 곡을 바치는 대상이 명시되었다
면 몰라도 〈아리아와 다양한 변주곡〉은 어떤 헌정 대상도 없이 아버지가

---

26. 아리아는 〈아리아와 다양한 변주곡〉(BWV 988)의 첫 곡이지만 그 외 〈안나 막달레나를
　　위한 클라비어 소품집〉(1725년)에도 아리아만 따로 포함되어 있어서 그녀를 위해 작곡되
　　었다는 주장도 있었다. 그러나 안나 막달레나가 이 아리아를 자기 클라비어곡집에 베껴 넣
　　은 시기는 이 곡집이 만들어진 1725년이 아니고 〈아리아와 다양한 변주곡〉이 작곡(1739-
　　1740)된 후나 출판(1741)된 후로 추정한다. Boyd, ed. *Oxford Composer Companions J. S.
　　Bach*, 195.
27. P. 윌리암스는 바흐가 장남 프리데만을 위해서 골드베르크 변주곡을 작곡했다고 주장한
　　다. Williams, *Bach: The Goldberg Variations* (Cambridge: Cambridge University Press,
　　2001), 28.

직접 출판에 관여했으므로 이런 이야기가 더 신빙성이 없다. 골드베르크 역시 프리데만의 제자로 쳄발로 연주에 뛰어났으나 〈아리아와 다양한 변주곡〉이 출판된 시점엔 겨우 12살이나 13살 정도의 어린 나이였다. 혹시라도 프리데만이 드레스덴을 떠나던 1746년경 제자인 골드베르크가 이 작품을 좋아해 백작을 위해 자주 연주하는 걸 알았던 프리데만이 나중에 이 이야기를 전했을 수는 있다. 하지만 여기에 골드베르크의 이름을 붙일 이유는 전혀 없어 보인다.[28]

혹여 내가 〈아리아와 다양한 변주곡〉에는 우리 가족, 지인들과 함께한 아버지의 삶과 음악 여정이 담겨 있다고 주장한들 프리데만과 카를조차 그걸 틀렸다고 반박하기는 쉽지 않을 것이다.

28. 일반적으로 〈아리아와 다양한 변주곡〉이라는 제목보다는 〈골드베르크 변주곡〉으로 알려져 있으나 출판된 악보나 심지어는 출판 후 작곡가가 지니고 있던 자필 교정본 악보(Handexemplar)에서도 골드베르크와의 연관성은 찾을 수 없다. 골드베르크와 관련된 모든 이야기는 후대의 전기 작가인 포르켈이 쓴 바흐 전기(1802)에 근거하고 있다. 포르켈은 이 곡을 카이저링크 백작의 불면증 이야기와 연관시키면서 백작이 작곡을 요청했다고 주장한다. 불면증 때문에 잠 못 이루는 백작의 기분을 띄워줄 수 있는 온화하고 밝은 곡을 원했다는 이야기나 그 집에 상주하던 나이 어린 골드베르크가 연주하게끔 썼다는 것 등 따지고 보면 이 이야기는 여러 면에서 아귀가 맞지 않는다. 게다가 금잔에 100루이도르를 채워 하사했다는 것 역시 증명하기 힘든 내용이다.

한겨울의 두 결혼식

1721년의 유독 추웠던 12월은 대강절보다도 두 번의 결혼식에 정신이
빠져 쾨텐 궁정의 모든 사람이 들떠 있었다. 조금 기다렸다가 만물이 소생
하는 따스한 봄에 결혼식을 올려도 될 텐데 뭐가 그리 급한지 두 커플은 춥
고 바쁜 연말에 날을 잡았다. 어쨌든 1721년 12월 3일에는 갓 스물한 살된
안나 막달레나와 서른일곱의 요한 제바스티안이 부부의 연을 맺었고, 12
월 11일에는 그가 모시는 주군이자 후원자인 레오폴트 공과 헨리엣타 공
주가 성대한 결혼식을 올렸다.

제바스티안은 재혼이었기에 당시 루터교회의 법도에 따라 교회가 아닌
집에서 결혼식을 올려야 했다. 거의 모두가 음악가인 양가 사람들에게 편
리하도록 대강절 행사가 없는 주중에 결혼 잔치를 열었다. 친가인 바흐 가
문과 빌케 가문의 사람들은 물론 제바스티안의 친구들, 궁정의 동료 음악
가 및 많은 사람이 그의 집으로 모였다. 당시 결혼 법도에 따르면 재혼일
경우 포도주도 질 낮은 값싼 것을 마셔야 했는데 제바스티안은 매우 비싸
고 질 좋은 포도주를 풍족하게 들여놓았다. 그는 혼인이 처음인 막달레나
와 처가 쪽 사람들에게 훌륭한 포도주와 음식으로 체면을 세우고 싶어 했

을 수도 있다. 그 결혼식에 사용한 포도주와 맥주 대금이 제바스티안 연봉의 1/5이 넘는 액수[29]라는 게 신랑의 흔쾌한 마음을 보여주고도 남는다.

반면 8일 후인 12월 11일에 벌어진 레오폴트 공의 결혼식은 쾨텐 사람 모두가 참여하는 성대하고 흥겨운 잔치였다. 레오폴트 공은 결혼식 하루전 12월 10일에 27살 생일을 맞은 귀티가 흐르면서도 선한 눈매를 가진 청년 이고, 신부인 프리데리카 헨리엣타는 꽃다운 열아홉 살로 안할트-베른부르크의 공주이자 그와 사촌 간이다. 이 귀하고 신분 높은 두 사람의 결혼식엔 주변은 물론 멀리서부터 초대받은 귀족들이 많이 참석해 북적거렸다. 쾨텐 궁정 사람들은 주군인 레오폴드 공의 결혼식이 실수 없이 훌륭하게 치러질 수 있도록 최선을 다했으리라.

제바스티안이 그동안 거친 직장 중 쾨텐을 좋아하는 이유를 구체적으로 몇 가지 꼽는다면, 먼저 넉넉한 보수와 시간적인 여유, 음악을 진정 사랑하는 레오폴드 공과 음악적으로 뛰어난 동료들 때문이다. 그런 동료 중 궁정악단의 악장으로 활약한 요제프 슈피쓰[30]는 최고의 바이올린 연주자로 서로 절친한 사이였다. 쾨텐에 오기 전 슈피쓰는 프로이센 국왕 프리드리히 1세의 궁정악단 단원으로 1713년까지 베를린에 있었다. 레오폴트 왕자 역시 1707년부터 1710년까지 베를린에 있는 리터 아카데미에서 교육받았기 때문에 그곳 사정에 밝았고 교류하는 이들도 적지 않았다. 1713년 베를린에서 이렇게 뛰어난 궁정악단을 해체한다는 몰상식한 소식이 들렸을 때 내심 가장 기뻐한 사람이 레오폴트 왕자였다. 그는 즉시 어머니 기젤

---

29. 볼프, 『요한 세바스찬 바흐 1』, 362.

30. 요제프 슈피쓰(Joseph Spieß, 1730년 사망)는 쾨텐 궁정악단의 바이올린 연주자로 바흐와 친한 사이였다. 바흐의 바이올린 협주곡은 물론 〈무반주 바이올린 소나타와 파르티타〉 역시 그를 위해 작곡되었을 것으로 추측한다.

라 아그네스를 설득해 베를린 궁정악단의 핵심 단원 여섯 명을 한적한 시골에 불과한 쾨텐으로 데려오는 작업에 착수했고, 갑자기 일자리를 잃은 단원들은 쉽게 그의 제안을 수락했다. 그 후 레오폴트 공이 집권하기 시작한 1716년에 베를린 궁정악단의 단원 두 명이 더 합세했다. 레오폴드 공이 음악에 쏟는 열정과 정성은 그가 음악에 책정한 예산을 보면 바로 알 수 있다. 나이는 비록 어리지만 많은 여행을 통해 폭넓은 문화 체험을 쌓은 레오폴트 왕자는 집권 이전부터 이미 오페라에 빠져 음악에 엄청난 돈을 쓴 것으로 유명했다.

제바스티안이 부임한 1717년에 이 궁정악단에는 모두 16명의 뛰어난 악기 주자들이 있었다. 그중 중심이 되는 8명의 단원은 탁월한 기량과 충분한 경험을 쌓은 이들로 함께 연주하는 그 자체가 서로에게 큰 즐거움이었으리라. 그들의 음악적 수준은 당시 어느 궁정과 비교해도 뒤지지 않는 최고였고, 그런 수준 높은 실내악단에 제바스티안까지 합류하자 쾨텐 궁정악단은 찬란한 날개를 단 셈이었다. 그중 몇몇은 가족끼리도 교류할 정도로 가까웠고 서로 아이들의 대부가 되어주기도 했다. 대부분 시내에 거주했기에 편의를 위해 제바스티안은 리허설 장소를 쾨텐 궁이 아닌 자기 집으로 바꾸었고, 쳄발로의 수리와 보존도 그의 책임하에 두었다. 물론 리허설 장소 사용료와 악기 수리비가 살림에 보탬이 된 것은 물론이다.[31] 다양한 악기들로 구성된 협주곡처럼 규모가 큰 곡만큼이나 제바스티안의 〈무반주 바이올린 소나타와 파르티타〉, 〈무반주 첼로 모음곡〉, 〈비올라 다 감바 소나타〉 등 탁월한 실내악 작품들이 이 시기에 작곡되었다. 자신이 쓴 곡들을 제바스티안과 함께 연주하며 의견을 교환하기도 한 요제프 슈피쓰

---

31. 바흐는 쾨텐 궁정으로부터 본인 집을 리허설 장소로 사용하면서 일 년 임대료로 12탈러를 받았다. 볼프, 『요한 세바스찬 바흐 1』, 328.

나 비올라 다 감바를 연주하는 페르디난트 아벨[32] 등 이런 뛰어난 음악가들은 제바스티안에게 끊임없는 음악적인 영감과 자극을 주었을 것이다.

---

32. 아벨(Christian Ferdinand Abel, 1682-1761)은 비올라 다 감바를 포함한 비올(viol) 연주자로 1714년 쾨텐 궁정악단에 합류하였다. 바흐가 아벨 딸의 대부가 되어줄 정도로 둘은 절친한 사이였고, 바흐의 비올라 다 감바 소나타가 아벨을 위해 쓴 것으로 추정된다. 그의 두 아들도 음악가로 특히 카를 프리드리히 아벨은 후에 바흐의 여러 아들들과 함께 활동했다.

1721년 12월 3일. 우리 집은 손님으로 넘쳐났다. 남의 결혼식이 뭐가 그리도 좋고 신나는지 사람들은 끝도 없이 마셔대며 왁자지껄 시끄러웠다. 손님들과 친지들에게 싫은 내색을 할 수도 없고 그렇다고 함께 어울리고 싶지도 않던 나와 동생들은 잠을 핑계로 일찌감치 자리를 떴다. 어두컴컴한 방으로 돌아오니 고생만 하다 돌아가신 엄마 바바라의 야윈 얼굴이 떠올랐다. 예수님이 그날 아버지의 결혼 잔치에 오셨다면 뭐라 하셨을까? 모두 만취해 예수님이 와도 알아볼 성싶지도 않다. 이제 엄마 바바라의 존재는 이 집에서 영영 지워지는 걸까? 날이 밝도록 사람들의 취기는 사그라지지 않았다. 발은 차고 가슴은 시렸다.

반면 그해 12월 11일 레오폴트 공과 헨리엣타 공주의 결혼식은 신나고 멋졌다. 쾨텐 주민 모두가 잘 어울리는 한 쌍이라고 입이 마르게 칭찬 일색이었다. 그런데 아버지와 아버지의 동료들은 어쩐지 시무룩해 보였다. 거실에서 작게 들리는 낮은 어조로 봐서 아마도 공주인 새신부가 음악에 별로 흥미가 없는 모양이었다.[33] 게다가 공주의 화려한 외모를 볼 때 결혼 후에도 저리 사치스러운 생활을 유지하기 위해서는 제법 막대한 돈이 들 것이 뻔해 보인다. 거의 음악광에 가까운 레오폴트 공임에도 아내의 영향을 받지 않을 수 없을 거라는 궁정 음악가들의 걱정이 제법 심각하게 들렸다.[34]

---

33. 볼프, 『요한 세바스찬 바흐 1』, 337.

34. 음악가들의 우려는 현실이 되어 궁정의 음악 예산은 감소 되었고, 더불어 궁정 전체 재정의 악화가 바흐가 쾨텐을 떠난 중요한 요인 중 하나였다. 신부 헨리엣타 공주는 1723년 4월에 죽어 그들의 결혼생활은 1년 좀 넘게 유지되 었을 뿐이지만 예산 축소는 음악 활동에 치명적이었다. 볼프, 『요한 세바스찬 바흐 1』, 338-9.

미트케 쳄발로와 클라비어 작품들

제바스티안은 젊은 시절부터 당대 최고의 오르가스트로 명성을 날렸다. 그에게 오르간과 쳄발로는 둘 다 자신의 기량을 뽐내기에 부족함이 없는 건반악기들이었다. 곁에서 보기엔 소리 나는 방법도, 외관도 많이 달라 두 악기에 모두 건반이 있다는 것 외에는 완전히 다른 악기처럼 보인다. 그러나 제바스티안에게는 두 건반악기의 호환성이 마치 펜과 연필처럼 유연하고 자연스러웠다. 1717년 제바스티안이 쾨텐에 궁정악장으로 부임하면서 전에 비해 오르간보다는 쳄발로 연주가 부쩍 잦아진 게 사실이다. 그런데 쾨텐 궁정에 있던 쳄발로는 지나치게 낡아빠진 고물이어서 비르투오소 연주자인 제바스티안의 기량을 제대로 발휘할 수 없을 뿐만 아니라 레오폴트 공의 위신과 체면에 어울리지 않았다. 베를린 궁정악단에 있던 동료들의 적극적인 추천으로 1719년 3월 초 제바스티안은 궁정 악기 제작자인 미하엘 미트케가 만든 건반이 두 단인 새 쳄발로를 사기 위해 직접 베를린까지 다녀왔다.[35] 이 소중하고 예민한 악기의 유지 보수를 제대로 하려면

---

35. 두 단짜리 미트케(Mietke) 쳄발로의 구매 가격과 여행비용으로 130탈러를 사용한 게 궁정 회계장부에 기록되어 있다. 슈타이너의 바이올린 한 대의 가격이 당시 8탈러인데 비해 베를린에

궁정에 둘 수 없다는 그의 주장에 레오폴트 공은 기꺼이 동의했고, 그렇게 이 소중한 보물은 리허설 장소로 사용되던 제바스티안의 집 거실 한 편에 자리 잡았다. 궁정의 행사가 있을 때는 마차에 싣고 다닐 수 있도록 단단한 가죽 커버까지 제작한 제바스티안의 준비성과 음악에 연관된 것이면 무엇이든 지원을 아끼지 않는 레오폴트 공의 관대함과 열정이 화답한, 보기 좋은 그림이었다.

제바스티안은 이탈리아의 최신 악보뿐 아니라 프랑스 음악에도 관심이 많았다. 프랑수아 쿠프랭의 교본[36]은 출판된 직후인 1716년부터 그의 서재에 자리를 잡았다. 구식의 제한된 운지법에서 벗어나 더 아름답고 자연스러운 연주를 위해서는 엄지손가락을 사용해야 한다는 것을 쿠프랭은 이 교본을 통해 강조했는데 이는 제바스티안의 가르침과도 일맥상통하는 것이다. 또 하나의 중요한 가르침은 쳄발로를 통해서 '노래하라'는 것이다. 제바스티안은 프랑스어로 '캉타블'(cantable, 이탈리아어로는 '칸타빌레')을 자주 악보에 써넣었는데, 이는 그가 강조하는 중요한 원칙 중 하나였다. 손가락만 돌리는 기계적인 연주가 아닌 직접 목소리로 노래하듯 건반을 연주하라는 뜻이다. 쿠프랭뿐 아니라 다른 작곡가들의 곡도 쳄발로 옆에 놓여 있었으나, 제바스티안의 작품만큼 악기와 음악의 가능성을 과감하게 실험하는 작품들은 찾기 어려웠다.

프리데만은 1720년 1월에 제바스티안이 직접 오선지에 그려준 〈클라

서 이 미트케 쳄발로를 운반한 대가로 8탈러를 쓴 걸 보면 무척 비싸고 소중한 악기였음이 분명하다. 볼프, 『요한 세바스찬 바흐 1』, 347-8.

36. 이 책의 이름은 *L'Art de toucher le Clavecin*(클라브상 연주 기법)으로 F. 쿠프랭(François Couperin)의 작품들과 함께 운지법, 장식음 등 실제적인 연주 기법에 관한 설명까지 포함한 중요한 건반악기 교본이다.

비어 소품집)[37]을 매우 소중하게 모셨다. 겨우 아홉 살 생일을 막 지난 프리데만이 받을 수 있는 최고의 선물이었을 것이다. 맏아들을 향한 기대와 사랑이 듬뿍 담긴 이 〈클라비어 소품집〉에는 건반악기의 대가일 뿐 아니라 최고의 스승으로서 그 가르침을 자식에게 실천하려는 제바스티안의 철저한 교육법이 그대로 담겨 있다. 〈프리데만을 위한 클라비어 소품집〉에 수록된 2성부 인벤션과 3성부 신포니아, 전주곡들은 그의 동생들뿐 아니라 제바스티안의 제자들에게도 공식 교본처럼 자주 사용되었다. 막달레나도 남편이 결혼선물로 준 자신의 첫 번째 〈클라비어 소품집〉을 펼쳐두고 새 쳄발로의 소리에 빠져들곤 해 제바스티안의 거실에선 쳄발로 소리가 끊이지 않았다.

제바스티안 역시 쳄발로 앞에 앉아 많은 시간을 보냈다. 물론 악기 없이도 푸가 같은 대위법적 작품을 거뜬히 써내는 그였지만 수많은 즉흥연주와 다양한 시도를 통해 그는 끊임없이 지평을 넓혔다. 특별히 1722년 후반부터 1723년 초반까지 작곡된 그의 클라비어 음악은 정말 독창적이고 탁월했다. 루터교 코랄에 기반한 짧은 전주곡 모음집인 〈오르간 소품집〉과 가능한 모든 조성으로 된 24개의 전주곡과 24개의 푸가를 포함한 〈평균율(적정율) 클라비어 곡집 제1권〉[38], 15개의 2성 인벤션과 15개의 3성 신포

---

37. 〈클라비어 소품집〉(Clavierbüchlein)은 바흐 집안 내에서 소통되던 건반악기 교습을 위한 필사본으로 세 종류가 있었다. 첫 번째 〈클라비어 소품집〉은 맏아들 프리데만을 위해 아버지 요한 제바스티안이 1720년 1월 22일 선물한 것이고, 두 번째와 세 번째는 둘 다 둘째 부인인 안나 막달레나를 위한 것으로 1722년과 1725년에 각각 씌어졌다.

38. 〈평균율 클라비어곡집(Das Wohltemperierte Clavier)〉이란 호칭은 예전 일본의 번역을 그대로 수용하면서 정착되었으나 사실은 다양한 조율법에 관한 지식이 부족해 생긴 오역이다. Well-tempered는 평균율과 다른 조율법으로 대신 '적정율'이란 새로운 용어를 쓰고자 한다. 조율의 역사를 살펴보면 처음에는 피타고라스의 방식대로 순정 5도 위주의 조율법이 사용되다가 1500년~1700년까지는 가온음 조정법(Meantone temperament)이 주로 사용된다. 순수한 3도 음정에 치중하는 이 방법은 조성의 사용에 한계가 있었다. 17세기 말부터 더 다양한 장조

니아로 구성된 〈충실한 지침서〉는 연주뿐 아니라 교육용으로도 가치가 높았다. 제바스티안이 왜 이 시기에 이토록 많은 교습서를 한꺼번에 준비했는지는 다음 해의 행적을 보면 짐작이 된다. 대학 교육을 받지 못한 것이 그에게 큰 약점으로 작용했으므로 새로운 직장이 학교라면 이를 보완할 눈에 보이는 업적이 더욱 필요하지 않았을까 싶다.[39] 이 교습서들의 구성은 매우 논리적이며 학생들의 훈련과 교육에 적합하면서도 예술적인 면을 놓치지 않았다.

〈적정율 클라비어 곡집 제1권〉은 제바스티안이 1717년부터 시작한 프로젝트였다. 12개의 장조와 12개의 단조 조성을 다 사용하면서 과거의 가온율 조율법이 아닌 새로운 조율법을 실용화하려는 의도였다. 작곡가 피셔[40]의 드문 조성의 곡들과 마테존[41]이 1719년 출판한 책에서도 24개의 조성의 통주저음 연습이 있긴 하다. 그러나 제바스티안은 평범한 연습곡의 수준을 훌쩍 뛰어넘어 훨씬 조직적이면서도 아름다운 예술적 완성도를 추구

와 단조 조성을 사용하려는 요구가 커지면서 24개의 조성을 다 사용할 수 있는 적정율(well-tempered temperament)이 등장하였다. 대표적인 이론가로 베르크마이스터(A. Werckmeister)를 들 수 있다. 적정율은 Wolf(=피타고라스 콤마, 7개의 8도와 12개의 순정 5도를 쌓아 만든 두 개의 음(C-B#)이 일치하지 않으며 생긴 차이로 반음의 1/4정도)를 불균등하게 배분하나 장조와 단조의 모든 조성을 사용하면서도 각 조성의 개성을 유지할 수 있다. 반면 평균율(Equal temperament)은 Wolf를 정확히 12등분 함으로 각 조성의 특징이 없다. 바흐 생전 주변의 새 오르간들은 대부분 적정율로 조율되었음을 여러 기록을 통해 확인할 수 있다.

39. 당시 라이프치히의 성 토마스 학교는 단순한 라틴학교가 아닌 독일어권의 음악가를 양성하는 최고의 음악학교였다고 볼프는 주장한다. Wolff, *Bach's Musical Universe*(W. W. Norton, 2020), 29.

40. 피셔(Johann Caspar Ferdinand Fischer, 1656~1746)는 바덴의 궁정 음악가로 활동했다. 그는 20곡으로 된 짧은 전주곡과 푸가를 19개의 다른 조성으로 작곡하여 아리아드네 무지카(Ariadne musica)라는 이름으로 1702년에 출판했다. 하지만 바흐는 1715년에 재판을 접할 수 있었고 이를 모델로 하여 〈평균율(적정율) 클라비어곡집 제1권〉을 작곡하였다.

41. 마테존(Johann Mattheson, 1681-1764)은 함부르크의 작곡가 겸 이론가로 그의 저서와 사전은 당시 연주법과 음악가들에 관한 중요한 자료로 여겨진다.

했다. 일부분은 〈프리데만을 위한 클라비어 소품집〉에 있던 전주곡들을 수정하고 보완했다. 그가 이 24개의 가능한 모든 반음계 조성을 사용한 전주곡과 푸가 곡집을 완성했을 때 이 필사본은 90페이지에 달하는 방대한 분량이었다. 형식적인 틀을 따라야 하는 푸가를 그는 옛 양식부터 최신 프랑스와 이탈리아식 푸가에 이르기까지 정말 백과사전처럼 다양하게 선보였다. 제바스티안은 전통적인 대위법적 형식인 푸가의 가능성을 계속 넓혀가면서 그와 대조되는 자유로운 전주곡에서도 새롭고 다양한 음악적인 시도를 멈추지 않았다.

카타리나의 회고

우울하게 짓눌린 회색 겨울을 어찌어찌 보내고 환한 햇살 아래 겨우 맞이한 1722년 부활절 아침의 기쁨도 잠깐, 문득 들려온 소식이 나와 가족 모두를 슬픔에 빠뜨렸다. 스톡홀름에서 궁정 음악가로 활동하던 작은아버지, 요한 야콥이 마흔 살의 나이로 가족도 없이 혼자 멀리서 외롭게 죽음을 맞이했다는 소식이었다. 지난해 2월 말에 큰아버지 요한 크리스토프를 하늘나라로 보낸 지 겨우 일 년밖에 되지 않았다. 이제 아버지는 형제 모두를 잃었다. 바흐 일가를 이끌어야 한다는 책임감에 아버지의 어깨가 더 무거워 보인다.

그해 아버지는 24개의 조성으로 된 〈적정율 클라비어 곡집〉을 썼다. 그에게 대위법은 어떤 의미일까? 대위법의 그 많은 규칙을 부담스러워하기는커녕 저토록 행복하게 즐기고 누리는 사람이 세상천지에 또 있을까? 아버지는 여러 규칙을 지키고 따를수록 대위법이란 게임이 더 흥미진진해진다고 했다. 체스 게임에 규칙을 없애고 제멋대로 말들의 움직임을 허용한다면 어찌 될까? 그 후에 열리는 엄청난 가능성에 비하면 약간의 규칙을 따르는 일은 그야말로 아무것도 아니란다. 중력의 법칙처럼 피할 수 없는 과학적이고 논리적인 규칙이 음악에 엄연히 존재한다는 사실을 우리는 자주 잊어버린다. 아버지는, 인간의 시야보다 훨씬 큰 우주나 눈에 보이지 않는 자연의 법칙을 후학들에게 전수하려는 걸까? 아니면 하나님이 주신 계명과 규칙을 따르면서도 얼마든지 멋지고 창의적인 삶이 가능함을 대위법을 통해 구현하고 싶은 걸까?

요한 제바스티안 바흐: 라이프치히 성 토마스 학교 칸토르

'너는 나 외에 다른 신들을 네게 두지 말라.' _ 출애굽기 20:3

〈아리아와 다양한 변주곡〉은 30개 변주곡에서 특이하게도 세 번째 곡마다 카논을 사용했다. 제바스티안이 카논과 대위법을 얼마나 좋아하고 능숙하게 다루는지 익히 알고 있지만 이런 시도는 본 적도 없고 감히 상상도 해보지 못한 기상천외한 방법이다. 더군다나 각각의 카논은 1도 음정부터 시작해 9도에 이르기까지 점점 그 간격이 넓어진다. 일종의 나선처럼 보이는 이 난해하고도 복잡한 짜임새의 비밀은 무엇일까? 카논과 그런 숫자에 얽힌 수수께끼가 곡 전체의 구조와 더불어 제바스티안의 삶과 어떤 연관이라도 있는 것일까?

어원상 '규칙'이나 '표준'을 뜻하는 카논의 선율을 하나님의 명령으로 간주하고, 이를 그대로 뒤따르는 성부는 계명을 순종하는 신자로 보기도 한다. 〈음악의 헌정〉에 포함된 10개의 카논을 신학적으로 해석한 마리센의 논문[42]을 위시해서 이런 카논이 십계명을 의미한다는 주장은 꽤 설득력이 있어 보인다. '너는 나 외에 다른 신들을 네게 두지 말라'는 제1계명에

---

42. Marissen. "The theological character of J. S. Bach's Musical Offering" *Bach & God.* (New York: Oxford University Press, 2016), 91.

독일 라이프치히 성 토마스 교회

순종해 쾨텐 궁의 궁정악장을 버리고 라이프치히 성 토마스 학교의 칸토르로 전향한 제바스티안. 바이마르와 쾨텐의 궁정 음악가로 지낸 15년은 결코 짧은 세월이 아니었다. 명예와 높은 수입, 여가까지 버리고 시의 여러 교회들의 음악을 책임지는 직업으로 바꾸는 건 절대 쉬운 결정이 아니었다. 제바스티안은 이 유니슨 카논처럼 납작 순종하며 하나님의 뜻에 따랐다. 교회로 인도하는 하나님의 섭리를 인정하면서 제바스티안은 어릴 적부터 꿈꿔온 음악적 포부를 펼치기 시작했다. 어쩌면 이번이 받은 재능인 음악을 통해 하나님께 영광 돌릴 마지막 기회임을 그는 잘 알고 있었을 것이다.

라이프치히의 성 토마스 교회 칸토르였던 요한 쿠나우 씨가 62세의 나이로 1722년 6월에 서거한 후 그 빈자리를 채우는 과정은 생각보다 복잡했고, 시간도 오래 걸렸다. 라이프치히 대학에서 법률을 공부한 쿠나우 씨는 대학에 재학 중이던 1684년에 성 토마스 교회의 오르가니스트로 부임했다. 그는 음악가였지만 법률가로도 성공했으며 그리스어와 히브리어 등을 터득해 풍자소설을 쓸 만큼 다방면에 재능이 뛰어났다.[43] 1701년에 쉘레의 뒤를 이어 성 토마스 학교의 칸토르로 부임한 쿠나우 씨는 20년 넘게 재직하면서 클라비어 위붕과 성경 소나타 등의 작품을 출판해 작곡가로 탄탄한 명성을 쌓아왔다. 1716년 할레에서 쿠나우 씨와 함께 오르간 검사를 했던 제바스티안은 줄곧 그와 개인적인 친분을 유지해 왔고, 다음 해인 1717년 12월 라이프치히 대학교회의 오르간 검사에 초청받기도 했다.

사실 라이프치히의 칸토르 선임에는 일반인들의 눈에는 보이지 않는

---

43. 쿠나우(Johann Kuhnau, 1660-1722)가 쓴 풍자소설의 제목은 〈엉터리 음악가〉(Der Musicalische Quack-Salber)로 1700년 드레스덴에서 출판되었다. "Johann Kuhnau" Sadie, ed, The New Grove Dictionary of Music and Musicians 10 (London: Macmillan, 1980), 301.

골치 아픈 대결 구도가 도사리고 있었다. 당시 작센의 선제후는 프리드리히 아우구스트 1세[44]로 1694년부터 이곳을 다스리면서 절대적인 권력을 얻기 위해 애쓰고 있었다. 야심가인 아우구스트 1세는 자신의 지위를 강화하려고 작센 국경을 넘어 폴란드까지 넘보다가 1697년 막대한 돈과 군사적인 간섭을 통해 폴란드의 왕위를 차지했다. 폴란드는 가톨릭 국가였기에 가톨릭으로 개종했으면서도 장기간 정치적인 이유로 비밀에 부쳐두다가 1717년 어쩔 수 없이 공개하기에 이른다. 혼란을 가라앉히기 위해 작센의 영토에서 루터교 신앙의 자유를 보장한다고 거듭 강조했지만 그럼에도 반발이 만만치 않았고 평판도 곤두박질쳤다. 프리드리히 아우구스트 1세가 불가피하게 폴란드에서 머물러야 할 수밖에 없는 상황이 되자 그가 없는 작센을 다스리기 위해 선제후 쪽에서 임명한 가장 유력한 정치가가 바로 야콥 하인리히 폰 플레밍 백작[45]과 고트프리트 랑에[46], 이 두 사람이었다. 한편 지역의 귀족들과 시의회 역시 교회와 대학 같은 교육기관을 등에 업고 선제후에 맞서는 상황이었다. 이렇게 절대 권력을 가진 선제후와는 완연히 다른 정치적인 목표를 가진 시의회 역시 칸토르 선발에서 주도권을 쥐고 싶어 했다.

당시 라이프치히는 작센의 수도인 드레스덴 다음으로 컸으며, 황제의

---

44. 프리드리히 아우구스트 I (1670-1733)는 '강건왕'이라는 별명을 가졌으며, 작센에서는 프리드리히 아우구스트 I 로, 폴란드에서는 아우구스트 II 국왕으로 불린다. 바흐는 1727년 왕의 부인 에버하르디네의 장례 음악 〈슬픔의 송가〉(Trauer ode)를 썼으며, 그 외에도 최소한 세 개 이상의 세속 칸타타를 프리드리히 아우구스트 I 를 위해 작곡했는데 단지 가사와 악보의 일부분만 남아 있다.

45. 폰 플레밍(Jacob Heinrich von Flemming, 1667-1728) 백작은 강건왕 아우구스트 1세가 임명한 작센의 수상으로 1717년 드레스덴에서 개최된 바흐와 마르샹 연주 대결의 주최자 중 하나로 쳄발로 연주 대결 장소가 바로 폰 플레밍 백작의 집이었다고 전해진다.

46. 랑에(Gottfried Lange, 1672-1748)는 변호사 출신 라이프치히의 시장으로 바흐와는 1717년 드레스덴에서 만난 적이 있으며, 그 후에도 계속 바흐를 지지해 주었다.

수비대가 주둔하는가 하면 상업박람회 덕분에 교역이 활발해 경제적인 잠재력이 큰 도시로 주목받고 있었다. 게다가 15세기 초에 세워진 라이프치히 대학은 신학과 법학, 과학과 의학 등에서 두각을 나타내 도시가 유명해지는 데 한몫을 단단히 했다. 이런 라이프치히시가 고용하는 칸토르 직위에 정치적인 입김이 미치는 것은 당연한 일이었다. 정치적으로 입장을 달리하는 시의회(시의회파)와 선제후의 궁정(궁정파)은 문화적으로나 음악적으로 전혀 다른 견해를 가지고 이 빈자리에 어울리는 인물을 찾고 있었다. 라이프치히 시의회는 학교에서 가르치는 일을 포함하여 전통적인 칸토르의 의무를 다할 보수적인 사람을 원했다. 반면에 드레스덴 궁정은 학교에서 가르치는 일보다는 더 세련된 음악으로 시의 행사 전반을 기획해 라이프치히의 문화를 수준 높게 끌어올릴 수 있는 음악적 능력이 출중한 궁정 악장 같은 음악가, 즉 카펠마이스터를 원했다.[47]

궁정파는 노골적으로 텔레만[48]과 파슈[49], 그라우프너[50] 같이 이미 국제적인 명성을 가진 이들을 데려오길 원했다. 세 명 모두 라이프치히 대학에서 수학해 이 도시와 각별한 인연이 있는 사람들이었다. 텔레만과 파쉬는

---

47. Siegele, "Bach and Domestic Politics of Electoral Saxony", *The Cambridge Companion to Bach*, ed. by Butt(Cambridge: Cambridge University Press, 1997), 22. 바흐와 얽힌 복잡한 정치적인 상황은 대부분 Siegele의 주장에 기초한 내용들이다.

48. 텔레만(Georg Philipp Telemann, 1681-1767)은 라이프치히 대학 학생 시절인 1704년 콜레기움 무지쿰을 창설해 큰 인기를 얻었다. Sorau, Frankfurt, Eisenach에서 일했고, 1721년부터 함부르크에서 활동한 당대 가장 성공한 음악가로 명성을 떨쳤다. 제바스티안과는 1709년 바이마르에서 만나 가깝게 지낸 사이로 1714년 카를 필립 에마누엘의 대부가 되어주었으며 계속 좋은 관계를 유지했다.

49. 파슈(Johann Friedrich Fasch, 1688-1758)는 쿠나우의 제자로 1722년부터 Zerbst의 카펠마이스터로 재직했다.

50. 그라우프너(Christoph Graupner, 1683-1760)는 라이프치히 성토마스 학교 출신으로 1709년부터 다름슈타트에서 오페라 작곡가로 활동했다.

라이프치히에서 콜레기움 무지쿰을 창설해 그 공을 인정받았고, 그라우프너가 그다음 순위였다. 텔레만과 파쉬는 차례로 오디션에 응했지만 결국 거절 의사를 통보했다. 영리한 텔레만은 라이프치히 오디션을 이용해 현직이었던 함부르크의 연봉을 높일 수 있었다. 게다가 논란거리였던 오페라 활동까지 시의 허락을 받아냈다. 시기적절하게 텔레만과 파쉬가 제외된 후 요한 제바스티안은 1722년 11월쯤 조금 늦게 지원했다. 혹자는 제바스티안에게 라이프치히 자리를 추천한 인물이 바로 텔레만이라고 주장하기도 한다.[51] 궁정파가 원하던 그라우프너의 오디션이 1723년 1월 17일에 있었고, 쇼트가 2월 2일, 이어 요한 제바스티안이 2월 7일에 오디션을 했다.[52] 그라우프너는 기존의 다름슈타트의 카펠마이스터 자리를 유지하는 조건으로 연봉 인상을 약속받아 3월 말에 결국 거절 의사를 표명했다. 하나님의 뜻이었겠지만 결국 궁정파는 이런저런 이유로 오페라 작곡에 능한 텔레만과 파쉬, 그라우프너 셋 중 어느 한 명도 데려올 수 없게 되었다. 제바스티안의 앞을 가로막고 있던 막강한 경쟁자 세 명이 이렇게 제외되었다.

시의회 측은 다른 곳에 재직 중인 칸토르들을 유심히 살펴보았지만 역시 아무도 이 자리에 지원할 사람이 없었다. 남은 경쟁자인 카우프만과 쇼트는 제바스티안과는 비교조차 할 수 없는 형편없는 연주 실력을 지녔으므로 크게 문제가 되지 않았다. 자신들 쪽의 인물이 아무도 없는 상태이니 시의회파는 떨떠름한 반응을 보였다. 결국 시의회파의 찬성까지 얻어내 만장일치로 제바스티안을 선발하긴 했으나 그들은 계속 전통적인 칸토르의

---

51. Hansen, *Ed., Bach & Friends: Bach's Life in 82 Engraved Portraits by* Bachhaus Eisenach, 26.

52. Siegele, "Bach's Situation in Cultural Politics of Contemporary Leipzig", *Bach's Changing World*, ed. by C. Baron (Rochester: University of Rochester Press, 2006), 193.

의무를 강조하면서 궁정파와 대립했다. 결국 양보를 거듭하면서 얻은 결론은 칸토르의 책임과 의무를 새로 규정할 수는 없지만 칸토르의 의무인 주당 다섯 시간의 수업(라틴어 문법과 루터의 교리문답 등)을 일시적으로만 면제하는 것을 허용했다. 물론 수업을 동료에게 대신 시킬 수 있으나 그 비용은 칸토르가 직접 부담한다는 조건이었다.

궁정파는 자신들이 원하는 음악가를 뽑을 수는 있었으나 기존의 의무와 책임까지 새로 규정하지는 못했다. 칸토르 자리에 카펠마이스터의 자격을 가진 인물을 뽑긴 했으나 전통적인 칸토르의 의무는 그대로 존재했다. 하지만 궁정파 사람들과 제바스티안이 개인적으로 만났을 때는 이미 학교 선생의 틀에서 벗어난 전문적인 새로운 시 음악감독의 지위로 합의를 보았을 것이다. 궁정파에서 제바스티안을 추천한 정치가는 고트프리트 랑에로 선세후의 설대적인 신임으로 선제후를 대변하는 인물이었다. 라이프치히 대학교수를 역임한 랑에는 아우구스트 1세의 법률 고문으로, 뛰어난 정치적인 수완을 통해 선제후의 인정을 받았다. 라이프치히 세 명의 시장 중 한 명으로 막강한 권력을 행사하던 랑에는 1717년 프랑스의 대가 루이 마르샹과의 유명한 한판 대결에서 제바스티안의 음악적인 능력을 직접 들은 바 있다. 랑에는 제바스티안을 '최고의 건반악기 연주자'로 높이 평가하며 칸토르 자리에 추천하였다.[53] 랑에의 중재가 없었다면 제바스티안의 라이프치히행이 불가능했을지도 모른다. 그러나 이렇게 애초부터 갈등의 요인들을 떠안고 시작했으니, 제바스티안의 남은 날들에 드리운 갈등과 분쟁이 어찌 보면 당연한 결과일 수도 있다.

---

53. Siegele, "Bach and Domestic Politics of Electoral Saxony", 25.

카타리나의 회고

1723년 5월 22일 화창한 토요일. 두 대의 마차에 나누어 탄 우리 가족[54]
은 오후 두 시쯤 새로운 도시 라이프치히에 도착했다. 새 보금자리는 최근
에 정성스럽게 수리를 마친 성 토마스 학교 남쪽 날개 동에 있는 3층으로
된 꽤 넓은 아파트였다. 6월 14일에 열두 살인 프리데만은 3등급 반으로,
아홉 살이 된 카를은 5등급 반으로 둘 다 성 토마스 학교의 비기숙 학생으
로 입학했다. 쾨텐에서는 도무지 해결할 수 없었던 동생들의 교육 문제가
순조롭게 해결되니 우리 가족은 새로운 보금자리에 금방 적응할 수 있을
것 같은 활기가 넘쳤다. 라이프치히 대학과 연계된 성 토마스 학교의 명성
은 당시 두말할 나위 없는 최고였다. 촌구석에 불과한 쾨텐의 작은 학교와
는 비교할 상대가 되지 않았고, 우리 가족은 얼떨떨한 상태에서도 그저 감
사한 마음이 앞섰다.

우리 가족은 아버지를 비롯해 모두 음악에 미쳐 산다. 집안의 맏딸로
엄마까지 일찍 여읜 나는 집안과 동생들 뒤치다꺼리에 늘 바빴다. 아버지
는 첫 배우자인 엄마와의 사이에서 일곱 명, 두 번째 배우자인 안나 막달
레나와의 사이에서 열세 명으로 모두 스무 명의 자녀를 얻었다. 그중 열은
태어나자마자 죽거나, 길어야 여섯 살을 넘기지 못했다(부록2 참고). 그러다
보니 우리 집에선 쉴 새 없이 누군가는 태어나고, 누군가는 땅에 묻혔다.
거기다가 아버지의 제자들이 대부분 집에 머무르며 수학했고, 연주와 리허
설을 핑계 삼아 끊임없이 찾아오는 손님들로 집안은 늘 비둘기집처럼 북

---

54. 요한 제바스티안 바흐와 둘째 부인 안나 막달레나, 둘 사이에 최근 태어난 딸 크리스티아
나 소피아 헨리엣타, 첫째 부인이 낳은 네 명의 아이들 - 카타리나 도로테아(14세), 빌헬름
프리데만(12세), 카를 필리프 에마누엘(9세), 요한 코트프리트 베른하르트(8세) - 그리고
첫 번째 부인의 언니인 프리델레나 이모와 하녀인 안나 엘리자베트 등 모두 9명이었다. 볼
프, 이경분 역, 『요한 세바스찬 바흐 2』 (서울: 한양대학교 출판부, 2007), 27.

적댔다.

이 곳으로 직장을 옮긴 후 라이프치히에 자신을 소개하는 아버지의 데
뷔작품은 1723년 5월 30일에 연주된 칸타타 "가난한 사람들은 배불리 먹
고"[55]였다. 이 칸타타에 사용된 코랄[56]은 내가 가장 좋아하는 찬송이다. 칸
타타 마지막 악장의 가사가 이렇다.

"하나님이 하시는 일은 다 선하시니 내가 굳게 믿으리라.
험한 길에 던져지고 고난과 죽음과 불행이 덮쳐도
하나님은 나를 아버지처럼 팔에 안아주시리.
그러므로 나는 그의 섭리를 따르리라."[57]

---

55. 바흐의 칸타타 75번 "가난한 사람들은 배불리 먹고"(Die Elenden sollen essen BWV 75)
는 그의 라이프치히 칸타타 사이클의 시작을 알리는 뛰어난 작품이다. 2부로 구성된 이 곡
은 각각 7개의 악장이 설교 전후로 나뉘어 연주되었다.

56. "하나님이 하시는 일은 다 선하시다"(Was Gott tut, das ist wohlgetan) 선율이 칸타타 75번
의 14개 악장 중 7번과 14번 코랄뿐 아니라 8번 신포니아에서도 사용되었다.

57. 이기숙 옮김 나주리 해제, 『요한 제바스티안 바흐 교회 칸타타』(서울: 마티, 2021), 619-
621.

칸토르의 버거운 임무와 〈요한수난곡〉

성 토마스 학교의 기숙사에서 생활하는 학생의 수는 약 50명에서 60명 정도였고 나이는 대략 12세부터 23세 사이였다. 이런 기숙생의 두 배가 넘는 비기숙생(외부생)도 있었는데 이들은 집이 가까워 통학이 가능한 학생들이다. 기숙생들은 잠자리와 식사를 제공받는 대신 매 주일과 축일에 네 개의 시 교회[58]에서 합창단으로 봉사할 의무를 졌다. 그러니 그들을 선발할 때 칸토르가 관여하는 건 당연했다. 입학 후에도 기숙생들의 음악교육을 책임지는 칸토르는 학생들의 음악적 능력을 세심하게 파악해 네 개의 합창단 중 어떤 합창단에 배정해 어떤 활동을 맡길지를 결정해야 했다. 다행히도 제바스티안은 라틴어 수업과 교리문답 수업을 다른 선생에게 일임했다. 대신 연봉에서 50탈러를 감했고, 상급반 학생들의 음악교육에만 몰두할 수 있도록 시간을 확보한 것이다. 전임 칸토르는 주당 12시간의 수업을 했는데 제바스티안은 7시간으로 줄여 월, 화, 수 오전 9~10시와 12~13시, 그리고 금요일 12~13시에 '전체 음악 실습'을 지도했다. 4명의 조교가 돕

---

58. 당시 라이프치히의 네 개 교회 중 성 니콜라스 교회와 성 토마스 교회는 규모가 큰 주 교회이고, 다른 두 개인 노이에 교회와 성 베드로교회는 규모가 작았다.

는 이 수업은 가장 큰 강당에서 150여 명의 학생이 함께 연습하고 배우는 필수 과목이었다.

실제로 제바스티안은 의무로 정해진 수업 시간의 몇 배를 들여 학생들을 개인지도하고, 반주 실습 및 리허설에 열정을 쏟아부었다. 매일 학생들과 성악 수업을 했고, 악기를 다룰 줄만 안다면 무상으로 개별적으로 가르치고 훈련도 시켰다. 그도 그럴 것이 매주 예배 때 부르는 칸타타[59]가 학생들은 물론 전문 음악인에게도 어려울 정도로 음악적인 수준이 높았기 때문이다. 게다가 성 토마스 교회와 성 니콜라이 교회의 주일 예배를 준비하기 위해서는 성 토마스 학교의 최고 합창단뿐 아니라 시 소속의 관악 연주자들과 현악 주자들이 더 필요했다. 더 중요한 축일 예배 때는 이보다 더 큰 규모의 악단의 반주가 필요하므로 대학에 속한 콜레기움 무지쿰 단원들의 도움이 절실했다. 융통성 없는 전임자 쿠나우가 이런 외부 도움을 끌어내지 못했던 터라 라이프치히 시의회도 제바스티안에게 나름 이런 기대가 컸던 게 사실이다.

라이프치히에서 그 누구도 제바스티안에게 교회력에 따른 칸타타를 새로 작곡하라고 요청한 적은 없었다. 하지만 성 토마스 교회나 다른 지역 칸토르들이 거의 대체로 취임 초기에 칸타타 사이클을 준비해 놓고 후반에 이를 유용하게 활용했기에, 또 취임 초기에만 악보 사보를 돕는 조수 예산을 받을 수 있었기에 이를 알면서 그냥 지나치기는 어려웠을 것이다. 그 무엇보다도 신앙인이며 음악가로서 제바스티안은 시시한 음악을 하나님께 바치는 것을 용납할 수 없었다. 이 음악적 자존심을 지키기 위해 그는 엄청

---

59. 칸타타는 이탈리아어로 '노래하다(cantare)'에서 유래된 반주가 있는 성악곡을 지칭한다. 바흐의 교회 칸타타는 루터교회 예배에서 설교 전후에 부르는 성스러운 내용을 가진 앙상블 반주가 있는 성악곡을 가리키고, 세속 칸타타는 형식은 유사하나 내용이 세속적이다.

난 열정과 노력으로 값을 치렀다. 합주 음악을 금지하는 성탄절과 부활절 전의 단식 기간(tempus clausum)을 제외해도 매주 예배와 교회 축일을 합하면 연간 60여 곡의 칸타타가 필요했으니, 매주 필요한 칸타타를 작곡하고, 사보하고, 또 독창자와 합창단, 실내악단까지 각각 연습시키는 과정은 늘 숨막힐 정도로 시간이 촉박하고 긴장되었으리라.

라이프치히로 온 1723년 5월 말부터 시작한 제1차 칸타타 사이클[60]은 터무니없이 시간이 부족해 이전에 써 놓은 작품들을 그대로, 혹은 약간 수정해 활용할 수밖에 없었다. 물론 2부로 구성되거나 두 개를 짝 지운 야심 찬 칸타타[61]도 있긴 하지만, 가사의 통일성이나 음악적인 일관성까지 챙길 여력은 없었다. 그럼에도 1차 칸타타 사이클은 다양한 악기들을 이전과 다른 방식으로 새롭고 효과적으로 사용했고, 웅장하고 서사적인 첫 합창과 마지막 코랄이 인상적이다. 1724년 6월부터 시작된 제2차 칸타타 사이클에선 1차보다 대본의 통일성을 가지고 코랄 칸타타[62] 사이클 작업에 착수했다. 대본은 안드레아스 슈튀벨[63] 씨가 맡아 시작했지만 1725년 1월말 슈

---

60. 라이프치히로 간 후 바흐는 교회 예배의 주된 음악인 칸타타를 연중 사이클(Jahrgang)로 작곡했다. 제1차(1723. 5-1724. 5)에 40곡의 새 칸타타를 작곡했고, 제2차(1724-1725) 연중 사이클에는 52곡의 새 칸타타를 썼다. 이에 비해 그 이후 작곡된 연중 사이클들은 느슨해져서 제대로 추적하기 어렵다.

61. 제1차 연중 칸타타 사이클 중 BWV 75, 76, 21, 70, 147, 186번은 자체가 2부로 구성되었고, 24+185, 179+199, 181+18, 31+4, 172+59, 194+165, 22+23, 소실된 작품+182 등은 짝으로 작곡된 예이다. 볼프, 『요한 세바스찬 바흐 2』, 65.

62. 현존하는 바흐의 52개의 코랄 칸타타 중 40개가 제2차 연중 사이클에 속한다. 코랄 칸타타는 루터교 회중 찬송인 코랄 한 곡에 의거한 칸타타이다. 첫 악장은 코랄 판타지아로 코랄 1절이 정선율로 사용되고, 마지막 악장은 4성부로 된 코랄이 그대로 제시된다. 중간엔 3~5개의 레치타티보와 아리아가 코랄의 중간 절의 내용을 알기 쉽게 바꾸어 전달한다. 대표적인 곡들은 BWV 4, 20, 2, 7, 135, 10, 99, 96, 5, 38, 80, 100, 101, 123, 125, 1, 128, 58, 192, 140 등이다.

63. 슈튀벨(Andreas Stübel, 1653-1725)은 루터교 신학자며 교육자로 성 토마스 교회 명예 교감이며 문학에도 조예가 깊었다.

튀벨이 갑작스런 죽음을 맞아 그의 가사로 마무리 지을 수 없었다. 제바스 티안이 원래 계획한 대로 제2차 연중 사이클은 결국 완성되지 못했지만 약 40주 동안(1724.6.11~1725.3.25) 그는 40개의 새 코랄 칸타타를 쓰면서 가장 활 발한 창작 활동을 했다. 제2차 칸타타 사이클 이후 제3차 사이클부터는 약 2년에 걸쳐 완성되는 등 점점 더 불규칙한 주기로 교회음악 작곡이 느슨해 졌다.

성금요일 예배에 수난곡을 연주하는 전통은 보수적인 라이프치히에서 는 그리 오래되지 않았다. 무대와 의상이 없을 뿐 오페라와 거의 비슷한 수 난곡은 텔레만이 노이에 교회 아침 예배에서 1718년 처음 시도했다. 쿠나 우 역시 오페라적 요소를 교회에 도입하길 꺼렸으나 유행과 대중의 취향 도 무시할 순 없어 1721년 성금요일 저녁 베스퍼스 예배에서 처음으로 합 주 양식의 〈마가수난곡〉을 성 토마스 교회에서 연주했다. 수난곡은 음악 연주가 철저히 금지된 사순절 기간 끝자락에 극적인 음악을 통해 그리스 도의 수난에 동참하도록 요구한다. 라이프치히로 이사 온 후 처음 맞이하 는 성금요일 베스퍼스 예배를 위해 제바스티안이 준비한 작품이 바로 〈요 한수난곡〉이었다. 제1차 칸타타 사이클을 준비하느라 눈코 뜰 새 없이 바 쁜 와중이었으나 파격적이리만큼 극적이고 생생하게 예수의 십자가 고난 을 다룬 이 작품은 1724년 4월 7일 초연되었고, 다음 해인 1725년 3월 30 일에는 수정된 두 번째 버전이 연주됐다. 일반 칸타타와는 비교할 수 없을 정도로 규모가 장대한 〈요한수난곡〉은 요한복음의 본문을 뼈대로 삼고 중 간중간에 찬송가(코랄)와 아리아(자유로운 묵상)를 삽입하다 보니 가사의 통일 성은 부족한 게 사실이다. 하지만 제바스티안은 카이저나 텔레만, 헨델 등

이 사용한 브로케스[64]의 수난절 가사에 전적으로 의존하지 않았고, 묵상에서 브로케스의 가사 일부를 수정해 사용하였을 뿐 큰 틀은 제바스티안의 손에서 재구성되었다. 음악이 주도하는 성금요일 베스퍼스[65] 예배는 1부와 2부로 나뉘어 앞뒤로 음악 예배가 있고 중간에 한 시간 정도의 설교가 있다. 이처럼 루터교 예배에서 핵심인 설교보다 음악에 더 긴 시간을 할애하는 건 매우 예외적인 경우였다. 재판 장면과 십자가의 고난 등 극적인 이야기를 제바스티안은 다양한 성악과 기악의 대조, 독특한 악기들의 사용을 통해 눈앞에 생생하게 펼쳐지듯 전개했다.

사도 요한이 쓴 복음서 내용에 근거하여 전개되는 수난 이야기는 레치타티보를 통해 진행되고, 아리아와 합창은 주로 일어난 사건에 대한 묵상과 참회의 내용을 담는다. 반면 회중에게 익숙한 찬송인 코랄은 수난곡 전체의 중심축을 이루면서 그 자리에 있는 회중과 사건의 연결고리가 된다. 1번 합창은 장엄하고 심각한 분위기로 앞으로 전개될 이야기를 암시한다. 길게 진행되기도 전인 1부의 마지막 베드로가 부른 참회의 아리아 "아, 내 마음이여"는 신도들 마음에 쌓인 회한의 감정을 끌어내기 시작한다. 죄의 고통과 용서에 대한 감정을 제바스티안은 아주 자연스럽게 고무시킨다. 이어 2부에선 서로 주고받는 군중의 합창이 극적인 면을 고조시킨다. 19번 아리오소와 20번 아리아 "생각하라, 숙고하라"의 조용하고 신비한 분위기

---

64. 브로케스(Barthold Heinrich Brockes, 1680-1747)는 시인이며 함부르크 시의원으로 그가 1712년에 출판한 〈예수의 수난과 죽음에 관한 시간〉(Der für die Sünden der Welt gemarterte und sterbende Jesus)는 최초의 수난 오라토리오의 가사로 당대 최고의 작곡가인 텔레만, 카이저, 헨델, 마태존 등이 사용할 정도로 인기가 있었다.

65. 라틴어로 'vesper'는 저녁(evening)을 뜻하며, 베스퍼스(Verspers)는 전통적인 교회 예식에서 저녁 기도이다. 루터교에서는 부활절 전 40일을 사순절로 지키며 예배 때 기악 합주가 금지되었다. 특별히 라이프치히에선 성금요일(고난주간의 금요일) 베스퍼스 때 기악 합주를 동반하는 수난곡을 연주하는 전통은 1718년부터 시작되었다.

는 비올라 다모레 두 대와 류트, 비올라 다 감바, 오르간까지 더해져 섬세한 반주가 가사와 완벽한 조화를 이룬다. 수난곡의 절정에 다다른 때 나오는 30번 아리아 "다 이루었다"의 의미심장한 가사 내용은 구슬픈 비올라 다 감바와 류트의 반주와 함께 완벽한 마무리를 이뤄낸다. 뒤로 갈수록 복음서를 쓴 요한의 어조는 객관적인데, 음악은 더 주관적으로 치달아 둘의 대조가 돋보였다.[66] 제바스티안의 요한수난곡은 예수가 치욕과 고통을 견뎌야 하는 인간적인 슬픔을 통해 구원을 성취하는 과정을 매우 극적이고 섬세하게 표현한 걸작품이다. (여기의 번호는 1724년 연주된 요한수난곡 첫 번째 버전의 순서에 의거한 것임.)

독일 라이프치히
성 토마스 교회

66. 가디너 저, 오승림 역, 『바흐: 천상의 음악』 (서울: 오픈하우스, 2020), 639.

드레스덴 궁정은 라이프치히의 음악적 수준을 높이려는 욕심으로 아버지를 고용했지만 실제로 칸토르의 직무를 관장하는 직속상관은 성 토마스 학교 교장과 시의회 사람들이다. 그들이 원하는 건 시키는 대로 말 잘 듣고, 성실하게 수업하고, 주일마다 그들의 수준에 어울리는 조촐한 예배음악을 유지하는 것이다. 그들은 예배에 위대한 교회음악이 필요하다고 생각지 않으며 그저 고급 예술을 사치로 치부한다.

우리 가족은 1723년 부활절이 지나고 라이프치히로 왔기에 아버지가 이곳 교회를 위해 작곡한 첫 대규모 작품은 성탄절의 〈마니피카트〉[67]였다. 이듬해 4월 초연된 〈요한수난곡〉은 〈마니피카트〉에 비해 규모도, 음악적 내용도 비교가 힘들 만큼 복잡하고 엄청난 다양함과 깊이를 지녔다. 아버지가 1차 칸타타 사이클을 완전히 새로 쓰지 않은 이유가 어쩌면 〈요한수난곡〉에 몰두할 시간이 필요했기 때문이었을까?

내 생각에 〈요한수난곡〉은 십자가와 구원에 대한 확신을 주는 음으로 된 설교였다. 그러나 그저 귀에 듣기 편한 평범한 음악만 들어온 보수적인 사람들은 불평을 쏟아냈다. 그들에게 〈요한수난곡〉은 너무 난해하고 충격적인 음악인 것이다. 일단 모든 가사를 사전에 허락받았는지가 논란이 되었다. 보수적인 목사들은 여기 나온 가사들의 일부가 불경스럽다고 판단했다. 게다가 신학적으로 경건파인 프랑케의 설교와 비슷하다는 지적도 있었다. 어쩌면 그들은 요한복음 자체의 지나치게 강렬한 메시지와 영성

---

67. 〈마니피카트〉의 가사는 누가복음 1장 46-55절 내용으로 당시 마니피카트를 노래하는 축일이 성탄절을 포함해 15번이나 있었다. 바흐가 라이프치히로 부임한 후 첫 성탄절 날 초연된 첫 번째 버전(BWV 243a)은 E 장조인데 반해 수정된 두 번째 버전(BWV 243)은 D 장조로 1732-5년 사이에 수정되었다.

이 불편했을 수도 있다. 성경 말씀을 그대로 인용해도 문제 삼으니 도대체 힘 없는 음악가는 고래 싸움에 새우 등 터지듯 당하기만 하란 말인가? 그들의 불평은 음악 외적인 면들을 주로 지적했지만 실제로는 청중을 뒤흔드는 너무 과감하고 극적인 음악도 마음에 들지 않았을 것이다. 고집 세기로 유명한 아버지가 상관의 강요에 따라 이 곡을 여러 차례 수정한 이유는 단 하나 〈요한수난곡〉의 지속적인 연주를 위해서였다. 그러나 초연에 이어 1725년 이후엔 더 연주가 쉽지 않았다. 결국 1749년과 1750년까지 포함해 아버지 생전에 전곡이 연주된 것은 딱 네 번에 불과했기에 안타까웠을 뿐이다.

〈안나 막달레나를 위한 클라비어 소품집〉

라이프치히의 첫 3년은 아마도 제바스티안의 생애에서 가장 바쁜 시기였을 것이다. 그런 와중에도 그는 틈틈이 시간을 쪼개 젊은 아내를 위한 깜짝 선물을 준비했다. 안나 막달레나는 당시 희귀한 소프라노 가수로 결혼 후에도 쾨텐과 다른 궁정에서 음악 활동을 지속했으나, 라이프치히는 여성이 공식적인 행사나 장소에서 노래하는 것을 금지해 그녀의 활동이 위축될 수밖에 없었다. 거기다가 식구와 제자, 방문하는 손님뿐 아니라 남편 제바스티안을 도와 사보할 칸타타의 파트보 양 역시 계속 늘어갔다. 어쩌다 한두 번 남편 제바스티안과 함께 외지인 궁정에 가서 연주하는 것이 유일한 위안이었을 것이다. 그러다 보니 라이프치히에서 그녀의 음악 활동은 결국 집 안으로 축소되었다. 여러 자녀를 양육하면서 남편의 음악 활동에 각별한 관심을 가지고 내조에 애쓴 안나 막달레나를 향한 감사의 표시로 제바스티안은 〈안나 막달레나를 위한 클라비어 소품집〉에 정성을 쏟았다.

더군다나 1722년 첫 번째 〈안나 막달레나를 위한 클라비어 소품집〉[68]

---

68. 바흐의 〈안나 막달레나를 위한 작은 클라비어 소품집〉(Clavierbüchlein)은 두 권이다. 첫 번째 소품집에는 1722년 5곡의 프랑스 모음곡 초기본과 몇몇 소품들이 수록되었고, 두 번째 곡집은

이 미완성인 채로 중단되었기 때문에 3년 후의 두 번째 곡집에 더 신경을 썼을 것이다. 제바스티안은 고급스러운 녹색 송아지 가죽으로 장정하고 거기에 그녀의 이름 첫 자인 A. M. B와 1725를 금박으로 새겨 넣어 1725년에 안나 막달레나에게 주는 것임을 분명히 밝혔다. 각각의 페이지가 흩어지지 않도록 75장이나 되는 두꺼운 종이 뭉치에 송곳으로 두 개의 구멍을 뚫어 붉은 새틴 리본까지 맨 모양은 영락없이 연인에게 바치는 선물이었다. 곡들은 대부분 교습용, 또는 그녀가 취미로 즐길 수 있는 곡들을 수록했다. 겉장을 열면 바로 대작인 파르티타 두 곡을[69] 제바스티안이 직접 사보해 넣었고, 이어 막달레나가 미뉴에트와 폴로네즈, 코랄 등 자기 수준에 맞는 쉬운 곡들을 추가했다. 성악가로 활동하던 그녀의 이력에 어울리게 상당수의 성악곡도 포함되었다.

1725년부터 약 15년간의 오랜 기간을 두고 악보를 모으고 베끼다 보니 계획도, 일관성도 갖추기 어려웠지만 그럼에도 제바스티안과 막달레나를 비롯해 가족 전체의 삶과 취향이 이 안에 묻어났다. 성악곡들은 주로 종교적인 명상에 적합했고 죽음에 관한 노래들도 적잖이 포함되었는데 그녀가 자주 부르는 곡들이었다. 거기다가 여기엔 자녀들이 작곡한 소품도 포함되었는데 첫 부인인 바바라의 두 아들, 카를 필리프 에마누엘과 고트프리트 베른하르트의 작품이 눈에 띈다. 또한 막달레나가 낳은 아들, 고트프리트 하인리히의 필체(20번a)도 남아 있고, 이를 제바스티안이 나서서 베이스 파트를 고쳐준 것(20b)도 수록되었다. 작은 클라비어 곡집은 원래 75쪽이었으나 그중 8장이 찢어져 총 67쪽이 남아 있다. 8장의 악보를 누가 왜 찢었는

1725년에 완성되었다.

69. 파르티타 a단조(BWV 827)는 나중에 『클라비어 위봉 제1권』으로 인쇄될 때는 3번으로, 파르티타 e단조(BWV 830)는 6번이 되었으나 6곡 중에서 가장 미리 작곡되었음을 알 수 있다.

지는 알 수 없다. 일부는 막달레나가 베끼는 과정에 저지른 실수 때문에 찢어버릴 수도 있겠으나, 맏아들 프리데만의 필적과 작품이 없어 음악학자들의 묘한 궁금증을 자아낸다.

제바스티안은 〈프리데만을 위한 작은 클라비어 소품집〉[70]을 포함해 총세 개의 〈클라비어 소품집〉을 남겼는데, 이들은 1720년부터 1725년 사이 삼십 대 후반의 제바스티안이 집 안에서 어떤 음악을 가르치고 연주했는지 알 수 있는 소중한 자료들이다. 제바스티안의 다른 작품들에 비해 세 기의 〈클라비어 소품집〉이 예술적인 가치는 조금 미비할 수 있겠으나, 위대한 음악가가 가장 가깝고 소중한 사람들에게 가르친 교육 자료로 중요한 의미를 지닌다. 마치 사진 앨범처럼 어린 자녀들의 필체까지 직접 등장해 가족들 간의 숨겨진 이야기가 담겨 있는 듯 따스함과 함께 상상력을 자극하기도 한다.

---

70. 〈빌헬름 프리데만을 위한 클라비어 소품집〉(Clavierbüchlein für W. F. Bach)은 요한 제바스티안 바흐가 1720년 9살인 장남을 위하여 준비한 첫 건반 교습 교본이다. 여기에는 모두 62곡이 수록되어 있는데 바흐의 〈평균율(적정율) 클라비어곡집 제1권〉 전주곡 중 11곡, 〈인벤션〉(2성부로 여기서는 praeambulum이란 제목을 가짐)과 〈신포니아〉(3성부로 여기서는 fantasia라고 불림)의 초기 버전 외에 프리데만과 다른 작곡가들의 작품도 소수 포함되어 있다. 이는 건반악기 연주 기술을 발전시키려는 교본이지만 동시에 작곡 레슨을 위한 노트 겸 다양한 작품들을 모아 수록하려는 악보 모음집의 의도도 있어 보인다.

안나 막달레나가 1725년 두 번째 〈클라비어 소품집〉을 아버지한테서 선물로 받고 기뻐할 때 우리 집 다른 한쪽에서는 불평 가득한 볼멘소리가 들렸다. 음악적인 재능이 뛰어난 프리데만 역시 아버지로부터 새엄마에게 드릴 선물에 작품을 쓰라는 명령 아닌 명령을 받았기 때문이다. 한창 예민할 15살에 자존심 강한 프리데만은 새엄마가 〈클라비어 소품집〉을 두 개나 가지고 있는 게 못마땅한지 내내 시무룩했다. 새엄마를 위한 곡집은 〈프리데만을 위한 클라비어 소품집〉과는 시작부터 달랐다. 아무리 내가 새엄마를 위한 곡집은 전문가를 위한 게 아니라고 반복해 차이를 설명해도 프리데만은 귀를 기울이지 않았다. 게다가 둘째인 카를은 아무렇지도 않게 행진곡과 폴로네이즈를 두 곡씩이나 번듯하게 새엄마를 위해 그 곡집 안에 써놓았다.

프리데만은 결국 아버지의 분부대로 짧은 곡 한두 개를 새엄마의 〈클라비어 소품집〉에 써넣어야 했다. 새엄마에 이어 아버지도 보고, 제바스티안이 만족을 표현한 뒤 프리데만은 아니나 다를까 거기에 고의로 물을 쏟아버렸다. 그 정도로 끝났으면 좋았을 텐데 그 정도로 분이 풀리지 않은 프리데만은 아무도 없을 때 자신의 써넣은 곡을 새엄마의 〈클라비어 소품집〉에서 찢어버리고 말았다. 안나 막달레나는 그녀의 음악 앨범에 음으로 그려진 가족의 초상화를 보관하고 싶었던 듯한데 프리데만은 그 안에 포함되는 걸 단호히 거부한 셈이다. 프리데만의 필체가 없는 이 음으로 된 초상화가 어쩌면 우리 가족의 불협화음이었을 것이다. 어쨌든 이 〈클라비어 소품집〉에는 자상하면서도 엄격하고, 진지하면서도 명랑한 음악가인 아버지와 우리 가족들의 일상이 조각보처럼 기워져 있다.

빌헬름 프리데만 바흐: 아버지의 뒤를 바짝 쫓는 장남

'너를 위하여 새긴 우상을 만들지 말고' _ 출애굽기 20:4

제바스티안이 하나님의 부름에 순종한 첫 번째 카논이 유니슨으로 다른 선택의 여지가 없는 절대적인 순종에 가까웠다면 두 번째 카논은 좀 다르다. 제바스티안을 아버지며 스승으로 존경하며 그 뒤를 바짝 붙어 따르는 프리데만! 그 둘은 아주 가까운 듯 보이나 사실 2도 음정은 지속적인 불협화음을 만들어 낸다는 걸 기억해야 했다.

이미 대학 시절부터 프리데만은 고리타분한 신앙 대신 이성적이고 세련된 철학과 합리적인 사고에 혹해 순종과는 등을 돌렸다. 특별히 할레 대학에 있다가 추방당한 계몽주의 철학가 겸 수학자인 크리스티안 볼프의 존재가 프리데만에게는 하나님보다 더 중요한 살아 있는 우상이었다. 자유로운 사상가였던 볼프는 특히 종교 문제를 합리적으로 고찰하면서 교회의 권위를 무시하였다. 당시 젊은 지성들은 볼프의 사상에 열광했고 프리데만 역시 예외가 아니었다. 더군다나 제바스티안이 1747년 프리드리히 대왕을 만나러 포츠담에 갔을 때 동행했던 프리데만은 거기서 복권된 그의 우상, 크리스티안 볼프와 음악에 적극적인 후원을 아끼지 않는 계몽적인 전제군주를 만났다. 그 후 프리데만은 이상과 현실의 큰 격차를 인정하지 못해 불평은 더욱 커졌고, 루터교회 오르가니스트인 자신의 지위를 인식하지 못한 채 마음속에 스스로 만든 우상만을 바라봤다.

어렸을 때부터 영특한 재주로 아버지를 기쁘게 한 맏아들 프리데만은 제바스티안의 기대를 한 몸에 받았다. 프리데만은 재능과 소양을 겸비해 동생들과 다른 제자들에게 본이 되기에 충분했고, 동생들을 다 합쳐도 맏이인 그와 상대하기 힘겨울 지경이었다. 1720년 1월 말경, 프리데만이 1710년 11월에 태어났으니 아홉 살 생일이 조금 지난 시점에 제바스티안은 그를 위해 〈클라비어 소품집〉(주 70 참고)을 만들었다. 그뿐 아니라 이어, 〈인벤션〉과 〈신포니아〉, 그리고 〈적정율 클라비어 곡집 제1권〉 또한 성장하는 맏아들의 클라비어 교육을 위해 특별히 구성했다. 〈오르간곡 소품집〉[71] 역시 맏아들의 다리가 오르간 페달에 닿을 만큼 길어질 때를 기다려 그에게 오르간을 가르치기 위해 작곡한 것이다. 프리데만의 실력이 제법 향상되자 오르간 소나타[72] 같이 매우 어려운 곡도 심혈을 기울여 준비했다. 1726년 장남이 16살이 되자 제바스티안은 프리데만을 그라운[73] 씨 문하로 바이올린을 공부하기 위해 메르제부르크로 보냈는데, 이는 아들 중에서도 유일하게 받은 특별 대우였다. 아버지의 기대에 부응해 프리데만은 성 토마스 학교에서 우수한 성적을 거두었고, 부모도 없고 가난했던 제바스티안

---

71. 〈오르간 소품집〉(Orgelbüchlein, BWV 599-644)은 교회력에 따라 구성된 짧은 코랄전주곡 모음집으로 처음 오르간을 배우는 사람들의 교본으로 적합하다.

72. 6곡의 오르간 소나타(BWV 525~530)는 흔히 트리오 소나타라고도 불린다. 양손과 발이 각각 자기만의 선율을 가져 기술적으로 매우 어렵지만 프리데만이 십 대 후반일 때 이 곡을 쓴 것을 보면 프리데만의 오르간 실력이 얼마나 뛰어났는지 짐작할 수 있다.

73. 그라운(Johann Gottlieb Graun, c.1702-1771)은 드레스덴의 피젠델과 프라하의 타르티니와 공부한 당대 최고의 바이올린 연주자로 메르제부르크에 있을 때 프리데만을 가르쳤다. 1732년에는 프리드리히 대왕의 궁정악단에서 악장으로 있었고, 1740년엔 베를린 오페라의 악장으로 활동했다.

빌헬름 프레데만 바흐

은 꿈도 꾸지 못했던 대학 진학이 그에게는 순조롭게 이루어졌다. 1729년 3월 초 라이프치히 대학에 입학한 그는 4년간 수학과 철학, 그리고 법률을 공부하며 제바스티안 곁에서 충실한 조교로서 리허설을 지휘하고, 악보를 베끼며, 틈나는 대로 학생들을 지도했다.

프리데만이 1733년 스물셋이라는 어린 나이로 작센의 수도인 드레스덴 조피엔 교회의 오르가니스트가 된 건 제바스티안의 후광 덕분이기도 하지만 아버지가 맏아들을 향해 불살라온 각별한 영재교육의 결과이기도 했다. 그 자리가 비상근직이라 월급은 적지만 대신 시간적으론 상당히 여유가 있었다. 작곡과 수학 공부는 물론, 드레스덴 궁정의 문화를 익히며 여러 음악가와 친분을 쌓는 데는 최고였다. 제바스티안의 걸작인 〈아리아와 다양한 변주곡〉의 연주자로 후대에 이름을 남긴 골드베르크 또한 그곳에서 프리데만이 가르친 제자였다. 그런데 이런 풍족하고 다소 방만하기까지 한 드레스덴의 생활이 어려서 엄마를 잃고 엄격한 아버지 밑에서 자란 프리데만에게 지나친 갈등과 가치관의 혼돈을 가져올지는 아무도 예상치 못했다. 드레스덴 궁정의 음악가였던 하쎄의 월급이 제바스티안의 16배인가 하면, 흥청망청 써대는 드레스덴 궁정의 엄청난 음악 예산이 충격적이었을 것이다. 그럼에도 자신이 교회에서 받는 급여는 매우 적어 개인교습과 궁정에 관여해 얻은 부수입으로 겨우 버틸 수 있었다. 게다가 드레스덴은 유행의 첨단을 걷는 도시였으니 당연히 가볍고 극적인 오페라가 음악계에서 지고의 위치를 차지했다. 뛰어난 실력을 지녔음에도 낮은 보수밖에 받을 수 없는 인기 없는 교회 음악가의 현실에 부딪치며 프리데만은 더욱 자신과의 갈등이 깊어졌으리라.

14년간이나 드레스덴에 머물렀던 프리데만은 1746년 드디어 본인의 실력에 약간의 운과 제바스티안의 후광까지 활용해 할레의 성 마리아 교회에 오디션도 없이 부임하게 되었다. 그는 당시 명망 있는 오르가니스트로 상당히 명성이 높았고, 즉흥연주에서도 뛰어난 실력을 보였다. 하지만 당시 할레는 지독한 경건파가 득세해 교회 당국에 예배 때 연주할 곡의 가사까지 미리 제출해야만 하는 엄중한 분위기였다. 게다가 성 마리아 교회는 계약서에 기록된 대로 프리데만에게 교회 음악가의 의무를 빠짐없이 요구하였다. 이는 일요일과 축일은 물론 작은 예배와 결혼식에서도 큰 오르간을 연주해야 했고, 성악과 기악의 대편성 교회음악에도 관여해야 했음을 뜻했다. 자유로운 영혼을 가진 프리데만과 깐깐한 교회 관계자 사이의 불편한 관계가 아슬아슬하게 계속 이어졌다. 프리데만은 교회 헌금을 횡령한 칸토르와 싸우는가 하면, 교회의 허락 없이 여행을 떠나고, 함부로 교회 악기를 빌려주는 등 교회와의 갈등이 끊이질 않았다. 문제는 항상 그의 음악적인 능력이 아닌 그의 마음과 태도였다. 아버지를 꼭 닮은 고집과 호전적인 태도로 그는 딱딱하고 권위적인 교회의 명령에 절대로 고분고분 순종하지 않았다.

제바스티안이 세상을 떠난 후 1751년 41세라는 늦은 나이로 프리데만은 20살이나 어린 세금 징수관의 딸 도로테아 엘리자베트 게오르기와 결혼했다. 자녀를 셋 두었지만 둘은 어린 나이에 죽고 막내 프리데리카 소피아만 무사히 성인이 되었다. 가족의 유무와 관계없이 그는 결코 할레에서 행복하게 정착할 수 없었고 그 이후의 삶도 방황과 실패의 연속이었다. 1764년 그는 할레 교회에 면직을 요구하며 18년간 봉직한 오르가니스트로서의 활동을 중단했다. 교회에서 다달이 받던 수입까지 떨어진 이후로는 근방에서 제자들을 가르치며 어렵게 생계를 유지했다. 1773년엔 괴팅엔에 방문해 요한 니콜라스 포르켈을 만나 그가 쓰고 있는 아버지의 전기에 관한 여러 자문을 제공해 주었다. 이후 베를린으로 가서 연주도 하고, 왕족들을 만나기도 했으나 그의 평판은 이미 땅에 떨어져 만회하기 어려웠다. 냉담하고 불안한 프리데만의 말년은 점점 초라해졌고, 건강은 나빠졌다. 당대 최고의 건반 연주자이며 뛰어난 작품을 남긴 음악가 빌헬름 프리데만 바흐는 1784년 7월 베를린에서 폐질환으로 세상을 떠났다.

빛나는 미래를 꿈꾸던 내 동생 프리데만. 그는 뛰어난 음악적 기량으로는 갈채를 받았으나, 실생활에서는 주변 사람들과 타협하지 못해 불행한 삶을 살아야 했다. 아버지는 어쩌면 당신의 맏아들이 합리적이고 이성적인 철학에 푹 빠져 있는 걸 알면서도 모른척했을 수도 있다. 사실 아무리 뛰어난 음악가라 해도 자신의 책임과 의무를 제대로 이행하지 않으면서 자신의 권리만 주장하면 누가 좋아하겠는가. 또한 프리데만은 즉흥연주와 건반기교의 대가로 자신을 과도하게 뽐내면서 스스로 만든 허영이란 우상에 발목이 잡혔다.

더군다나 아버지로부터 최고의 관심과 편애를 받은 프리데만이 그저 가난하다는 이유 하나로 아버지의 자필본 악보들을 아무렇게나 팔아치운 것을 알고 나는 무척이나 실망했다. 여러 동생들의 시샘을 받으며 아버지로부터 최고의 음악교육을 받고 대학까지 나온 지성인이 아버지의 소중한 악보를 그리 다루다니. 너무나 거대한 존재였던 아버지의 기대가 그에게 버겁기도 했겠지만 가야 할 길을 이탈해 버린 동생이 난 안타까웠다. 인간적으로는 그가 엉뚱한 트집이나 잡으면서 헛된 세월을 보낸 것처럼 보이지만 음악가로서 프리데만의 인생은 그렇지 않았다. 그의 존재로 인해 후대에 끼친 영향력과 그의 소중한 작품들은 제대로 인정받고 평가되기를 진심으로 바란다.

여왕 에버하르디네[74]의 장례 음악과 대학과의 갈등

라이프치히에서 자리 잡은 지 4년째로 접어들며 제바스티안의 음악은 더욱 다양하고 깊어졌다. 1727년 4월 11일 성금요일에 공연된 〈마태수난곡〉은 라이프치히에서 보낸 4년간의 결정체였다. 3년 전인 1724년 초연하고, 상당한 수정을 거쳐 1725년 재연한 〈요한수난곡〉에 이어 마태복음에 근거한 새 수난곡을 완성한 것이다. 또 1727년 5월 12일에는 작센의 선제후 프리드리히 아우구스트 1세(주 44 참고)의 57세 생일을 맞아 40명의 음악가를 모아 멋진 세레나데 연주를 개최했다. 그 자리에 선제후는 물론이고, 제바스티안의 친구이자 전 고용주였던 레오폴트 대공, 바이센펠스의 크리스티안 공작까지 참석해 자리를 빛냈다. 제바스티안은 교회음악뿐 아니라 세속적인 왕실의 행사 등에서도 자신의 입지와 명성을 충분히 인정받고 있었다.

그러던 1727년 9월 5일 작센 선제후의 부인이자 폴란드의 여왕인 크리스티아네 에버하르디네가 56세의 나이로 세상을 떠났다. 9월 7일 주일날

---

74. 에버하르디네(Christiane Eberhardine, 1671-1727)는 작센의 선제후 F. 아우구스트 1세 부인이고, 남편이 폴란드 왕으로 즉위한 후에는 폴란드와 리투아니아 공화국의 여왕이 되었다.

부터 국장 기간이 선포되어 교회는 물론이고 모든 공공장소에서 음악연주가 금지되었다. 다음 해 1월 6일까지 4개월이나 되는 긴 기간 동안 예배 음악을 비롯해 모든 음악을 멈추는 국장이 여왕을 애도하고 추모하기 위해서인 경우는 찾기 힘들다. 그녀는 브란덴부르크-바이로이트 후작의 딸로 1693년에 프리드리히 아우구스트 1세와 결혼하였다. 1697년 남편 아우구스트 1세는 폴란드의 왕으로 즉위하면서 가톨릭으로 개종했는데, 에버하르디네 여왕은 개종을 요구하는 남편과 이를 따를 것을 종용하는 친정아버지의 권유까지 단호하게 거부했다. 그녀는 이름만 폴란드의 여왕이지 폴란드 땅에는 발도 들이지 않고 오직 작센에만 머물면서 루터교를 향한 믿음을 끝까지 지킨 것으로 유명하다.

작센 사람들의 슬프고 애석한 마음과 달리 여왕의 남편과 아들은 둘 다 그녀의 장례식에 참석조차 하지 않았다. 당시 키르히바흐[75]는 그저 개인 자격으로 1727년 9월 12일에 국왕에게 여왕 추모 행사 개최를 청해 10월 3일에 겨우 허가를 받아냈다, 행사가 10월 17일이었으므로 공식적인 준비 기간은 딱 2주뿐이었다. 주최 측은 여왕의 추모 행사 때 연주될 장례 음악[76]의 대본은 요한 크리스토프 고트쉐트[77]에게, 작곡은 제바스티안에게 위촉했다. 문학과 음악 분야에서 당대 라이프치히 최고의 대가였던 두 사람이 선정된 것은 수긍이 가는 일이다.

---

75. 키르히바흐(Hans Carl von Kirchbach, 1704-57)는 에버하르디네 여왕 추모 행사를 기획한 귀족 출신의 라이프치히 대학 학생이었다.

76. 에버하르디네 여왕의 장례 음악은 "자, 여왕이여, 한 번만 더 바라봐 주세요."(Laß, Fürstin, laß noch einen Strahl)이며 일명 〈애도의 송가〉(Trauer Ode, BWV 198)로 불린다. 바흐는 두 주안에 이를 작곡해 자필본에 10월 15일로 완성 날짜가 기록되어 있다.

77. 고트쉐트(Johann Christoph Gottsched, 1700-1766)는 라이프치히 대학의 철학과 문학 교수로 당대 최고의 작가며 문단 개혁가로 독일 계몽주의의 중심인물이다. 그는 독일 문학의 기초를 제공하였고, 독일어를 문학적인 언어로 만드는 데 크게 공헌했다.

문제는, 추모 행사가 라이프치히 대학 주최라서 행사 장소가 대학교회인 파울리너 교회로 정해졌다는 점이다. 칸토르인 제바스티안과 불편한 관계를 유지하던 대학교회의 음악감독 요한 고트립 괴르너[78]는 이 사건을 그냥 지나칠 수 없다며 물고 늘어졌다. 이는 대학교회의 음악을 책임지고 있는 자신을 무시한 처사라고 대학에 항의문을 제출하며, 한번 허용하면 선례가 되어 향후 이런 일이 비일비재할 거라 주장했다. 이런 이유로 괴르너는 대학에서 발행한 서약서에 제바스티안의 서명을 요구하기에 이르렀다. 사실 제바스티안도 대학교회 예배와 관련해 1725년에 세 번이나 왕에게 탄원서를 낸 바 있는데 왕은 때마다 대학의 편을 들어주었다. 이전에는 칸토르의 책임 아래 있던 대학교회가 제바스티안의 부임 직전에 괴르너를 음악감독으로 임명하면서 책임 소재와 예산 등에서 갈등이 끊이지 않던 터였다. 결국 이것도 시의회로부터 독립해 대학 당국의 자율성을 확보하려는 정치적인 싸움에 제바스티안이 괜한 골칫거리를 짊어진 셈이었다. 결국 괴르너는 추모 행사를 주최한 키르히바흐로부터 12탈러의 보상금을 받고 암묵적 합의를 해주었다.[79]

세속 칸타타로 분류되는 이 장례 음악의 제목은 "자, 여왕이여, 한 번만 더 바라봐 주세요."이며 일명 〈애도의 송가〉로 불린다. 독일어 개혁에 큰 업적을 남긴 고트쉐트는 한 절이 8줄인 대칭으로 균형 잡히고 정형화된 프

---

78. 괴르너(Johann Gottlieb Görner, 1697-1778)는 성 토마스 학교와 라이프치히 대학에서 공부하고, 평생 라이프치히에 머물면서 대학교회(1716-1721), 성 니콜라이 교회(1721-1729), 성 토마스 교회(1729-1778)에서 오르가니스트로 일했다. 1723년부터는 파슈가 하던 콜레기움 무지쿰의 감독으로 있으면서 새로 부임한 J. S. 바흐와 대학교회 예배 분담과 임금 문제로 분쟁이 있었고, 1727년 여왕의 장례 행사에도 갈등이 있었다. 하지만 바흐 사후 미망인인 안나 막달레나는 괴르너를 남은 어린 자녀들의 후견인으로 지정한 걸 보면 둘의 관계가 계속 나빴던 건 아닌 듯하다. Boyd, ed. *Oxford Composer Companions J. S. Bach*, 194.

79. 볼프, 『요한 세바스찬 바흐 2』, 140.

랑스 양식의 추모 시를 썼다. 그가 보낸 건 모두 9절인데 제바스티안은 각 8줄로 된 9개의 절로 정형화된 고트쉐트의 시를 가지고 10개의 악장에 다소 자유롭게 배분하였다.[80] 예를 들어 제1부의 1악장과 7악장은 합창인데 8줄의 반인 4줄만 사용한 데 비해 제2부의 9악장은 레치타티보인데 2개의 절, 즉 16줄을 사용하는 등 의도적으로 고트쉐트 시의 구조를 무너뜨린다. 또한 그의 시가 프랑스 양식이었기에 제바스티안의 음악은 이탈리아 양식으로 작곡해 형식적인 대립각을 세웠다. 예배에서처럼 추모음악회도 제1부가 먼저 연주되고, 중간에 여왕에 대한 추모 연설이 삽입된 후 나머지 제2부가 연주되었다.

고트쉐트는 젊은 나이에도 불구하고 이미 라이프치히 대학에서 시학을 가르치며 문학계를 주도하는 인물로 인정받고 있었다. 그의 시는 고상하고 세련된 언어에 깔끔한 형식의 옷을 입혀놓아 흠잡을 데 없었다. 하지만 제바스티안은 시인으로 고트쉐트가 추구한 양식과 개념을 초월해 가사의 틀보다는 이를 통한 음악적인 가능성을 더 중시했다. 당연히 시보다 음악이 우선인 제바스티안은 시와 별개의 음악적인 틀을 따로 만들어야 했다. 합창과 레치타티보, 아리아를 다양하게 조합해 독특한 악기 배합으로 죽음과 연관된 특별한 분위기를 만들어 냈다. 고트쉐트가 세 번째 절에 쓴 종소리를 예로 들어보면 제바스티안은 이를 제4번 알토 레치타티보에서 반주에 나오는 모든 악기로 장례 종소리를 묘사한다. 또 제5번 알토 아리아에서는 두 대의 비올라 다 감바가 두 대의 류트와 함께 장례 음악에 어울리는 섬세한 음색을 만든다. 그리고 여왕을 '위대한 여성의 표본'으로 묘사한 7번 곡은 푸가 형식의 합창으로 여왕의 위대한 기개를 다시 한번 상기시켰다.

---

80. Boyd, ed. *Oxford Composer Companions J. S. Bach*, 481-482.

라이프치히에 와서 보낸 지난 4년이 아버지에게는 이스라엘 백성이 광야에서 보낸 40년만큼이나 길고 힘들게 느껴졌을 것이다. 여왕님이 하나님 곁으로 가신 그즈음 아버지의 몸과 마음은 몹시 황폐해져 있었다. 위대한 신앙의 어머니인 여왕님을 진심으로 애도하지만 한편으론 아버지 앞에 떨어진 4년 만에 얻은 4개월간의 휴식이 반갑기도 했다. 아버지는 추모 음악회 때 연주될 장례 음악 작곡에 심혈을 기울였다.

젊고 패기 넘치는 시인 고트쉐트의 추모시는 계몽주의를 신봉하는 지성인답게 종교적이거나 영적인 표현보다는 인간적인 애도와 슬픔이 대부분을 차지했다. 그는 크리스티아네 여왕이 신앙을 지키기 위해 치른 대가보다는 시적인 문체가 더 돋보이고 드러나는 게 중요했을 것이다. 아버지는 고트쉐트의 시가 간과한 죽음 후의 영원한 세계와 신을 향한 간구를 표현하고자 애썼다. 아버지는 이전에 쓴 교회칸타타 중에서 빌려 쓸 만한 부분[81]을 가져와 〈애도의 송가〉에 사용했고 음악 뒤에 숨겨진 메시지를 구름처럼 그 위에 띄웠다. 때가 되면 그 구름이 촉촉한 비를 내려 그 안에 숨겨진 위로와 희망의 메시지가 여왕의 영혼에 닿길 바라면서 말이다.

---

81. 실제로 바흐는 1년 전에 쓴 칸타타 56번 "나는 십자가를 지고 가기 원하네."의 첫 악장의 기본 요소들이 〈애도의 송가, BWV 198〉의 2부 시작인 제8곡에 사용되었다. 오보에 선율과 베이스 성부 인용했는데 그 부분의 가사는 "나의 모든 시련 후에 약속된 땅에서 하나님께로 나를 이끄네."이다.

치글러, 라이프치히의 여류시인

크리스티아네 마리아네 폰 치글러[82]는 제바스티안의 교회칸타타 대본
작가 중 하나로 당시엔 참으로 희귀했던 '여성' 시인이다. 1725년 1월말
슈튀벨 씨의 갑작스런 죽음으로 제바스티안의 제2차 연중 칸타타 사이클
은 끝까지 그의 가사로 마무리 지을 수 없게 되었다. 제바스티안은 그해 4
월 말부터 5월 말까지 폰 치글러 부인의 가사를 사용해 9개의 칸타타(BWV
68, 74, 87, 103, 108, 128, 175, 176, 183)를 완성했다. 원래는 예배 중에 연주되는
곡들은 작곡하기 전에 담임 목사에게 가사의 내용이 적합한지 허락을 맡
아야 하는데 그땐 비상시라 그런 과정 없이 진행된 듯하다. 괜히 작사자가
누군지 알면 시끄럽기만 할 테니 예배 때 불리는 칸타타 가사를 잘 이해하
도록 미리 나눠주는 소책자에도 가사만 인쇄하고 작사가의 이름은 밝히지
않았다. 보수적인 라이프치히의 교회에서 여성이 쓴 글이 음악으로 선포된

---

82. 치글러(Christiane Mariane von Ziegler, 1695-1760)는 라이프치히의 시장을 지낸 프란츠 콘
라드 로마누스의 딸로 라이프치히를 대표하는 여류시인이다. 그녀는 귀족 칭호까지 받은 부유
한 법률가 집안 출신이며, 라이프치히 시내에 호화로운 궁정 같은 집을 지어 세간의 비난을 받
기도 하였다. 그러나 그녀의 집에서 모인 살롱 모임은 당시 여성의 지위와 문화 활동에 지대한
영향을 미쳤다.

건 그때가 처음이었다. 제바스티안은 1725년 이후에는 치글러 부인의 가사를 다시 사용한 적이 없으나 후대 학자들은 치글러의 가사가 신학적으로 매우 적절하며, 다른 초기 칸타타보다 순수하고 심오해 우월하다고 평한 바[83] 있다.

라이프치히에서 태어난 치글러 부인은 1711년부터 1722년 사이 차례로 두 명의 남편과 두 딸을 모두 하늘나라로 보내고 혼자 귀족 미망인 신분으로 친정인 라이프치히로 돌아왔다. 어려서부터 시를 좋아했던 그녀는 여성도 제대로 교육받고 평등하게 문학 활동을 할 권리를 자신의 시와 산문을 통해 주장했다. 당대 여성들은 가명이나 남편의 이름으로 출판하는 게 일반적이었는데 치글러는 당당하게 자신의 이름으로 1728년에 첫 시집 『시 창작 연습』을 출판했다. 이 책의 내용은 매우 보수적인 현실에 강한 도전장을 내놓으며, 세속적이고, 풍자적이고, 심지어는 외설적인 내용까지 포함하는 용기를 보여줬다. 여성 문인은 종교적인 내용 위주로 써야 한다는 통념을 깨뜨리고 그녀는 종교시에는 아주 일부분만 할애했다.[84] 즉 제바스티안은 그녀의 책이 출판되기도 전에 이 종교적인 시들을 칸타타에 사용한 것이다.

'작은 파리'라는 별명을 가진 라이프치히는 교역의 중심지며 지성들이 모이는 대학도시였다. 작센 궁정의 정치적 간섭이 심하지 않고, 중산층이

---

83. 슈바이처는 치글러의 가사가 피칸더보다 우월하다고 평가했고, 슈피타는 치글러의 가사가 초기 칸타타보다 심오하고 순수해 종종 진정 헌신적인 힘으로 승화한다고 칭찬했다. Peters, *A Woman's Voice in Baroque Music: Mariane von Ziegler and J. S. Bach* (Hampshire: Ashgate, 2008), 74.

84. 1728년에 출판된 치글러의 시집 〈운문 형식 탐구〉(Versuch in gebundener Schreib-Art)에는 150개의 종교적이거나 세속적인 다양한 장르의 시가 수록되어 있다. 그중 종교시는 전체 352쪽 가운데 41쪽이 전부이다. Peters, *A Woman's Voice in Baroque Music*, 27.

문화와 여가를 즐기며 살 수 있는 라이프치히는 사람들이 선망하는 곳이다. 그러나 그런 지성과 자유는 거의 남성 차지였고, 번쩍거리는 계몽주의 역시 모두를 위한 인권은 아니었다. 존경받는 종교 개혁가 마르틴 루터 또한 여자는 자신의 신앙생활을 유지 발전시킬 정도로 최소한의 교육만 받으면 된다고 말했다. 왜냐하면 여자는 남자에게 복종하고 그를 돕는 내조자[85]이기 때문이란다. 루터 목사는 여성의 존재를 사유하고 독립적으로 활동하는 인격체로 여기지 않았고, 교회에서 잠잠해야 한다고 굳게 믿었다. 당시 대부분의 도시 학교에서 여자는 학생으로 받아주지 않았다. 부모의 안목과 의지에 따라 극소수의 귀족이나 부유층 여성만이 개인적인 교습을 통해 학문을 배울 수 있었고, 그런 유리한 상황에 놓인 부유층 여성이라도 자신의 이름으로 책을 쓰거나 출판을 해 공개적인 문화, 예술 활동을 하는 것은 감히 상상하기 어려웠다. 이런 상황에서, 제바스티안의 집과 불과 몇 백 미터 이웃해 사는 치글러가 모든 굴레를 버리고 칼보다 강력한 펜으로 선전포고를 한 것이다. 이 시절 카타리나와 안나 막달레나가 치글러의 활동을 두고 어떤 생각을 서로 나누었을지 상상의 나래를 펼쳐본다.

"막달레나, 얼마 전에 출판된 크리스티아네 폰 치글러 책 봤어요?"

"물론이지. 카타리나. 정말 대단하지 않아?"

"그녀는 가명이 아닌 자기 이름으로 시집을 출판했어요. 그뿐인가요? 남성의 편협함을 비판하는 내용[86]이라니 수십 년 묵은 체증이 가시는 것

---

85. 당시 독일에서 여성의 지위가 내조자, 조수, 혹은 도제로 간주 된 것은 보수적인 기독교와 함께 길드 같은 동업조합의 영향도 있었다.

86. K. R. Goodman, "From Salon to Kaffeekranz: Gender War and the Coffee Cantata in Bach's Leipzig", *Bach's Changing World*, ed. by C. Baron, 193.

같아요."

"나도 들었어. 남자 시인들도 가명으로 출판하는 마당에 말이야."

"고트쉐트(주 77 참고)가 지지한 덕분에 치글러 부인이 용기를 냈데요."

"그는 왜 치글러 부인을 지지하는 걸까?"

"고트쉐트가 치글러 부인의 살롱에 드나들면서 시를 가르쳤다고 들었어
요. 그는 여성의 언어능력과 지적 능력이 높아져야 프랑스와 겨룰 수
있다고 했다던데요?"

"치글러 부인의 재능이 워낙 뛰어나니 독보적인 모델로 만들고 싶었겠지.
그러고 보니 나도 얼마 전에 그가 주간지[87]에 쓴 글을 읽었는데, 어린
이들의 교육을 강조하는 글이었어."

"고트쉐트는 대학에서 가르치면서 왜 주간 잡지에까지 관심을 둘까요?"

"그는 대단한 계몽주의자인가 봐. 문학을 통해 어른이나 아이 할 것 없이
평생교육을 받아야 한다고 주장해.[88] 어른의 범주에 여자까지 포함된
게 가히 놀라워."

"그게 진정한 계몽주의 아닐까요? 대학을 직접 경험할 수 있는 사람은 몇
안 되니까요. 특히 우리 여자들에게는 아예 닫힌 문이잖아요."

"듣고 보니 그렇네. 여성에겐 무조건적인 인내심을 요구하고, 남성에겐 발
전을 위해 계속 배우라고 하는 건 정말 지독한 모순이지. 그나저나, 치
글러 부인의 시가 사실은 다른 남자 시인이 써준 거라는 소문은 도대
체 뭐야?"

---

87. 고트쉐트는 라이프치히에 정착한 후 교훈적 주간지인 『분별 있는 여성의 꾸짖음』(1725)과 『정
직한 남자』(1727)의 편집자로 직접 여기에 글을 발표하였다. J. Van Cleve, "Family Values
and Dysfunctional Families: Home Life in the Moral Weeklies and Comedies of Bach's
Leipzig", Baron, ed. *Bach's Changing World*, 93-4.

88. Baron, ed. *Bach's Changing World*, 91.

"말해 뭐해요. 뒷담화로 입방아 찧는 사람 천지죠. 그 정도면 애교에요."

"그럼?"

"치글러 부인이 어린 학생을 유혹했다느니, 부유한 부인을 가난한 교수에게 소개해 주면서 매춘을 장려했다는 둥 말도 안 되는 비방이 난무해요.[89]"

"그런데 누가 그런 헛소문을 만들고 다니는 거야? 몇몇 대학생들이 떠들고 다닌다는 얘기 들은 것 같아."

"맞아요. 특히 대학생들이 뭐 대단한 뉴스거리라고 호외를 돌리고. 정말 부끄러운 일이죠. 그런데도 치글러 부인은 외려 다른 여성 문인들을 독려하고 있어요. 이름을 걸고 밖으로 나오라고요. 그런 면에서 아버지의 선택이 대단히 의외였어요. 교회 당국의 허락도 없이 치글러 부인의 시를 칸타타에 사용하다니 말이에요."

"보수적인 라이프치히 교회에서 여성이 쓴 글이 음악으로 선포된 건 아마 처음일걸? 역사에 남을 일이지."

"아참, 지난번에 치글러 부인 집에 다녀오셨죠. 어땠어요?"

"이건 라이프치히가 아니고 어디 프랑스 귀족의 멋진 살롱에 들어간 것 같았어. 입구부터 건물이 심상치 않았지. 대리석 깔린 이층의 거실에 들어서니 창문은 어찌나 높고 큰지! 무늬가 새겨진 높은 목재 문에 베네치아산 거울까지 있더군. 오후 5시쯤인가 커피가 나오는데 그 잔이 마이센 도자기가 아니고 동양에서 수입해 온 듯한 이국적인 거야. 모든 게 세련되고 멋진데 글쎄 나만 촌스러워. 구석에 앉아있는데도 내 드레스가 너무 초라해 보여서 어디 숨고 싶었잖아."

---

89. Baron, ed. *Bach's Changing World*, 194.

"그녀 앞에서 당당할 수 있는 사람이 몇이나 되겠어요? 프랑스의 살롱처럼 그녀의 집을 드나들며 문학과 음악을 교류할 수 있다니 상상만으로도 좋네요. 시장이던 그녀의 아버지 로마누스가 초호화판 집을 지은 후 종신형으로 감옥에 수감 된 지 20년이 훌쩍 넘었죠. 부인의 마음이야 좋지 않겠지만 그래도 그 집이 잘 활용되고 있어 다행인 것 같아요."

"그래도 다른 교수 부인들과 변호사 부인들은 여러 번 와서 그 자리가 어색하지 않은지 적극적으로 대화에도 참여하고 즉흥시도 읊고 그러더라. 어쨌든 난 치글러 부인이 좋아. 시원한 이마와 초롱초롱한 눈매, 없는 듯 있는 보조개와 꽉 다문 입은 꼬리가 살짝 올라가 더 자신감이 넘쳐 보여."

"저도 거리에서 잠깐 지나치며 봤는데 신비한 매력이 있어요. 무엇보다 당당한 태도가 그리스나 로마의 여신처럼 품위 있어 보이고요."

"맞아. 과부란 초라한 단어로 그녀의 기개를 옥죌 수는 없어. 게다가 외모보다 더 멋진 건 그녀의 용감한 생각과 행동이야."

"그럼요. 전 그녀와 같은 도시에 산다는 것만으로도 어떤 때 힘이 나는걸요."

치글러의 과감하고 무모하기까지 한 첫 번째 시집 출간 이후 쏟아진 비난에 맞서 1729년에 출판된 『운문 형식 탐구 2권』[90]은 훨씬 부드럽고 세련

---

90. 치글러의 두 번째 시집 『운문 형식 탐구 2권』(Versuch in gebundener Schreib-Art, anderer und letzter Theil)은 1729년에 출판되었고, 반 이상이 종교적인 내용이다. 일 년 전에 발표한 9개의 종교시와 여기에 발표된 것을 모두 합치면 루터교 교회력에 어울리는 64개의 완벽한 칸타타 가사 사이클이 된다. 물론 치글러는 이런 업적을 남긴 당대 유일한 여성이다.

된 어조로 한 수 후퇴한 듯한 느낌을 준다. 그녀를 비판하는 자들이 함부로 그녀의 작품에 관하여 깔보지 못하도록 치글러는 시의 문학적이고 학구적인 질을 높였고, 대중의 질책을 피해 그들과 공감할 수 있는 진지한 주제를 선택했다. 도발적인 공격 대신 해학 넘치는 농담으로 선회했고, 선정적인 내용은 빼버렸다. 다음 해인 1730년 독일어문학회[91]는 그녀를 최초의 여성 회원으로 영입했고, 1733년에는 비텐베르크 대학 철학과에서 수여하는 황제의 계관시인으로 월계관을 쓰게 되는 영광을 여성 최초로 누리게 되자 그녀를 응원하는 사람들이 늘었다.

치글러는 『도덕에 관한 기타 서신들』(1731년) 외에도 자신의 시와 산문에 관한 기념비적인 마지막 책 『운문과 산문체의 다양한 글들』(1739년)과 몇 권의 번역서를 출간하여 사회적인 활동이 제약된 시대의 여성으로 빛나는 업적을 남겼다. 그러나 1741년에 독일어문학회 회원이던 슈타인베르와 재혼해 프랑크푸르트로 이사한 후에는 눈에 띄게 활동이 줄어들었다. 초반에는 치글러 부인을 옹호하던 고트쉐트 역시 문학적 재능은 뛰어나나 보수적인 아내 루이제와 1735년 결혼한 후부터는 애석하게도 여성의 문화적인 활동에 적극적인 지지를 보내지 않았다. 루이제는 남편 고트쉐트의 조수나 도제 정도의 전통적인 위치에 만족한 듯 치글러와는 전혀 다른 방향을 추구하면서 도리어 그녀를 공격하기까지 한 걸 보면 치글러가 혼자 얼마나 힘든 투쟁의 길을 선택하고 걸어왔는지 알 수 있다.

---

91. 라이프치히 독일어문학회(Deutschen Gesellschaft)는 1727년 고트쉐트가 창립해 독일어의 함양과 발전, 독일 문학과 연극의 개혁을 위한 학구적인 모임으로 18세기 독일 문학에 큰 영향을 끼쳤다.

콜레기움 무지쿰

'너는 너의 하나님 여호와의 이름을 망령되이 일컫지 말라' _ 출애굽기 20:7

이름은 그 존재 자체를 의미한다. 하나님의 이름을 망령되이 부르는 것은 곧 하나님을 함부로 대하는 것과 같으니, '하지 말라'는 부정적인 명령을 뒤집어 긍정으로 해석하면 우리 모두에게 여호와의 이름을 합당하게 부르라는 권유가 된다. 그리하면 이 계명은 구속이 아닌 자유를 주려는 하나님의 사랑임을 알게 된다.[92] 어쩌면 하나님보다 이성과 합리적인 사고를 더 믿었을 젊은 지성인들로 구성된 콜레기움의 대학생들은 자기 이익을 위해 하나님의 이름을 함부로 부르고 하나님을 시험하는 행위를 두려워하지 않았다. 기존의 권력에 반항하면서 이웃과 불협화음을 만들며 우주의 화음에 맞추기를 거부하는 그들에게 세 번째 계명은 인도자의 지휘에 맞춰 어서 음정을 맞추고 자신을 조율해 하나님을 따라오라 부르는 음성으로 들린다. 그 인도자가 바로 제바스티안이었기에 젊은이들을 재촉할 수 있었겠지만 말이다.

---

92. 김용규, 『데칼로그』(서울: 포이에마, 2015), 223.

시장 랑에 씨는 제바스티안처럼 유능한 음악가가 콜레기움 무지쿰[93]을 맡아 제2의 텔레만처럼 라이프치히시의 문화적인 위상을 높여 주길 그의 부임 초기부터 바랐다. 결국 제바스티안이 부임할 때 약속했던 라이프치히 시 전체의 음악감독 자리가 6년이 지난 1729년에야 겨우 실현된 것이다. 지난 세월 동안 예배 음악을 위해 제바스티안은 최선을 다했고, 이젠 교회가 아닌 다른 방향으로 음악적인 돌파구를 찾을 시점이었다. 콜레기움의 감독을 맡는다고 해서 칸토르를 사직하는 건 아니지만 시나 교회의 윗사람들이 음악의 가치와 노고를 무시하고 협조를 거부하는 상황에서 제바스티안 역시 다른 작전이 필요했다. 이제는 예배에 필요한 적절한 칸타타가 넉넉히 준비돼 있어 시간적으론 큰 문제가 없었다. 늦었지만 6년 만에 콜레기움을 맡음으로 제바스티안은 이 도시의 교회음악과 세속음악 모두를 총괄하는 라이프치히시의 진정한 카펠마이스터로 자리를 잡게 된 것이다. 자존심 센 콜레기움 단원들 입장에서도 제바스티안처럼 뛰어난 음악감독을 모시고 그를 따르는 건 즐겁고 아름다운 동행이었으리라. 그의 영도력 밑에서 콜레기움은 1729년부터 1737년까지, 1739년부터 1741년까지 라이프치히의 음악 애호가들에게 큰 사랑을 받으며 활발한 활동을 펼쳤다.

콜레기움 무지쿰이 언제부터 시작되었는지 확실치는 않다. 귀족이 아닌 평민들이 음악과 문화에 적극적인 관심을 보이기 시작하면서 아마추어 음악가들이 정기적인 연주회를 열기 시작했다. 대학도시인 라이프치히는 대학생을 중심으로 음악을 전공하지 않은 음악 애호가들이 일주일에 한번씩 모여 음악회를 열었다. 크지 않은 이 도시에 콜레기움이란 이름의 사설 단체가 두 개나 있었다니 흥미롭다. 라이프치히 두 개의 콜레기움 무지쿰

---

93. 콜레기움 무지쿰은 보통 격식 없이 정기적인 연주를 위해 모이는 음악 단체로서 구성원들은 아마추어부터 전문 음악인, 혹은 그 중간까지 다양한 계층으로 구성되었다.

야외 커피하우스

중 먼저 생긴 것은 1702년 텔레만(주 48 참고)이 대학 시절 만들어 40명에 가까운 인원이 참가했다 하니 그 높은 인기를 짐작할 수 있다. 그 이후 호프만이 이끌 때도 50~60명이 함께 연주했고, 쇼트를 걸쳐 1729년 3월 제바스티안이 감독직을 맡았고 연주 장소는 침머만 커피하우스였다. 이 콜레기움을 거쳐 나간 이들 중 후에 궁정 음악가나 칸토르 같은 명성 있는 전문 음악가로 성공한 사람들이 많았던 걸 보면 라이프치히 콜레기움의 수준이 높았던 모양이다. 두 번째 콜레기움은 파슈(주 49 참고)가 1708년 텔레만을 모방해 만든 약간 규모가 작은 단체로 이후 포글러, 괴르너(주 78 참고)가 지휘봉을 잡았고, 리히터 커피하우스에서 연주하였다. 이 두 콜레기움은 시의 연주 일정을 서로 합의해 분담하면서 공존했다.

1723년부터 쇼트가 이끌던 콜레기움의 음악회는 침머만 씨와 손을 잡았고 제바스티안이 감독을 맡으면서 더 크게 번창했다. 겨울에는 매주 금요일 저녁 8시부터 10시까지 카타리네 가에 있는 침머만의 저택 내 150명을 수용할 수 있는 홀에서 개최되었고, 여름에는 매주 수요일 오후 4시에서 6시까지 도시 성벽 밖 침머만의 야외 정원에서 음악회가 열렸다.[94] 게다가 봄과 가을의 상업박람회 기간에는 화요일과 금요일, 일주일에 두 번씩 이런 연주 기회가 생기니 제바스티안이 이 콜레기움 감독 자리에 눈독을 들이는 것은 당연했다. 그는 여기서 당시 유행하는 다양한 곡들을 직접 연주해 볼 수 있었고, 필요하면 직접 곡을 쓸 계기가 되기도 했다. 주인 침머만 씨는 1733년 6월에 새로 건반악기[95]까지 사서 야외 정원 음악회에서 선보이는 열성을 보였고, 이에 부합해 제바스티안 역시 다양한 실내악곡들을 청중에게 들려줬다. 또 음악적 재능이 뛰어난 프리데만과 카를, 베른하르트가 슬슬 사람들 앞에 나설 나이가 되기도 했고, 여러 제자에게도 콜레기움은 절대적으로 필요한 실습장인 동시에 데뷔 무대로 부족함이 없었다.

제바스티안에게 음악이 어디서 연주되는지는 사실 별로 중요하지 않았다. 교회든 커피하우스든 음악 자체가 이미 하나님의 선물이고 이웃에게 위안과 희망을 주는 도구인데 장소가 무슨 상관인가. 그를 시기하는 사람들은 제바스티안이 교회보다 콜레기움에 더 열정을 쏟는다면서 비난하기도 했다. 교회나 콜레기움이나 일주일에 한 번은 같았으나 예배 중 칸타타의 길이는 30분가량인데 반해 콜레기움은 두 시간 남짓에 이르니 일한 시간만으로 따지면 그 말이 틀린 건 아니다. 한 해에 120시간이 넘는 콜레기움의 연주회를 기획하고 연습시키고, 때로는 새롭게 작곡하는 과업을 그가

---

94. 침머만의 야외 정원 음악회는 1733년 6월 17일부터라는 기록 있음. Glöckner, rev., *Kalendarium zur Lebensgeschichte Johann Sebastian Bachs*, 66.

95. 윌리엄스는 새 건반악기인 클라비침벨(Clavicymbel)이 하프시코드가 아닌 포르테피아노일 수도 있다고 추측한다. Williams, *J. S. Bach.: A Life in Music*, 208.

아니면 감당하기 힘든 것도 다들 알고 있었다. 게다가 콜레기움에서 맺은 인연 덕분에 라이프치히 대학생들이 제바스티안의 요청에 교회 예배나 특별 행사 때 수고료도 받지 않고 연주자로 자주 도와준 것은 다 알려진 사실이다.

콜레기움 무지쿰 구성원들이 라이프치히 대학의 학생들이다 보니 커피하우스에서 개최되는 정기 연주회 외에 국왕이나 대학과 연관된 행사도 많았다. 1725년엔 철학과 법학 교수인 아우구스트 F. 뮐러의 명명일에 피칸더의 가사에 작곡한 음악 드라마 〈만족하는 아이올루스 BWV 205〉가 공연되었고, 1726년엔 법학 교수인 고트립 코르테 임용 기념 음악 〈바뀌는 줄들의 화합된 불화 BWV 207〉도 있었다. 1727년 3월 아우구스트 2세 국왕의 탄생 축하 연회에서 연주한 세레나데(음악 소실됨)와 그해 10월 에버하르디네 여왕의 추모 음악회(BWV 198) 같은 굵직한 행사가 콜레기움의 주도로 이루어졌다. 1729년에 제바스티안이 콜레기움의 정식 감독으로 취임한 후에는 자신의 극적 칸타타 〈푀부스와 판의 싸움 BWV 201〉, 〈커피 칸타타 BWV 211〉 외에 다양한 콘체르토와 기악 및 성악 앙상블이 연주되었다.

신문에 광고까지 나는 판이니 이 도시에 살면서 음악에 조금이라도 관심이 있다면 아버지가 이끄는 콜레기움 음악회에 대해 모를 수는 없다. 제바스티안의 작품은 물론이고 유행의 첨단을 걷는 비발디와 헨델, 알비노니 같은 작곡가들의 음악을 거기서 감상할 수 있는데 입장료가 없다. 그저 침머만 씨 가게의 커피나 케이크를 팔아주기만 하면 된다. 쓰디쓴 커피 한 잔에 다디단 케이크를 눈앞에 놓고 연주회를 기다리는 애호가들의 마음은 풍족해져서 어느 귀족의 호사도 부럽지 않을 정도였다.

사실 내 가슴에 가장 찡하게 남은 콜레기움 음악회는 동생들과 아버지가 독주자로 쳄발로 협연을 했을 때였다. 세 대의 쳄발로를 위한 협주곡에 아버지, 프리데만과 카를이 차례로 쳄발로 앞에 앉던 그 순간 짜릿한 감동을 어찌 잊을 수 있을까. 그 아름다운 모습과 음악을 하늘나라에 계신 엄마, 마리아 바바라가 함께 즐겼으리라 믿는다. 온 도시에 기쁨을 주던 콜레기움은 열성적인 후원을 아끼지 않던 카페 주인 침머만 씨가 1741년 5월 세상을 떠나면서 이 단체의 기세가 완전히 꺾여 버렸다. 콜레기움에서 개최한 그 많은 음악회를 통해 라이프치히 시민들과 방문자들은 정말이지 수준 높은 음악과 고품격 문화를 아낌없이 누릴 수 있었는데 아쉬운 마음뿐이다.

시의회 회의록에 기록된 '구제 불능'의 칸토르

1729년 10월 요한 하인리히 에르네스티[96]가 77세로 세상을 떠난 후 시의회는 1730년 6월 만장일치로 요한 마티아스 게스너[97]를 성 토마스 학교의 새 교장으로 뽑았다. 참으로 오묘한 하나님의 섭리였다. 제바스티안의 옛 동료이며 안목 있고 친절한 게스너 교장의 부임에 그는 상당한 기대를 걸었다. 하지만 교장 하나로 큰 흐름을 바꿀 순 없을 뿐 아니라 시의회 원로들은 여전히 음악에는 도통 관심이 없으면서 권위만 주장하는 답답한 이들이다. 교회음악을 통해 라이프치히 교회의 명성이 높아지는 건 좋으나 복종을 거부하는 칸토르는 용인할 수 없다는 게 그들의 모순적인 입장이었다. 어느새 제바스티안이 라이프치히로 온 지도 7년이 지났다. 제바스티

---

96. 에르네스티(Johann Heinrich Ernesti, 1652-1729)는 라이프치히 대학 교수로 45년 동안 토마스 학교 교장을 역임하였다. 바흐가 부임한 1723년 토마스 학교 입학시험을 음악보다 공부 위주로 변화시킨 시의회에 바흐를 응원해 주었다. 바흐는 1729년 그의 장례식을 위해 모테트를 연주했으나 시의회에선 아무도 참석하지 않았다.

97. 게스너(Johann Matthias Gesner, 1691-1761)는 바이마르 시절부터 바흐와 알고 지냈고, 음악을 매우 좋아하는 바흐의 열렬한 지지자이다. 1730년부터 1734년까지 성 토마스 학교 교장으로 재직한 그는 바흐에게 유리하도록 여러 각도에서 도움을 주었다.

안과 시의회가 서로 으르렁거리면서 속으로 쌓아온 불평이 마침내 1730년 엔 표면으로 터져 버렸다. 그간 체면을 차리느라 애써 피하던 본질적인 문제가 다시 거론되었고, 라이프치히의 명실상부한 음악감독으로 부상한 제바스티안을 견제하기 위한 시의회 측의 공격이 본격적으로 개시되었다.

세 명의 라이프치히 시장 중 한 명인 보른[98] 시장은 1730년 8월 2일 시의회 최고회의에서 성 토마스 학교 건물의 재건축 필요를 논의하다가 갑자기 안건에도 없던 칸토르의 문제를 제기하였다. 상대방이 방심한 사이 공격해 방어를 어렵게 하려는 수작임에 틀림이 없었다.[99] 보른 시장은 제바스티안 임명 시 두었던 예외 조항을 물고 늘어졌다. 또한 그 대신 수업을 하는 페졸트가 선생으로 자질이 부족하니 바꿔야 하며, 심지어는 그 예외 조항 자체를 삭제해야 한다고 주장했다. 그 이유를 보른 시장은 이렇게 설명했다. '그(칸토르 요한 제바스티안 바흐)는 마땅히 해야 할 행동을 <u>스스로</u> 지키지 않았다.'[100] 그리곤 비판받아 마땅하다는 일의 목록을 주절주절 늘어놓았다. 합창단원 한 명을 쫓아내고 상부에 보고하지 않았고, 허락도 없이 도시를 떠나 자리를 비우는가 하면 칸토르의 책임 수업 중 필수인 노래 수업도 하지 않으면서 이 모든 일에 관한 해명조차 하지 않았다는 것이다. 사실 그들의 목표는 단 하나, 눈엣가시 제바스티안을 해고하기 위해 온갖 트집을 잡는 것이었다! 이런 때 그를 변호해 줄 사람은 랑에 시장밖에 없었다. 그 역시 상황이 심각한 것을 눈치채고 시의회 사람들의 의향을 존중하는 척하면서 최악의 상황을 피할 수 있게 애쓰며 결정을 유보하도록 만들

---

98. 보른(Jacob Born, 1683-1758)은 법률가며 라이프치히 시장으로 바흐가 부임할 때 원칙대로 라틴어 수업을 요구했고, 1730년 시의회에서도 바흐의 불성실함을 강조해 감봉 조치하는 데 일조하였다.

99. Baron, ed. Bach's Changing World, 157.

100. David & Mendel, ed. *The New Bach Reader*, 144-5.

었다.

보른 시장은 그 후 제바스티안과 개인적으로 면담을 했다. 최고회의 보고에 따르면 제바스티안은 수업을 다시 맡으라는 그들의 권고를 단칼에 거절했고 대신 수업 대리인은 그들의 의지대로 바뀌었다. 시의회 회의록에 의하면 참석한 모든 위원이 제바스티안의 잘못에 동의했고 그중 한 명은 거기에 '이 칸토르(바흐)는 구제 불능'[101]이라고 덧붙였다. 결국 제바스티안이 받은 소동의 결과는 부수입의 감봉이었다. 그에게 부수입은 단지 자존심의 문제가 아닌 생존의 문제였다. 부족한 예산과 미흡한 연주자의 자질로 인해 마음껏 창작 활동을 하지 못하는 예술가의 손과 발을 묶고 굴욕감까지 느끼도록 만드는 시의회의 냉혹함이 감봉이라는 현실로 펼쳐졌다.

1730년 8월 23일 제바스티안은 라이프치히 시의회에 "제대로 갖춰진 교회음악을 위해 짧으나 꼭 필요한 제안서"[102]란 제목의 문서를 보내면서 반격을 시작했다. 루터교의 교회음악은 교회력과 예전(Liturgy)을 따르는 게 기본이며, 자신은 그중에서도 주 음악인 칸타타에 심혈을 기울이고 있음을 강조했다. 제바스티안은 특유의 꼼꼼함으로 현재 꾸려가고 있는 합창단과 앙상블의 규모를 자세히 기록하면서 턱없이 부족한 연주자의 수와 예산에 대해 불평했다. 성 토마스 학교 기숙 장학생 55명이 라이프치히의 네 개 교회(토마스, 니콜라스, 노이에, 베드로)를 위해 4개의 합창단으로 나뉘어야 했다. 제1합창단부터 제3합창단까지는 네 성부에 각 3명씩 총 36명의 합창단이 구성되고 이들의 실력은 다성 음악을 부를 수 있을 정도의 수준급이어야 한다. 제4합창단만은 수준 낮은 단성 음악을 해도 무방하다. 또한 곡

---

101. David & Mendel, ed. *The New Bach Reader*, 145.

102. David & Mendel, ed. *The New Bach Reader*, 145-151.

에 따라서 솔로 그룹 4~8명과 합창 그룹이 각 성부에 2명씩 최소한 8명이 필요하다. 기악 앙상블의 규모도 자세히 설명하면서 최소한 20~24명의 고정 단원이 필요한데 그의 휘하에는 시립음악가와 견습생 다 합쳐도 10명으로 결과적으로 14명이 부족하다고 적었다. 게다가 입학 때 학생을 학문적 능력 위주로 선발하다 보니 음악적 자질은 점점 낮아져 55명 중 17명만 겨우 평균에 근접하고 20명은 턱없이 실력이 부족하고 나머지는 부적격이라고 기록했다. 게다가 장학금까지 너무 적어 우수한 학생을 유치하기 어려운 실정이었다.

정확한 근거 제시에도 불구하고 근본적인 조건의 개선을 위해 제바스티안이 낸 의견은 무참하게 무시되었고, 아무런 답변도 받지 못했다. 그들은 도리어 너무 어렵고 거창한 음악만 선호하면서 시의회나 학교 당국에 순종하지 않는 칸토르의 잘못이라면서 그에 대한 비판의 수위만 더욱 높였다. 최고의 음악으로 예배드리겠다는 제바스티안의 헌신 따위에는 관심이 없는 시의회에서 볼 때 응당 전문적이고 수준 높은 음악을 추구한 모든 결과는 칸토르 본인이 책임져야 할 문제였다.

이 시기의 일련의 사건들은 혈기 왕성했던 제바스티안의 젊은 시절을 떠오르게 했다. 그가 스무 살이던 1705년 아른슈타트에서 가이어스바흐라는 멍청한 바순 연주자와의 다툼으로 교회 법정에 불려 가 억울한 판정을 받았을 때가 처음이다. 두 번째는 1706년 노장 북스테후데를 만나기 위해 받은 넉 주 휴가를 무단으로 넉 달로 연장하고 돌아와서 교회 법정의 권위에 대항했던 사건이다. 젊거나 나이가 들어서나 고집스러운 제바스티안의 성격과 당당한 태도는 변함이 없지만 힘없는 음악가의 반항은 늘 계란으로 바위를 치는 격이다. 최고의 음악가라고 자부하는 제바스티안에게 시의회가 부여한 칭호는 바로 '구제 불능', 이 한마디였다.

카타리나의 회고

　평소 글을 자주 쓰지 않던 분이었는데, 아버지는 1730년 10월 28일 친구인 에르트만 씨에게 긴 편지를 썼다. 단치히에서 러시아 외교관으로 성공한 에르트만 씨는 아버지의 오르드루프 시절 라틴학교 동창으로 가끔 연락하면서 속마음을 털어놓는 친구였다. 라이프치히로 오게 된 과정과 이곳의 몰이해와 낮은 임금, 비싼 생활비 등을 구체적으로 적으면서 단치히에 괜찮은 일자리가 있는지 문의하는 내용이었다. 1730년은 시의회와의 갈등이 폭발하면서 아버지의 심기가 편한 날이 없었다. 오죽하면 옛 친구에게 편지로라도 넋두리를 늘어놓으며 응어리진 마음을 풀려고 하셨을까. 도대체 이런 분쟁과 갈등이 왜 생겨났을까? 교회에 순종하면서 평범한 음악으로 봉사하면 되는 자리에 아버지처럼 독립적이고 창의적인 사람이 부임한 것이 문제의 시작이었다. 아버지는 최고의 음악만을 추구하려 하니 애초부터 어긋난 조합이었다. 게다가 아버지 특유의 고집과 예술가의 자존심에 반항적인 기질까지 더해져서 상황은 더이상 돌이킬 수 없는 지경으로까지 가버렸다. 고래 싸움에 새우 등 터진다고 어쩌면 드레스덴 궁정과 시의회 사이의 정치적인 갈등에 애꿎게 힘없는 음악가가 희생양이 된 건지도 모른다.

　라이프치히로 직장을 옮길 때 아버지 역시 걱정이 없었던 건 아니었다. 주인의 요구에만 부응하면 되는 궁정 음악가라는 직업에 익숙해진 당신이 새롭게 학교와 교회, 시의회 등 많은 사람과의 관계를 잘 해낼 수 있을지 아버지도 내심 걱정이 많은 듯했다. 쾨텐보다 열 배는 크고 세련된 대도시에서 중산층 문화를 즐기면서 아들들에게는 좋은 교육을 시키려는 열망에 사로잡혀 아버지는 라이프치히의 문제점을 알고도 모른 척 외면했을까? 아니면 다른 지원자들처럼 대학 교육을 받지 못했고 라이프치히와 각별한 인연이 없어서 내부 상황을 정말 몰랐던 것인가? 어쨌든 라이프치히의 여러 매력을 누리기 위해 아버지가 치른 대가는 너무 크고 잔인했다.

〈클라비어 위붕 제1권〉 출판

제바스티안이 그동안 작곡한 수많은 건반 음악 가운데 처음으로 출판을 염두에 두고 긴 시간 공들여 준비한 작품이 바로 이 〈클라비어 위붕 제1권〉이다. 본격적인 건반 음악 출판이 처음이다 보니 비용과 시장 상황을 고려하느라, 1726년 가을에 파르티타 1번부터 한 곡씩 낱개로 출판하면서 조심스럽게 추이를 지켜보았다. 1727년에는 2번과 3번을, 1728년에 4번, 1730년에 5번과 6번을, 차례대로 출판하면서 살핀 반응은 그런대로 나쁘지 않았다. 드디어 〈클라비어 위붕 제1권〉이란 제목하에 여섯 곡을 하나로 묶어 1731년 봄, 작품번호 1번(Opus 1)으로 새롭게 출판했다. 73페이지로된 동판 인쇄에 '2탈러'라는 만만치 않은 가격이고, 이 정도로 기교적이고 도전적인 쳄발로 곡을 출판한 사람은 지금까지 아무도 없었다. 제바스티안은 이 출판을 통해 경제적인 이득을 보기보다는 이런 수준 높은 음악의 예술성을 알아주고 거기에 관심을 보이는 사람들의 수가 더 궁금했을 터이다.

라이프치히에서 제바스티안의 전임자였던 요한 쿠나우가 처음으로 건반 음악에 "클라비어 위붕"이란 제목을 붙였으며 1689년에 제1권을, 1692년에 제2권을 출판했다. 쿠나우의 클라비어 위붕은 두 권이 각각 7개의 파르티타로 구성되는데 제1권은 장조 조성 7개(C, D, E, F, G, A, B♭)를 순차적으로, 제2권은 단조 조성 7개(c, d, e, f, g, a, b)를 온음계 순서대로 배치했다. 제바스티안 역시 처음에는 7곡으로 할지 고민했던 것 같다. 1730년 5월 라이프치히 신문은 "바흐의 클라비어 위붕의 다섯 번째 파르티타가 완성되었으며 앞으로 남은 두 곡은 가을 미하엘리스 상업박람회쯤 나와 전체를 마무리할 예정임."[103]이라는 기사를 실은 것만 봐도 알 수 있다. 사실 제바스티안의 조성 선택은 쿠나우 씨와 사뭇 달랐다. 장조와 단조를 섞어 배치했음은 물론이고 쿠나우의 구성에서는 일곱 번째 장조로 조곡을 마친 B⁻장조가 제바스티안에게는 시작점이 되었다. 즉 B♭장조, c단조, a단조, D장조, G장조, e단조로 진행되는 구성은 오르락내리락을 거듭하면서 점점 넓어지는 쐐기 모양의 음정 간격(장2도, 단3도, 완전4도, 완전5도, 장6도)을 보인다. 물론 그 다음엔 F장조가 올 게 분명해 보인다. 제바스티안은 F장조로 된 일곱번째 파르티타를 아마 〈클라비어 위붕 제2권〉을 위해 아껴놓았나 보다. 아니나 다를까 1735년에 출판된 두 번째 클라비어 위붕의 첫 곡인 이탈리안 콘체르토가 F장조로 기대를 저버리지 않았다. 이 악보집의 출판은 아마도 런던을 중심으로 활동하는 헨델이 출판한 건반 모음곡과 그의 인기를 염두에 두었을 수도 있다. 이십 대 초반이지만 뛰어난 실력과 안목을 가진 쳄발로 연주자 프리데만은 아버지가 처음으로 출판한 악보집을 어떻게 생각했을까?

"카타리나 누나, 〈클라비어 위붕 제1권〉 인쇄본 봤어?"
"물론이지, 너무 멋져. 프리데만. 연주자로서 넌 어떻게 생각해?"

---

103. Neumann & Schulze, ed. *Bach-Dokumente* Ⅱ(1969), no. 276.

"헨델의 건반 모음곡집[104]을 본 적 있는데, 그게 런던에서 인기가 엄청났거든."

"헨델이 왜 영국으로 갔는지 알겠어. 런던에선 악보가 무척 잘 팔린다면서?"

"이곳 작센은 아직 음악 출판에 우호적이지 않아. 텔레만 같은 명성 있는 음악가도 자비 출판을 하는데 뭐."

"그러게. 그런데 헨델의 건반 모음곡은 어때?"

"물론 세련되고 아름다워. 파사칼리아를 추가하는 등 자유로운 기운이 느껴져."

"아버지는 선택형 춤곡에 더 다양한 춤곡을 넣었잖아."

"맞아. 미뉴에트, 론도, 부를레스카, 스케르초, 아리아, 파스피에, 가보트 등을 추가했지."

"게다가 파르티타 6곡 다 춤곡이 아닌 자유로운 도입 악장으로 시작되는데 어느 하나도 같은 게 없잖니?[105]"

"맞아, 누나. 심지어 같은 춤곡이라도 제목부터 이탈리아 양식인지 프랑스인지 구분해서 보여주는 치밀함을 감히 누가 따라 할 수 있겠어?"

"그런 차이가 제일 눈에 띄는 춤곡은 뭐야?"

"프랑스와 이탈리아 양식이 가장 극명하게 구분되는 춤곡은 역시 쿠랑트! 아버지는 파르티타 1번, 3번, 5번과 6번에서는 이탈리아풍의 코렌테

---

104. 헨델(George Frideric Handel, 1685-1759)은 당대 최고의 국제적인 명성을 지닌 작곡가 겸 건반악기 연주자였다. 8곡의 건반 모음곡인 Suites de Piéce pour le Clavecin 제1권(HWV 426~433)을 1720년 런던에서 출판했는데 1722년 재판을 찍을 만큼 인기가 좋았다.

105. 파르티타 6곡의 첫 악장이 1번은 전주곡(Praeludium), 2번은 신포니아(Sinfonia), 3번은 판타지아(Fantasia), 4번은 서곡(Ouverture), 5번은 전주곡(Praeambulum), 6번은 토카타(Toccata)로 각각 다르다.

(Corrente)를 썼고, 2번과 4번에서는 프랑스풍의 쿠랑트(Courante)로 구분했어."

"코렌테와 쿠랑트의 음악적인 차이는 뭐야?"

"이탈리아풍의 코렌테는 모두 두 성부로 되어있고, 3/4박 아니면 3/8박이야, 거기다가 가볍고 템포가 빨라. 반면 프랑스풍의 쿠랑트는 다섯에서 여섯 성부까지 가져 울림이 아주 풍성한 데다가 모두 3/2박이야. 쿠랑트가 결코 느리거나 지루하진 않으나 코렌테와는 확실히 달라."

"아버지가 그런 춤곡에서 중요시하는 헤미올라(hemiola)는 어디에 더 많아?"

"그건 물론 쿠랑트지. 하지만 코렌테 특히 6번 코렌테는 프레이즈 길이가 불규칙한데 그게 매우 특별해. 거기다가 처음부터 끝까지 싱코페이션과 계류음 천지지"

"그래, 나도 그거 들어봤는데 묘한 느낌이더라. 꼭 실수로 아르페지오를 너무 과장되게 하는 줄 알았어."

"그렇게 오해할 수 있지. 아버지처럼 두 성부로 저런 음악을 만들 수 있는 작곡가는 없을 거야."

"그러니까. 사실 난 파르티타 3번의 부를레스카도 궁금해."

"어떤 점이 궁금한데?"

"그 곡이 〈안나 막달레나를 위한 클라비어 소품집〉에서는 제목이 미뉴에트였거든. 왜 아버지가 제목을 부를레스카로 바꿨을까?"

"사실 파르티타 3번은 2번과 동시에 출판되었기 때문에 서로 대조적이면서도 보완적인 성격이 강해. 2번이 좀 심각하고 대위법적인 악장이 많다면 3번은 가볍고 화려한 편이지."

"난 아버지가 춤 모음집에 이렇게 이상한 제목을 쓴 건 처음 봤어."

"솔직히 부를레스카 자체가 춤은 아닌 것 같아. 그냥 미뉴에트의 템포를 지닌 약간 변덕스럽고 으스대는 느낌이 들어."

"이어지는 스케르초도 이번 출판을 위해 새로 끼워 넣은 거지?"

"맞아. 2/4박에 길이는 짧은데 농담을 던지는 것처럼 귀를 즐겁게 해."

"끄트머리에 나오는 왼손의 불협화음은 꼭 실수한 것처럼 들리더라."

"아버지의 유머 감각이 이 두 악장에서 특별히 돋보여서 좋아."

"난 사람들이 아버지의 음악이 너무 진지하고 어렵다는 말에 이젠 자신 있게 그게 전부는 아니라고 대답할 수 있을 것 같아."

"사실 파르티타 2번 C단조는 완전히 심각하게 시작하는데 뒤로 갈수록 너무 재밌고 익살스런 악장들이 나오잖아."

"그래 맞아, 론도와 카프리치오 악장은 대위법적인 모방이 많은데도 불구하고 뭔가 듣기에 즐겁고 신선해."

"진지함만큼이나 아버지가 유머를 사랑한다는 걸 사람들이 알아줬으면 좋겠어."

"난 그저 아버지의 〈클라비어 위붕 제1권〉이 많이 팔리길 기도할래."

"크게 걱정하진 않아도 될듯해. 1권으로 벌써 수익을 보고 있다는 소문을 들었어. 그보다 더 중요한 건 작곡가로서 아버지의 명성에 〈클라비어 위붕 제1권〉이 효자 노릇을 하는 것 아닐까?"

"다행이다. 이곳에도 건반 음악 출판에 관심 있는 사람들이 꽤 있나 보네."

"아버지가 출판을 통해서 직접적으로 가르칠 수 없는 사람들까지 품에 안고 그들의 눈높이를 올리고, 교육하는 거지 뭐. 작곡가로 본격적인 행보를 시작하는 아버지를 진심으로 응원하게 되네."

카를 필리프 에마누엘 바흐: 아버지와 적당한 거리를 둔 현명한 차남

'안식일을 기억하여 거룩하게 지키라' _출애굽기 20:8

요한 제바스티안과 마리아 바바라 사이에 태어난 둘째 아들 카를 필리프 에마누엘은 형 프리데만과 달리 안정되고 성공적인 삶을 살았다. 스물 넷부터 30년간이나 무신론자인 프리드리히 대왕을 모시면서 포츠담의 궁정에서 일한 카를은 자기 영혼의 자유를 얻기 위해서 화려하나 자신을 속박하는 궁정을 벗어나야 함을 알았다. '안식일을 기억하여 거룩히 지키라'는 이 계명을 지키기 위해 카를은 54세에 함부르크시 교회들의 칸토르 겸 음악감독을 맡겠다는 어려운 결심을 했다. 삶을 정화하는 날이 안식일[106]이고 하나님이 인간을 사랑하시어 안식일을 지키라고 명하셨다면 결국 안식일은 사람을 위해 존재한다. 함부르크로 옮겨 신앙적인 자유와 해방감을 느끼며 카를은 하나님이 함께 계심을 즐거워했을 것이다. 그는 새로운 환경에서 함부르크의 교회음악을 책임지면서 남은 인생을 즐기며 하늘을 향해 발돋움[107] 할 수 있었으리라 믿는다.

---

106. 김기석, 『오래된 새 길』(서울: 포이에마, 2012), 39.

107. 김기석, 위의 책, 39.

카를 필리프 에마누엘 바흐

프리데만과 카를 사이에 사실 쌍둥이가 있었는데 1713년 2월 말에 태어나 둘 다 며칠 만에 세상을 떠났다. 엄마 바바라는 쌍둥이를 보내고 몸과 마음을 제대로 추스르지 못한 채 또 카를을 1714년 3월 8일에 출산했다. 거기다 연년생으로 요한 고트프리트 베른하르트를 1715년 5월에 또 낳았기에, 카를은 어릴 때부터 이모와 여섯 살 차이 나는 누나 카타리나의 손에 자주 맡겨졌을 것이다. 1720년 여름 바바라가 갑자기 세상을 떠났을 때 카를은 겨우 여섯 살이었다. 쾨텐 시절 프리데만과 카를은 월등히 좋은 시설을 갖춘 칼뱅파 학교가 아닌 허름한 루터파 학교에 다녔다. 아홉 살 되던 해 라이프치히로 이사하면서 카를은 드디어 당시 최고의 명성을 가진 토마스 학교로 진학하게 되었다. 학교가 집과 같은 건물 안에 있으니, 비가 오든 눈이 오든 걱정 없는 최고의 교육환경이었다. 카를은 형 프리데만 덕분에 제바스티안의 직접적인 영향에서 살짝 벗어날 수 있었고, 그러면서도 모든 알짜배기 음악교육의 혜택을 다 누렸다. 총명한 카를은 1731년 라이프치히 대학에 입학해 법률 공부를 시작했고, 제바스티안의 콜레기움 무지쿰에서 조수 역할을 잘 수행하면서 가끔 독주자로 무대에 선 걸 보면 그의 음악적인 능력이 이미 출중했음을 알 수 있다. 카를은 1734년에는 프랑크푸르트-오더에 있는 대학으로 옮겨 법학을 공부하면서 다부지게도 자신의 콜레기움까지 만들어 거기서 제바스티안의 작품을 공연하기도 했다.

1738년부터 거의 30년간 카를은 베를린과 포츠담의 궁정악단 쳄발리스트로 활동했다. 겉으로는 궁정악단이라 그럴듯해 보이지만 사실 카를의 월급은 그리 많지 않았다. 프리드리히 대왕의 플루트 교사인 크반츠[108]와 카펠마이스터 그라운[109]이 2000탈러를 받고, 성악가 살림베니가 4400탈러가 넘는 연봉을 받을 때 카를은 겨우 300탈러를 받았다. 게다가 층층시하로 크반츠, 그라운 형제, 벤다[110] 등이 왕의 총애를 받으며 음악적인 주도권을 잡고 있어 카를이 파고들 자리는 없었다. 게다가 카를 역시 자신의 취향이 최고인 양 으스대는 프리드리히 대왕의 유치한 요구를 마음으로부터 인정하긴 어려웠을 것이다. 대왕 또한 카를의 음악을 그리 좋아하지 않

---

108. 크반츠(Johann Joachim Quantz, 1697-1773)는 1718년부터 드레스덴 궁정악단에 있다가 1724년부터 이탈리아, 파리, 런던 등을 여행하면서 명성을 쌓았다. 1728년 프리드리히 왕자를 처음 만나 플루트를 가르쳤고, 1741년부터 베를린 궁정의 음악가로 카를과 동료로 지냈다. 드레스덴 시절 이미 많은 트리오 소나타를 작곡했으며 200곡의 플루트 소나타, 300곡의 플루트 협주곡을 썼다. 그는 진작 제바스티안의 연주를 들은 적 있었고 그를 완벽한 오르간 연주자로 칭찬한 바 있다.

109. 그라운(Carl Heinrich Graun, c.1703-1759)은 바이올린 연주자인 형 J. C. 그라운과 형제로 형과 함께 프리드리히 대왕 궁정악단의 카펠마이스터로 1740년부터 일했다. 제바스티안은 그라운 형제를 진작부터 알고 있었으며, 드레스덴과 포츠담은 물론 라이프치히에서도 만난 것으로 보인다.

110. 벤다(Franz Benda, 1709-1786)는 프리드리히 대왕 궁정악단의 음악가였다.

으면서도 그의 명성을 이용하려고 그를 자기 옆에 붙들어 둔 듯하다. 어쨌든 카를은 1744년 서른 살에 포도주 판매상의 막내딸 요한나 마리아 단네만과 베를린에서 결혼해서 제바스티안이 세상을 떠나기 전에 손주를 셋이나 낳았다. 특히 1748년 9월에 낳은 셋째는 이름을 요한 제바스티안이라고 지어 할아버지와 가족 모두가 좋아했을 듯하다.

포츠담 궁정에서 30년이란 세월은 결코 짧은 세월이 아니었다. 카를도 제바스티안과 마찬가지로 궁정 음악가의 허실을 너무나 잘 알고 있었다. 겉으로는 계몽 군주이지만 사실상 폭군인 프리드리히 대왕을 주군으로 모시기에 지치기도 했으리라. 1767년 카를의 대부였고 제바스티안과도 친했던 텔레만이 86세로 세상을 떠나자, 함부르크 제1교회의 음악감독 자리가 공석이 되었다. 카를은 이것이 그가 직장을 옮길 수 있는 마지막 기회임을 잘 알고 있었다. 경력이나 실력으로 보아 당연히 그 자리는 카를에게 돌아왔고 1768년 대도시 함부르크의 칸토르 겸 음악감독을 맡게 되었다. 결국 카를은 제바스티안이 걸은 교회 음악가의 길을 뒤따르게 되었다. 하지만 이미 시대가 바뀌어, 사람들은 교회에 열성을 잃었고 함부르크에는 토마스 학교 같은 음악적인 수준이 높은 학교가 없었기에 이 또한 쉽지 않았다. 하지만 카를의 함부르크 생활은 수난곡 등 교회음악을 작곡하고 연주하랴 출판을 준비하랴 늘 바쁘게 보내면서도 자기를 찾아오는 손님들에게 친절하고 유머를 잃지 않을 만큼 여유가 있었다.

그는 베를린에서 명망 있는 예술가들과 가깝게 교류하면서 새로운 예술과 문화의 방향을 주도한 사교가였다. 카를이 프리드리히 대왕에게 헌정한 '프로이센 소나타'(1742년 출판)와 안나 아말리아 공주에게 헌정한 건반 소나타들(1760, 1766년 출판)을 보면 그가 얼마나 틀에 박히지 않고 계속 새로운 방식을 과감하게 시도하는지 알 수 있다. 카를의 클라비어 지침서 『건반악기 연주법에 관한 연구』[111]는 그의 생전에 나온 초판과 개정판을 합쳐 1000~1500부를 발행하고 판매했다. 제바스티안의 유작인 〈푸가의 기법〉이 몇 번의 할인을 거치면서도 달랑 30부 팔린 것과 비교하면 당시 카를의 명성이 어느 정도였는지 짐작할 수 있다.

계몽주의 철학은 인간 개개인의 권리를 중히 여기는데 그 권리에는 감정도 포함된다. 이런 다양하고 심지어는 변덕스럽기까지 한 감정을 자유롭게 표현하는 양식이 바로 감정 과다 양식이고, 카를 필리프 에마누엘 바흐는 이 양식의 대표자이다. 다양하면서도 섬세한 건반 연주법을 좋아하는 그가 가장 좋아한 건반악기는 클라비코드였다. 클라비코드는 금속으로 만든 탄젠트가 아래에서 위로 현을 때려 소리 내다보니 쳄발로처럼 소리가 크고 화려하지는 않다. "노래하면서 사유하고, 영혼으로 연주하기에 적합"[112]한 클라비코드는 바로 그런 악기였다. 카를은 건반악기를 연주할 때 작곡가가 그 곡에 담은 감정을 연주자가 밖으로 끌어내 청중이 공감할 수 있도록 표현해야 한다고 생각했다. 클라비코드는 음의 강약은 물론 레가토와 스타카토, 베붕(비브라토) 같은 다양한 터치뿐 아니라 리타르단도와 아첼레란도 같은 음악적 표현이 가능했다. 카를은 제바스티안의 위대함을 알고 인정하면서도 언제나 약간의 거리를 두었고, 프리데만처럼 지나치게 화려한 기교에 집착하지도 않았다. 카를은 음악을 통해 자신만의 개성이 담긴 이야기를 풀어 놓길 원했다. 독특하고, 열정 넘치면서도 단순한 그의 음악은 항상 새롭고 호기심이 넘쳤다. 카를은 당대 북부 독일에서 진정한 대가

---

111. 카를 필리프 에마누엘의 〈진정한 건반악기 연주법에 관한 연구(Versuch Über die wahre Art das Clavier zu spielen...)〉는 2부로 되어있다. 1753년에 출판된 제1부는 운지법, 장식음 및 일반적인 연주 양식에 관한 내용이며, 1762년에 출판된 제2부는 지속 저음, 반주 및 즉흥연주에 관한 내용을 담고 있다.

112. 마틴 객, 강해근 나주리 역 『바흐의 아들들』(음악 세계, 2012), 54.

이자 영웅으로 대접받으며 1788년 12월 14일 숨을 거두었고, 봉직하던 함
부르크의 성 미하엘 교회에 묻혔다.

둘째 카를은 어렸을 때부터 정이 많고 똑똑한 아이였다. 누나로서 나는 언제나 그가 자랑스럽고 대견했다. 카를은 프리데만처럼 아버지의 발자취를 너무 바짝 쫓지 않았다. 언제나 적당한 간격을 유지하면서 따르는 모습이 프리데만보다 한결 여유로워 보였다. 그는 아버지보다 큰 그릇을 가진 사람으로 살아갔고, 더 큰 명성을 누렸다. 자식 중 유일하게 아버지와 견줄만한 실력과 인품에 신앙심까지 두루 갖춘 카를은 항상 주위에 선과 덕을 베푸는데 인색하지 않았다. 아버지가 돌아가신 후 카를은 막달레나가 낳은 이복동생들과 새엄마까지 남은 식솔들을 살뜰하게 챙겼다. 신앙의 유산과 음악적 성공 두 토끼를 다 잡은 카를을 통해 하나님의 계명과 아버지의 소원이 이루어진 것 같아 나는 흐뭇했다. 게다가 프리데만과 달리 아버지의 자필 악보들을 소중하게 보관하고 지켜준 것이야말로 내가 카를에게 가장 고마워하는 일이다.

새 선제후 프리드리히 아우구스트 2세에게 바친 미사곡

1733년은 제바스티안에게 특별한 해였다. 그해 2월 1일 강건왕 아우구스트 1세가 사망하면서 선포된 국장은 매우 엄숙했고 그 위력이 대단했다. 대왕의 죽음을 기리고 슬퍼하기 위해서 6개월 동안 공공장소에서 모든 반주 있는 음악연주가 금지된 것이다. 성 토마스 교회를 비롯한 시의 모든 교회와 라이프치히의 행사는 물론 제바스티안이 이끌던 콜레기움의 사적인 연주까지 이를 엄격히 지켜야만 했다. 심지어 성금요일의 수난 음악까지도 영향을 받았다. 매주 돌아오는 예배 음악과 콜레기움의 연주회들 때문에 눈코 뜰 새 없이 바빴던 제바스티안은 갑자기 닥친 휴가 아닌 휴가에 여유를 즐기면서 새로운 대작을 고안했을 것이다. 대왕이 서거하면 새로운 선제후 겸 왕이 취임하는 것이 당연한 순서이니 제바스티안은 심혈을 기울여 드레스덴에 어울리는 곡을 준비했을 듯하다.

그해 4월 21일 새 선제후인 프리드리히 아우구스트 2세의 즉위식 날 시청 앞 광장에서 벌어진 축하 행진은 오래간만에 볼만한 대단한 구경거리였고 라이프치히 전체가 발 디딜 틈도 없이 사람들로 꽉 차서 장관을 이루었다. 음악가가 정치적이라는 게 자랑할만한 일은 아니나 라이프치히에서 10년 정도 칸토르로 일해 보면 정치의 힘과 권력에 의해서 시의 음악가들이 어떻게 휘둘리는지 알기 싫어도 알게 된다. 새로운 선제후 프리드리히 아우구스트 2세의 취향을 십분 고려하여 작곡된 제바스티안의 취임 축하 음악[113]은 온 라이프치히 시내에 새로운 활기와 힘을 불어넣기에 충분했다. 빠르고 힘차면서도 경박하지 않은 이 곡을 작곡하느라 고심한 제바스티안의 머리에는 음표만큼이나 많은 희망과 새로운 아이디어들이 반짝거렸으리라.

1733년 7월 27일 제바스티안은 드레스덴을 방문하면서 새로 취임한 아우구스트 2세에게 선물할 음악을 가지고 갔다. 그 꾸러미에는 B단조로 된 키리에와 D장조로 된 글로리아, 즉 미사의 두 악장(후에 B단조 미사의 첫 두 악장이 됨)이 들어 있었다. 제바스티안이 정성을 다해 곡을 헌정하면서 요청한 것은 궁정악장 혹은 궁정 작곡가의 칭호였다. 그가 보낸 편지 내용은 아래와 같다.

> 전하, 제 마음 깊은 곳에서부터 우러나오는 충성심으로 이 작은 음악 선물을 바치고자 합니다. 간절히 바라기는 전하의 높은 관용으로 제 작품을 보아주시고, 보잘것없는 저의 작품을 당신의 넓은 아량으로 헤아려 주시길 바랍니다. 그리고 저를 전하의 휘하에 언제나 머물 수 있도록 해주시기를 바랍니다.(중략)[114]

이렇게 시작한 편지는 현재 라이프치히에서 본인이 어떤 일을 하고 있

---

113. 현재는 남아 있지 않은 이 취임 축하 음악의 제목은 "국왕 만세"(Es lebe der König)로 나중에 B단조 미사의 Osanna에서 이 음악이 사용되었다.

114. David & Mendel, ed. The New Bach Reader, 158.

으며, 그동안 어떤 상처들을 숱하게 겪었는지를 기술한다. 그러면서 '만약 전하가 본인을 전하의 궁정 소속 작곡가로 인정해 주고 그 증명서를 보내 주시면 이 모든 억울함이 단번에 해결될 것'이라고 장담한다. 이어 전하를 추켜올리는 말과 끊임없는 열성으로 전하를 섬기겠다는 말을 반복하며 편지를 마무리한다. 서명에는 '드레스덴에서 1733년 7월 27일 요한 제바스티안 바흐 씀'이라고 적혀 있다.

이 편지보다 한 달쯤 전인 1733년 6월 23일 프리데만은 드레스덴 조피엔 교회 오르가니스트로 선발되어 이미 드레스덴에 와 있었다. 선왕이 타계한 지 얼추 6개월이 지나 모든 음악 활동이 제자리로 돌아오고 제바스티안은 새로 취임하는 선제후에게 자신의 편이 되어 지원해 달라고 음악 선물을 보낸 것이다. 라틴어 가사로 된 이 키리에와 글로리아는 제바스티안의 다른 두 악장으로 된 미사들보다 훨씬 큰 규모로 구성되었고, 당시 루터교회나 로마카톨릭교 어디서든 거부감 없이 연주되기 적합한 장르였다. 일반적으로 왕족이나 귀족에게 실내악을 헌정할 때 총보를 보내는데, 제바스티안은 아들들과 안나 막달레나와 다른 한 명의 조수까지 총동원하여 파트보를 그려 편지와 동봉했다.[115] 정성을 다해서 각 성부를 베끼고 연주 지시까지 포함한 이유가 이 곡의 실제 연주를 위해서였는지, 언제 어디서 연주되었는지는 확실치 않다. 솔직히 이런 작업은 칸토르의 의무와 전혀 상관 없는 개인적인 업무였지만 제바스티안과 가족들에겐 매우 중요했을 것이다. 드레스덴을 방문한 아버지와 맏아들 사이에 아마도 이런 대화가 오 갔을 법하다.

---

115. Williams, J. S. Bach.: A Life in Music, 219.

"프리데만, 파트보는 완벽하게 준비되었겠지?"

"물론이죠. 동생들이 베낀 것도 제가 직접 또 확인했으니 걱정하지 마세요."

"그럼, 너를 믿고말고. 하지만 뭔가 신경이 더 쓰이는 걸 보면 이곳 드레스덴 역시 나에겐 낯설고 조심스러운 것 같구나."

"아버지, 마음 편히 가지셔요. 도리어 저는 새로 취임한 젊은 선제후가 이런 진중한 곡의 가치를 알지 걱정이에요."

"그거야 모르는 일이지. 그래도 기대는 해봐야지."

"하긴 새 선제후의 취임이란 몇십 년 만에 오는 귀한 기회이니 놓칠 수 없죠."

"새 술은 새 부대에 담으라고 하지 않더냐. 새 선제후에게 취임 때부터 최선을 다하면 언젠가 그 결과가 있겠지."

"선왕이신 강건왕 아우구스트는 문화와 예술 중에 건축에만 욕심을 좀 부렸고, 음악적 취향은 솔직히 뛰어나지 못했어요."

"고인을 모독하고 싶지는 않다만, 강건왕은 권력과 여자에 대한 욕심으로 가득 차 하나님과 계명을 저버린 인물이야. 그에게 내가 억지로 아부하지 않아도 되어 얼마나 다행인지 몰라."

"아버지, 누가 봐도 첫 키리에 부분은 돌아가신 선왕에 대한 애도이고, 화려한 글로리아는 새로 왕이 되는 프리드리히 아우구스트 2세의 취임 축하곡으로 생각할 게 분명해요. 이 미사곡을 통해 새 선제후와 드레스덴에 아버지의 음악을 제대로 알릴 수 있길 바라요."

"고맙구나. 왕족들의 취향이야 우리가 어찌할 바가 아니나 드레스덴 궁정의 음악가들이라도 제대로 평가해 주면 좋겠구나."

"전문가라면 알아볼 거예요, 저는 그리 믿어요."

"네가 바로 한 달 전에 드레스덴 조피엔 교회의 열쇠를 쥐었을 때 난 이미 하나님이 우리 편에 계심을 확신할 수 있었단다. 내가 얼마나 큰 소리로 주님께 영광 돌리고 감사했는지 아니?"

"나이나 경력 면에서 부족한 제가 조피엔 교회의 오르가니스트로 뽑힌 것은 다 아버지 덕분이죠."

"무슨 소리니. 너만큼 오르간 연주나 즉흥연주 할 수 있는 사람 찾기 어렵다."

"아버지가 써주신 지원서에 사인만 하면서도 어리둥절한 저를 아버지는 나무라지도 않으셨죠. 게다가 아버지 작품인 전주곡과 푸가 G장조[116]를 제 작품인 것처럼 제출하고 연주한 것도 좀 마음에 걸리긴 해요."

"소심하긴. 누가 그런 걸 시시콜콜 따지겠니? 그냥 너라는 뛰어난 음악가에게 어울리는 작품이라 애비인 내가 너에게 선물한 거라 여기거라. 그나저나 드레스덴 생활은 어떠냐?"

"아직은 어설퍼요. 하지만 드레스덴은 라이프치히와는 비교가 안 되게 화려하고 웅장한 곳 같아요."

"나와 달리 너는 대학 교육까지 받은 최고의 엘리트 음악가이니 당연히 더 넓은 세계에서 마음껏 날개를 펼쳐야지. 내가 경험해 보니 선제후 정도의 배경 없이는 고지식한 라이프치히에서 견뎌날 수가 없더구나."

"아버지. 저도 그렇게 생각해요. 그리고 이곳에서는 카이저링크 백작[117]이

---

116. 바흐가 맏아들의 드레스덴 오디션을 위해 전주곡과 푸가 G장조 BWV 541을 직접 사보해 건네주었다. 마틴 객, 『바흐의 아들들』, 18.

117. 카이저링크(Hermann Carl von Keyserlingk, 1696-1764) 백작은 1733년부터 드레스덴 주재 러시아 대사였으며, 이후 비엔나와 베를린에서도 러시아 대사로 활동하였다. 1762년에는 바르샤바에서 대사로 임명되었으나 2년 후 거기서 사망하였다. 그는 음악을 매우 좋아해 바흐 및 그의 아들들과 가까운 관계를 유지하였다.

저보다도 더 열심히 아버지를 칭찬하고 다니세요."

"카이저링크 백작처럼 막강한 권력을 가진 분이 나와 너의 후원자가 되어
주니 감사할 일이지."

"드레스덴에서 아버지 음악의 가치를 알아주는 귀인을 만난 건 정말 큰 행
운이에요."

"그렇고말고. 하나님이 준비해 주신 귀한 인연이니 특별히 잘 모셔야 한
다."

"네. 아버지는 이곳 드레스덴이 마음에 드세요?"

"글쎄다. 이곳이 나를 더 인정해 주는 건 확실해. 최소한 드레스덴의 음악
가들은 내 음악의 진수를 알아줄 수 있겠지. 너도 기억나지? 성 토마스
학교에서 악보도 제대로 읽을 줄 모르는 애송이들을 데리고 그 어려운
칸타타와 수난곡을 연주하느라 허구한 날 진땀 뺀걸."

"알다마다요. 저라면 벌써 포기했을 텐데 아버지는 정말 오래 버티신 거예
요."

"그렇지? 하지만 라이프치히 시의회에서는 그 누구도 내 수고를 인정하지
않아. 그저 날 깎아내리려고만 하니 점점 맥이 빠지는구나. 자, 이제 미
사곡은 내 손을 떠났고, 모든 걸 하나님의 섭리에 맡겨야지."

라이프치히의 불리한 상황을 호전시키기 위해 새 국왕의 편지 한 통이
시급한 제바스티안의 마음은 사실 조급했다. 하지만 정작 음악을 헌정 받
은 새 선제후는 별다른 반응을 보이지 않았다. 급할 이유가 아무것도 없는
궁정의 최고 권력자는 주위의 수많은 음악가가 보내는 음악 선물 따위는
금방 잊어버리게 마련이었고, 그게 살아있는 권력의 진면모였다. 어쨌든
작곡가로서 제바스티안의 입지는 라이프치히보다 작센의 수도인 드레스

덴에서 더 굳건해 보였다. 그도 그럴 것이 키리에와 글로리아 두 악장은 그가 작심하고 준비한 엄격한 양식의 곡으로 성악과 기악의 다양하고 빼어난 대위법이 돋보이는 걸작이다. 5성부로 된 합창과 4명의 독창자, 3대의 트럼펫과 타악기를 위시한 현악과 관악 앙상블을 포함한 대규모 오케스트라 편성으로 제바스티안은 옛 양식과 새로운 양식뿐 아니라 그의 수중에 있는 가능한 모든 음악적인 재료를 마음껏 활용했다.

〈커피 칸타타〉: 커피와 결혼의 방정식

제바스티안이 〈커피 칸타타〉[118]를 작곡한 당시 라이프치히에서 커피
는 유행의 최첨단에 있는 기호품이었다. 라이프치히 여행 안내서에 따르면
1725년엔 여덟 개의 공식 커피하우스가 있었고, 1732년에는 11개로 늘었
다.[119] 이미 시민의 반이 커피 중독이라고 할 정도로 커피의 인기는 하늘을
찔렀고 특히 여성들 사이에서 커피는 최신 유행을 대변하는 것처럼 여겨
졌다. 제바스티안 집에서 몇백 미터만 가면 있는 커피 바움[120]이나 침머만
하우스[121]는 커피를 즐기는 사람들로 북적였다. 알코올음료가 철저하게 금

---

118. 바흐의 대표적인 세속 칸타타인 〈커피 칸타타〉의 원제목은 "조용히, 수다 좀 멈추시고
    (Schweigt stille, plaudert nicht BWV 211)"로 커피에 관한 음악 드라마이다. 바흐가 음악감
    독으로 있는 콜레기움 무지쿰의 연주 장소가 커피하우스여서 커피는 최적의 주제이며 특별
    한 행사 음악이 아니라 반복적으로 연주되었으리라 추측한다.

119. Goodman, "From Salon to Kaffeekranz", *Bach's Changing World*, 204-5.

120. 커피 바움의 원래 이름은 zum Arabischen Coffe Baum으로 18세기 거룩한 커피의 신전으로
    비유되었다. 파리의 Cafe Procope 다음으로 유럽에서 현재까지 운영되는 가장 오래된 커피
    숍이다.

121. 침머만 하우스는 라이프치히 중심의 카타리네 가에 있는 커피숍으로 바흐가 자신의 콜레기
    움 무지쿰을 이끌고 연주를 한 곳으로 유명하다. 겨울에는 실내에서, 여름에는 야외 정원에서
    연주회를 개최하였다.

지된 이슬람 국가에서 손님 접대에 절대 빠질 수 없는 커피가 라이프치히까지 전파된 것이다. 거기다가 연금술사인 뵈트거[122]가 금 대신 만들어 낸 신기한 물질이 바로 매끄럽고 반짝거리는 도자기다. 동양에서 가져온 비싼 도자기는 아니라도 가까운 마이센에서 직접 생산해 낸 커피잔들을 소중히 여겨 그곳 사람들은 '하얀 금'이라고 불렀다. 흰 바탕에 선명한 꽃무늬가 있고 거기에 금박까지 입힌 당시 잔은 조그맣고 손잡이가 없는 대신 받침이 있는데 뜨겁고 까만 커피와 완벽한 조화를 이루었다.

'피칸더'라는 필명으로 더 유명한 헨리치[123]의 커피에 관한 운문[124]은 당시에도 인기가 있어 몇몇 다른 작곡가도 같은 대본을 사용했다.[125] 줄거리는 고집 세고 구태의연한 사고방식을 가진 아버지 슐렌드리안이 고분고분하지 않은 딸과 대화하면서 그녀가 커피를 끊도록 설득하려 한다. 그러나 딸 리스헨은 4번 아리아에서 그녀가 왜 커피를 끊을 수 없는지 트라베르소[126]와 함께 미뉴엣 리듬을 타면서 노래한다. 아버지가 여러 조건을 제시해

---

122. 뵈트거(Friedrich Böttger, 1682-1719)는 연금술사로 프로이센에서 도망쳐 작센의 선제후며 폴란드 왕인 아우구스투스의 보호를 받으며 드레스덴에 정착하였다. 원래의 약속대로 금을 만들지 못해 투옥되었다가 대신 도자기를 만들기로 약속한 후 1709년에 백자 제작에 성공하였다. 이것이 마이센 도자기의 시작이며 1713년부터 본격적인 생산이 시작되었다.

123. 크리스티안 헨리치(Christian Friedrich Henrici, 1700-1764)는 '피칸더(Picander)'라는 필명으로 더 유명한 시인으로 바흐에게 많은 칸타타 가사를 제공해 주었다. 마태수난곡과 몇몇 교회칸타타 외에 커피 칸타타, 푀부스와 판의 싸움(BWV 201), 농부 칸타타(BWV 212) 등 중요한 세속칸타타에 바흐는 헨리치의 가사를 사용했다.

124. 헨리치는 『진지하나 쾌활한 풍자시(Ernst-schertzhaffte und satyrische Gedichte)』란 제목의 다섯 권의 책을 1727~1751년에 출판했는데 〈커피 칸타타〉의 가사는 1732년에 출판된 책에 들어있다.

125. Goodman, "From Salon to Kaffeekranz", 209.

126. 고대부터 사용되던 피리는 리코더처럼 대부분 세로로 부는 악기였는데 바로크 시대에 가로로 부는 플루트가 나무로 만들어졌고 이를 트라베르소라고 불렀다. 바흐, 텔레만, 헨델 등이 트라베르소를 위해 작곡하면서 악기의 인기가 높아졌고 실내악뿐 아니라 오케스트라에서도 자주 사용되었다.

도 말을 듣지 않자 결국 6번 아리아에서 아버지는 그녀가 커피를 끊지 않으면 결혼할 수 없다고 겁박한다. 8번 아리아에서 딸 리스헨은 커피를 끊고 결혼할 테니 당장 신랑을 찾아달라고 도리어 아버지를 조른다. 사실 대본을 쓴 헨리치는 자신의 다른 글에서 커피 마시는 여성을 다루기 힘들고 너무 독립적이라고 풍자한 바 있다.[127] 저자는 자기주장이 강하고 지적인 여성을 살짝 삐딱한 시선으로 보고 있음을 8절까지의 가사를 통해 분명히 알 수 있다. 그런데 제바스티안이 작곡한 〈커피 칸타타〉는 헨리치의 대본에는 없는 두 개의 절이 마지막에 추가되어 더욱 특별하다. 9절에 해설자가 나와 리스헨이 자신의 결혼 계약서에는 반드시 자신이 커피 마실 권리를 넣을 예정이라고 넌지시 알려준다. 삼중창인 마지막 10절은 "고양이가 쥐 없이는 살 수 없듯이 젊은 여자들이 커피 없이는 살 수 없다"면서 딸과 화해하는 아버지의 모습을 보여준다.

보수적인 피칸더의 기존 흐름과 크게 달라진 이 마지막 두 절의 가사를 누가 썼는지는 확실치 않다.[128] 만약 작곡자인 제바스티안이 마지막 두 절의 가사를 썼다면 이를 통해 그의 생각을 추측해 볼 수 있는 흥미로운 단서가 될 것이다. 사실 〈커피 칸타타〉는 기득권을 내주지 않으려는 남성과 이에 저항하며 자신의 권리를 찾으려는 여성 간의 갈등을 재치 넘치는 시각으로 그려냈다. 기존엔 없던 두 절을 추가하면서 제바스티안은 세련된 음악뿐 아니라 내용 면에서도 시대의 새로운 흐름에 부응하는 모습을 연출하였다. 〈커피 칸타타〉의 주인공 리스헨은 당시 소설에서도 흔히 사용되는 일반적인 이름인지라 꼭 누구와 연관되었다고 말하긴 어렵다. 여기 나오는

---

127. Goodman, "From Salon to Kaffeekranz", 209.
128. 일반적으로는 바흐가 썼을 것이라고 보지만, 굿맨은 치글러 부인일 수도 있다고 추정한다.

아버지가 제바스티안이 아니라는 걸 알면서도 만약 이걸 제바스티안의 집안과 연결해 보면 당시 그에게는 혼인 적령기를 훌쩍 넘긴 큰딸 카타리나와 꼬마 엘리자베트 유리아나 프리드리카(집에선 리스헨이라 부름) 두 명의 딸이 있었다. 내용상으로는 26살의 카타리나가 연상되는데 막상 이름은 8살짜리 여동생을 주인공으로 사용한 게 우연인지, 아니면 장난인지 알 수 없으나 과년한 딸의 고집을 꺾지 못하는 아버지의 모습은 시대와 지역을 초월해 비슷한 듯하다.

"카타리나, 커피가 건강에 나쁘고 중독성이 있다는 건 알고 있지?"

"그럼요, 아버지. 하지만 저처럼 혈압이 낮은 사람에게는 약인걸요. 커피를
　　마시면 정신이 맑아져요"

"던컨이 쓴 책[129]은 읽어봤니? 커피를 너무 마시면 임신도 힘들다더라."

"신랑감도 없는데 벌써 손자 생각부터 하세요? 그러시면서 아버지는 왜
　　커피를 그렇게 좋아하시는데요?"

"나야 밤에 곡을 쓰려면 잠을 쫓아야 하니 어쩔 수 없이 마시는 거지. 던컨
　　이 커피가 정신과 육체를 다 고양시킨다고 하지 않던? 난 너희처럼 멋
　　으로 마시지는 않는다."

"아버지, 저도 정확히 오후 세 시, 하루에 딱 한 잔만 마셔요. 남들처럼 매
　　일 커피하우스에 가서 노닥거리지도 않고요."

"당연히 그래야지. 난 네가 다른 여자들처럼 하루종일 커피하우스에서 소
　　일하는 꼴은 못 본다."

---

129. 던컨(Daniel Duncan)은 1707년 『뜨겁고 강렬한 음식과 음료의 남용에 관하여』라는 책을 라
　　이프치히에서 출판하였다. 그는 여기서 커피로 인한 의학적이고 사회적인 문제를 지적하였
　　다. Baron, ed. *Bach's Changing World*, 201.

"모르시는 말씀이세요. 아버지. 그런 곳에 가야 남자도 만날 수 있다고요."

"어림없는 일이다. 거기서 하는 짓거리들이 불 보듯 뻔하지 않니? 카드놀이에, 잡담에 남 흉보기!"

"늘 그렇진 않아요. 건전한 토론과 시도 함께 읽고 중요한 정보를 얻기도 한다고요. 게다가 커피하우스에서 마시는 커피는 집에서 끓인 것보다 훨씬 맛있거든요."

"알다마다! 아무리 흉내 내려 해도 커피하우스를 이길 순 없지."

"아버지, 어쩌다 나가 커피 마시는 걸 막으면 전 무슨 재미로 살아요? 남자애들은 학교에도 가고 노력하면 능력을 발휘할 수 있지만 여자들은 사는 게 너무 지루해요."

"하긴 막달레나도 라이프치히에 온 후로는 답답해하는 것 같아."

"막달레나는 그래도 아버지 따라 쾨텐과 바이쎈펠즈 등 궁정에 가서 객원 연주도 하잖아요. 저는 이사 온 후로 라이프치히를 벗어나 본 적이 없어요. 이 집안에서 가장 답답하게 사는 건 바로 저죠."

"너도 얼른 좋은 남자 만나 결혼하면 되잖니."

"아버지, 저도 하고 싶어요. 마땅한 남자가 없어서 그러죠. 커피 칸타타의 리스헨처럼 저도 여자를 지배하려는 남자는 싫어요. 저에게 충분한 자유를 허용하고 저를 존중해 주는 남자를 원해요."

"네 고집을 내가 어찌 꺾을 수 있겠니. 알아서 하렴. 하지만 나 죽으면 널 책임질 사람은 없다. 네 나이가 이제 몇 살이지?"

"스물여섯이요."

"막달레나는 스무 살에 결혼해 그 나이에 애를 다섯이나 낳았어."

"절 그녀와 비교하지 마시고 커피 마신다고 꾸짖지도 마세요."

"비교하지 않고, 꾸짖지도 않아. 너를 생각해서 하는 충고일 뿐이야."

"칸타타 마지막 절 가사에 나오듯 엄마와 할머니가 대대로 습관처럼 마신 커피를 저에게도 허락해 주세요. 그러면 저도 좋은 남자 찾아 결혼하도록 노력할게요."

"허허, 이렇게 결국 커피는 결혼으로, 결혼은 다시 커피 이야기로 돌아가는구나. 오, 하느님!"

요한 고트프리트 베른하르트 바흐: 나약한 셋째 아들

'네 부모를 공경하라' _ 출애굽기 20:12

'네 부모를 공경하라'는 이 다섯 번째 계명은 생명을 가진 인간 모두에게 주어진 명령이다. 눈에 보이는 부모를 제대로 공경하지 못하면서 보이지 않는 하나님을 어떻게 마음의 중심에서부터 공경할 수 있겠는가? 사실 자식 중 가장 불효자이고 제바스티안에게 큰 실망을 안겨준 요한 고트프리트 베른하르트(주 15 참고)에게 이 계명이 돌아가는 게 마땅하다. 제바스티안은 베른하르트의 행실이 못마땅할 수밖에 없었다. 그가 진 빚과 그가 제멋대로 한 행동들이 세바스티안에게 비수가 되어 되돌아왔기 때문이다. 부모에게 받은 은혜를 빚과 욕설로 갚은 그가 결과적으로 이 땅에서 생명이 길지 못했다.

일찍 세상을 떠난 데에다 제대로 된 음악가로 성장하지 못했기 때문인지 베른하르트에 관한 기록은 많지 않다. 하지만 바흐가 자신의 일가와 계보에 관한 기록(1735년)[130]을 직접 쓰면서 베른하르트를 제바스티안의 세 번째 아들로 기록했다. 음악가 집안의 아들답게 그는 건반악기 외에 트라베

---

130. David & Mendel, ed. *The New Bach Reader*, 283-294.

르소(주 126 참고) 연주하는 걸 좋아했다. 큰형 프리데만은 바이올린을 켜고, 둘째 카를이 쳄발로에 앉으면 셋이 멋진 트리오를 결성할 수 있었다. 형제들이 한자리에 모이면 당연히 이 악기 저 악기 가져와 다양한 곡을 연주해 보기도 하면서 성장했을 것이다. 제바스티안 역시 잘나가는 두 형 못지않게 셋째인 베른하르트의 장래를 위해 노력했다. 그가 쓴 추천서, 특히 뮐하우젠과 장어하우젠에 보내는 편지에 그가 보인 열성은 보통 제자들을 위해 쓰는 추천서와 비교가 되지 않았다. 결국 추천서만 가지고는 불안했는지 1735년 6월 초 제바스티안은 베른하르트를 데리고 직접 뮐하우젠으로 갔다. 가기 전부터 맹훈련을 받은 덕인지 부친의 인맥 덕분인지 모르겠지만 어쨌든 베른하르트는 뮐하우젠의 마리아 교회 오르가니스트로 뽑혔다. 제바스티안이 1707년 7월부터 일 년간 머물렀던 도시 뮐하우젠, 그해 10월에 그와 마리아 바바라는 친지들이 많은 아른슈타트 근처인 도른하임에서 결혼식을 올렸으니 두 사람의 달콤한 신혼의 기억이 담긴 도시이기도 하다. 막내의 오디션을 마친 후 마리아 교회의 오르간을 꼼꼼하게 점검해 주고 사례도 받지 않은 제바스티안의 행동은 그곳 사람들을 감동시키기에 충분했다. 그의 친절과 배려 뒤에는 아직 어디 혼자 내놓기에 불안한 베른하르트를 잘 봐달라는 부모의 간절한 마음이 담겨 있었을 것이다.

하지만 이 기쁨도 그리 오래가지 않았다. 베른하르트는 한 곳에서 오래 견디기에는 너무 여리고 불안한 영혼의 소유자였다. 1737년 그는 뮐하우젠에서 장어하우젠으로 자리를 옮기고 그곳에서도 겨우 한 해를 버티다가 1738년 봄 누구에게도 알리지 않은 채 바람처럼 사라져 버렸다. 장어하우젠 교회와 시의회 사람들은 득달같이 제바스티안에게 어떻게 된 거냐고 연락해 왔다. 제바스티안을 비롯해 아무도 베른하르트가 1739년 예나대학에 법률을 전공하겠다고 등록한 것을 알지 못했다. 평소엔 감히 말도 꺼내지 못했던 베른하르트의 속마음이 여기서 드러난 것이다. 두 형들은 대학까지 보내주면서 자기만 차별받는다고 느낀 모양이다. 그러나 그해 5월 말 그는 그렇게 원하던 대학에 다녀보지도 못하고 객지에서 고열에 시달리다가 혼자 세상을 떠났다.

〈아리아와 다양한 변주곡〉의 15번 변주는 전반부 마지막 곡으로 5도 카논을 너무 느리지도 않고 너무 빠르지도 않게 두 음씩 이음줄로 묶어 놓은 하행하는 선율을 노래한다. 이는 베른하르트를 향한 제바스티안의 탄식 같기도 하고, 그 뒤를 5도 카논으로 따라가는 소프라노는 안간힘을 쓰며 따라가는 베른하르트의 모습 같아 구슬프다. 게다가 앞서가는 선율을 그대로 따라가는 게 아니라 거꾸로 뒤집어서 모방함으로써 소원해진 부자간의 관계처럼 느껴진다. 청개구리처럼 내려가라면 올라가고, 올라가라면 내려가는 철부지 아들이라 두 성부 간의 거리가 무척 벌어졌다가도 어느 순간에는 다시 다정하게 붙어있기도 한 걸 보면 아비 마음에 걸리지 않는 자식이 어디 있겠는가. 더군다나 음악적으로 잘난 두 형들 밑에서 기가 죽었을 베른하르트에게 아버지의 마음이 더 많이 향했을지 누가 알겠는가.

다섯 살에 엄마를 여읜 베른하르트가 한 번이라도 제대로 사랑받은 기억이 남아 있긴 할까? 베른하르트가 아버지와 교회의 허락도 없이 예나 대학에 등록한 게 그렇게 큰 죄라고 할 수는 없다. 하지만 여기저기서 돈을 빌려 흥청거리며 낭비한 건 분수에 넘치는 방만한 행위가 맞다. 그의 잘못된 판단과 행동이 아버지에게 몇 배 무겁게 되돌아왔으니 철없는 아들이 부모를 욕보인 것도 사실이다. 본디 자신이 있어야 할 곳도 몰라 방황하는 어린 그에게 외지 사람들과 교회 역시 관심이 없었다. 베른하르트 주위에 진정으로 기댈만한 친구나 지인이 한 명만 있었어도 저렇게 불명예스럽게 생을 마무리하지는 않았을 텐데. 나 역시 그를 북돋우지도, 그의 곁을 지키지도 못한 채 혼자서 견디도록 방치한 게 안타깝고 가슴 아플 뿐이다. 24년의 짧은 생애 동안 베른하르트는 이 세상에서 한 번도 자신의 날개를 제대로 펼치고 힘차게 날아보지 못했다. 하늘나라에서는 부디 먼저 가신 엄마에게 평안히 안겨 그간 받지 못했던 사랑을 듬뿍 받으며 행복하길 나는 진심으로 기도한다.

제 2 부

"조교 전쟁"과 드레스덴 궁정 작곡가로서의 인생 2막 서곡

〈아리아와 다양한 변주곡〉에서 16번 변주곡은 곡 전체를 반으로 나누었을 때 제2부의 서곡이다. 연극이나 오페라에서 서곡이란 보통 시작을 알리는 곡인데 그게 1막이 아닌 2막의 시작을 알릴 수도 있으니까 말이다. 예수님의 생애도 2막인 부활 후부터가 더 생동감 넘치고 영광스러운 것처럼 1막보다 더 활기차고 위엄 넘치는 2막이 제바스티안을 기다리는 것일까? 16번 변주곡은 느리지만 화려한 프랑스풍의 부점 리듬을 사용했다. 이 웅장한 서곡의 앞부분이 왕처럼 고귀한 사람의 행진에 어울리는 음악이라면 뒤이어 나오는 3/8박자의 빠르고 모방적인 4성 푸가는 행진 후의 활기찬 인사처럼 정겹게 다가온다. 이 음악처럼 멋진 겉모습이 전부였다면 얼마나 좋았을까!

제바스티안에 대해 여러 명의 오르페우스나 스무 명의 아리온보다 더 뛰어나다고 극찬[131]했던 게스너 교장(주 97 참고)이 부임 4년 만에 괴팅엔 대학의 철학 교수로 임명돼 교장직을 사퇴했다. 그 후 신임 교장으로 부임한

---

131. David & Mendel ed. *The New Bach Reader*, 329.

요한 아우구스트 에르네스티[132]는 젊고 재능 있는 학자라고 소문났었다. 부임 초반에 그는 안나 막달레나의 두 아들, 요한 아우구스트 아브라함(1733년생)과 요한 크리스티안(1735년 생)의 대부가 되어줄 정도로 서로 사이가 나쁘지 않았다. 사실 신임 에르네스티 교장에게 제바스티안에 관해 좋지 않은 선입견을 주입한 측은 바로 시의회 사람들이었다.

문제의 사건은 1736년 7월 신임 교장인 에르네스티가 제바스티안이 임명한 수석 조교 고트프리트 크라우제[133]를 쫓아내면서 시작되었다. 제바스티안은 그동안 토마스 학교에서 해야 하는 일들을 4명의 조교에게 분담시킬 수 있었다. 그러나 전통적으로 음악 전문가인 칸토르에게 속한 조교 임명권을 박탈한 새 교장은 자기 입맛에 맞는 음악 실력이 부족한 사람을 수석 조교로 임명하면서 일은 더 꼬여만 갔다. 수석 조교는 예배 음악을 준비하기 위해 합창단을 미리 연습시키고, 칸토르 부재 시 그를 대신해서 직접 예배를 이끌어야 하는 등 음악적으로 중차대한 임무를 수행해야 한다. 특별히 예배에서 성 토마스 학교를 대표하는 제1합창단이 연주하는 칸타타는 매우 어렵고 까다로운 곡들이 많아 음악적인 능력이 부족한 사람은 도저히 감당할 수 없다. 제2, 제3합창단조차도 특별한 교회 축일이나 행사 때는 가끔 칸타타를 연주하는데 아무나 지휘를 맡는 건 불가능했다. 이렇게 시작된 "조교 전쟁"의 불똥은 쉽게 사그라지지 않았고 일 년 반 이상 제

---

132. 요한 아우구스트 에르네스티(Johann August Ernesti, 1707-1781)는 신학자며 교수로 1731년에 성 토마스 학교 부교장을 거쳐 1734년에는 게스너의 뒤를 이어 이 학교의 교장이 되었다. 1759년에 교장직을 사퇴한 후 죽을 때까지 라이프치히 대학의 신학 교수로 재직하였고, 많은 저서를 출판한 학자이다. 그러나 두 명의 전임 교장들과 달리 그는 음악을 좋아하지 않았고 바흐와 지속적인 갈등을 빚었다. 주 96의 J. H. 에르네스티와는 다른 인물이다.

133. 크라우제란 이름을 가진 조교가 둘이라 혼동하기 쉽다. 고트프리트 크라우제(Gottfried Theodor Krause)가 처음에 에르네스티가 쫓아낸 인물이고, 두 번째 요한 크라우제(Johann Gottlob Krause, 1714-?)는 그 빈자리에 에르네스티가 뽑은 조교이다.

바스티안의 심기를 매우 불편하게 했다.

제바스티안이 불같이 화를 내면서 항의했지만 에르네스티 교장은 아예 조교 자리를 없애버릴 정도로 더 심하게 대응했다. 이 젊은 교장의 오만함을 천하에 공포하기 위해 제바스티안도 팔을 걷어붙이고 나섰다. 여전히 시의회와 사이가 나빴으나 어쩔 도리가 없었다. 제바스티안이 시의회에 보낸 항의 편지만 4통이고 교회 법정에 보낸 서류가 2통 등 가능한 모든 방법을 동원해 항의했다. 하지만 고리타분한 라이프치히 시의회 사람들은 제바스티안을 한낱 불성실한 칸토르로 밖에 보지 않았으므로 교장과 함께 그를 무시하고 자기들의 권위에 복종시키는 데에만 혈안이 되어있었다.

이런 답답한 와중에 정말 반갑고 기쁜 소식이 하나 전해졌다. 제바스티안이 그렇게 바라던 작센 선제후의 궁정 작곡가 칭호를 9월 말 드레스덴에서 수여 받고, 11월 중순에는 폴란드 왕실의 왕실 작곡가의 명예로운 칭호까지 받게 된 것이다. 정말 멋지고 장엄한 인생 2막의 서곡인 셈이다. 드레스덴에서 받은 궁정 작곡가라는 칭호가 경제적으로 도움이 되는 건 아니다. 하지만 제바스티안의 눌린 자존심을 회복하고 위대한 예술가로서 아무나 함부로 건드릴 수 없는 위엄을 갖추는 데는 상당히 효과가 있었다. 더군다나 오르간 연주자와 악기 감정 전문가로서 그동안 쌓아온 명성에다가 드디어 작곡가로서 그의 업적을 왕실에서 높이 인정해 주고 궁정의 보호를 약속하는 것이니 가장 반갑고 시기적절한 최고의 보상이 아닐 수 없다. 왕실 작곡가라는 칭호 때문인지 지금껏 제멋대로 무례하게 굴던 시의회까지도 조금씩 제바스티안의 눈치를 보기 시작했다. 제바스티안은 본인이 원하는 대로 조금 더 유연하게 토마스 칸토르의 직책을 수행할 수 있었고, 교회 밖의 활동에도 날개를 달은 격이다.

그 해 1736년 12월 첫날 토요일 오후 2시부터 4시까지 두 시간에 걸쳐 제바스티안은 드레스덴 프라우엔 교회에서 오르간 독주회를 했다. 그를 왕실 작곡가로 임명하고 그의 작곡 실력을 높이 인정해 준 데 대한 감사의 보답이리라. 그동안 입은 왕실의 호의와 은택을 음악으로 화답하는 건 역시 그다운 발상이다. 드레스덴의 명물인 프라우엔 교회는 삼천오백 명 이상 앉을 수 있는 크고 웅장한 건물이며, 돔 천장은 어마어마하게 커서 보는 이의 탄성을 자아낸다. 거기에 정면 제단 위에 질버만[134]이 4년이나 걸려 완성한 새 오르간이 연주회 바로 6일 전에 봉헌되었다. 비록 왕은 가톨릭으로 개종했으나 작센의 종교인 루터교를 탄압하지 않고 장려한다는 메시지를 이렇게 멋진 건축물과 화려한 오르간으로 간접적으로 표현한 걸 보면 역시 드레스덴은 문화적으로 앞선 도시였다.

---

134. 질버만(Gottfried Silbermann, 1683-1753)은 건반악기 제작자로, 특별히 작센 궁정의 오르간 제작자로 유명하다. 바흐는 1736년 드레스덴에서 질버만이 새로 제작한 오르간에서 연주회를 하였고, 1746년 질버만과 함께 나움부르크 오르간을 검사했으며, 1747년에는 프리드리히 대왕의 궁전에서 질버만의 피아노를 연주한 바 있다.

아버지의 1736년 12월 프라우엔 교회 오르간 독주회는 정말 멋졌다고 프리데만을 통해 들었다. 러시아 대사인 카이저링크 백작을 비롯한 고관대작들이 줄지어 참석했고, 많은 청중과 예술가들이 아버지의 오르간 연주를 듣기 위해 모였다. 3개의 손건반과 페달에 43개의 다양한 음색을 가진 프라우엔 교회의 질버만 오르간은 무겁고 강렬하기보다는 부드럽고 은빛 나는 청량한 소리가 특징이란다. 물론 오르간을 주문한 드레스덴 궁정의 취향에 부합하는 악기가 아버지의 음악에 최적이라고 말하긴 어렵지만 노련한 오르간 연주자이니 이 악기의 최대치를 끌어내 충분히 청중과 교감했을 것이다. 솔직히 다른 악기나 노래 없이 오르간만으로 두 시간 분량의 독주회를 혼자 하는 건 매우 예외적인 경우다. 아버지는 질버만 오르간이 낼 수 있는 다양한 음색을 여러 코랄전주곡에서 충분히 들려주었을 터이고, 시작인 전주곡과 마지막 푸가에선 가장 크고 웅장한 소리로 그의 멋지고 화려한 기량을 아낌없이 펼쳤을 것이다. 아마도 1733년 드레스덴 왕실에 헌정한 키리에와 글로리아 두 악장과 맥락상 비슷한 오르간 미사인 〈클라비어 위붕 제3권〉을 포함해 연주한 건 루터교회인 프라우엔 교회와 어울리는 선택이었다. 영성과 신학엔 별 관심 없는 궁정 사람들에게 곡이 내포하고 있는 심오한 의미가 전해졌는지는 알 수 없지만 말이다. 하지만 이 오르간 독주회에서 아버지는 타의 추종을 불허하는 자신만의 오르간 연주 능력을 통해 드레스덴 궁정 작곡가로서 자신의 음악을 청중에게 각인시켰다. 그의 경이로운 오르간 연주와 다채롭고 깊이 있는 음악은 듣는 이들을 각자 다른 새로운 차원의 세계로 이끌었을 것이기 때문이다.

계속되는 교장 에르네스티와의 분쟁

에르네스티 교장과 제바스티안 사이에 벌어진 '조교 전쟁'은 1736년
여름부터 시작해 다음 해 말까지 지속되었다. 제바스티안은 오만한 교장에
게 자신의 영역이 침범당하는 것을 그냥 두고 볼 수 없었다. 지금까지 창작
과 연주에 있어서 이렇게 지독한 방해를 받은 적이 없었던 제바스티안은
인내심을 잃어가고 있었고, 가족들은 힘들어하는 그를 지켜보며 덩달아 교
장을 성토하기 바빴다.

"막달레나, 조교 문제로 이렇게 요란하고 길게 시끄러울 수 있어요?"
"글쎄 말이야. 카타리나. 아무리 에르네스티 교장이 서열상 높아도 전문
　　분야라는 게 있잖아. 이건 엄연히 음악 분야의 권한인데 멋대로 끼어
　　들면 어떻게 하냐고."
"그쪽에선 도리어 교장 허락 없이 아버지가 지켜야 할 규칙을 마음대로 어
　　겼다고 문제 삼고 있어요. 수석 조교로서 고트프리트 크라우제가 말
　　안 듣는 저학년 학생 하나 혼내준 게 별 큰일도 아닌데 말이에요."
"알아. 그 매 맞은 학생이 교장에게 달려가 너무 심한 벌을 받았다고 불평

한 번 했다고 모든 학생 앞에서 수석 조교에게 매 맞는 벌을 내리다니 교장이 제정신이야?"

"그런데 크라우제가 교장이 정한 매도 안 맞고 도망가자 바로 해고해 버린 거죠."

"해고 후 바로 교장이 제멋대로 뽑은 수석 조교가 요한 고트롭 크라우제야."

"하필이면 또 크라우제야! 교장은 아무나 팔만 휘두르면 지휘가 되는 줄 알아요. 요한 크라우제는 박자가 바뀌는지, 조성이 바뀌는지 아무것도 몰라 도저히 어려운 곡을 지휘하고 이끌 능력이 없는 엉터리거든요."

"그런데도 교장은 요한 크라우제를 수석 조교로 임명하라고 강요 했어."

"오죽하면 아버지가 요한 크라우제는 낭비벽에 빚까지 있는 평판이 나쁜 학생이고 음악적인 능력이 심히 부족하다고 시의회에 편지[135]로 불평을 토로하겠어요."

"교장은 자기뿐 아니라 학교 감독이자 시장 중 한 명인 슈티그리츠[136]를 끌어들여 둘의 공통된 의견이니 칸토르는 불평을 멈추고 상관들에게 복종하고 경의를 표하래."

"기가 막히네요. 거기다가 아버지의 의견이 편견이라고 몰아붙였다면서요?"

"전문가의 의견이 편견이면 도대체 누구 말을 듣겠다는 거야?"

"결국에는 아버지가 추천하는 퀴틀러[137]와 에르네스티 교장이 미는 요한

---

135. David & Mendel ed. *The New Bach Reader*, 175-6.

136. 슈티그리츠(Christian Ludwig Stieglitz, 1677-1758)는 변호사 출신의 라이프치히 시장 중 한 명으로 제바스티안과 지속적인 불편한 관계를 유지했다.

137. 퀴틀러(Samuel Küttler)는 바흐의 추천으로 교장이 추천한 크라우제와 경쟁한 인물이다.

크라우제 둘이 수석 조교 자리를 놓고 겨루는 게 아니라 아버지와 교장의 싸움이 된 거죠."

"사실 교장은 젊고 신학을 전공한 사람이라 글도 잘 쓰고 논리가 정연해 결코 만만한 상대가 아니잖아."

"물론이죠. 시의회에 보낸 답변서가 엄청나게 길고 현학적이래요. 거기다 직책상 상관이니 아버지가 얼마나 힘드셨겠어요."

"오죽하면 그이가 그렇게 좋아하는 콜레기움 무지쿰 감독 자리를 잠시 내려놓겠다고 하겠어."

"아무리 서로 앙숙이라 해도 넘지 말아야 할 선은 지켜야 하는데 말이에요."

"글쎄 말이야. 작년 여름부터 올해 말까지 정말 눈만 뜨면 이 지겨운 분쟁에서 헤어나질 못하네."

"올해 초에 아버지가 시의회에 보낸 더욱 강력한 진정서 기억나요?"

"그럼. 칸토르의 권위를 보장하고, 교장의 과도한 간섭과 방해를 막아달라고 호소했지."

"교장이 학생들을 몽둥이로 다스리면서 크라우제가 아닌 다른 조교가 지휘하면 노래도 하지 말라고 했다면서요?"

"예배가 장난이야? 어떻게 신학자가 그런 명령을 할 수 있어?"

"교장은 거기서 끝나지 않고 다음엔 예배 시간에 공공연히 학생들에게 아버지의 말에 복종하지 말라고 했다잖아요."

"지금까지 자존심 하나만으로 버텨온 사람에게 그런 모욕을 주다니 정말 너무해."

"여기 라이프치히 시의회는 이런 분쟁엔 관심도 없어요. 결국 아버지가 기댈 곳은 드레스덴의 왕실밖에 없어요."

"다행히 1737년 12월 왕실에서 온 문서 덕에 그이뿐 아니라 우리 모두 어깨 좀 펼 수 있었지."

"여기 처음 임명되었을 때 계시던 요한 하인리히 에르네스티 교장(주 96참고)은 우리와 정말 사이가 좋았는데 이 젊은 에르네스티(주 132 참고) 교장은 도대체 우리한테 왜 이렇게 까칠하게 구는 거예요?"

"그이가 그러는데 이 젊은 에르네스티 교장은 일단 음악에 너무 무식하고 자기가 모르는 건 가치가 없다고 생각하는 오만하기 그지없는 사람이래."

"그래도 처음 부임했을 때는 그런대로 잘 지냈잖아요. 교장 취임 기념으로 칸타타까지 써서 연주해 주니 무척 좋아했는데."

"그때뿐이야. 이 젊은 에르네스티 교장은 학생들이 악기 연습하는 것만봐도 대놓고 야단치고 무시한다니 그게 말이 되는 거야?"

"그는 음악을 싫어하고 아버지를 증오해요. 음악교육으로 최고였던 성 토마스 학교의 명성은 다 어디 가고 점점 빈 껍데기만 남네요."

"그러게. 입학 때부터 음악에 재능이 있는 어린 학생들을 뽑아야 하는데 다른 공부 능력 위주로 뽑으면 칸토르가 학생의 목소리나 음악적 재주를 만들 수는 없잖아."

"교장은 신학과 인문학만 중요하고 음악은 아무 데에도 쓸모없는 것으로 여겨요."

"음악의 아름다움과 즐거움을 모르는 사람인데 어쩌겠어."

그러나 길고 치열했던 '조교 전쟁'의 원인을 에르네스티 교장 측에서만 찾는 건 사실 공평하지 않다. 제바스티안 역시 교장에게 보고해야 하는 규칙을 지키지 않았고, 교회 안에서 교장이 임명한 조교를 쫓아다니느라 두 번이나 소동을 피웠다. 반항적인 기질을 타고난 그는 찬송가나 부르는 결혼식은 자기 품위를 떨어뜨리는 일이라며 소홀히 한 게 사실이다. 거기다가 훨씬 연장자인 제바스티안의 직선적인 표현과 도전에 교장은 더 화가 나 급기야 인신공격까지 마다하지 않았다. 결국 시의회와 교회 법정, 심지어 왕에게까지 제출한 진정서에 다행히 1737년 12월 17일 왕이 에르네스티 교장에게 불리하게끔 라이프치히 교회 법정으로 명령조의 문서[138]를 하달했다. 당시엔 이 싸움의 승자가 제바스티안인 것처럼 보였다. 비록 나이는 22살이나 어리지만 교장은 직급상 그의 상관이란 사실을 잊은 채 말이다. 결국 이 둘의 관계는 계속 악화 일로를 거듭하면서 교장은 교장대로 음악을 증오하고, 제바스티안은 여전히 교장의 권위를 무시하면서 학교 일에 비협조적으로 일관하다 보니 둘은 영원한 앙숙으로 지낼 수밖에 없었다.

---

138. 138. David & Mendel ed. *The New Bach Reader*, 195-6.

요한 아돌프 샤이베 : 날 선 비평과 미움

'살인하지 말라' _ 출애굽기 20:14

샤이베[139]와 살인이 도대체 무슨 연관이라도 있긴 한가? 하지만 살인의 본질이 무엇인지 곰곰이 생각해 보면 가닥이 잡히기 시작한다. 어떤 사람을 미워하고, 분노하면 그 마음 깊은 구석에 살인의 싹이 트고 자란다. 가인의 후예인 인간은 타인의 생명에 무감각하고, 한 생명의 가치를 제대로 인정하지 못한다. 성경에서 '형제를 미워하는 자마다 살인하는 자'(요한 일서 3:15)라 했다. 그렇다면 누군가를 비난하고, 무시하고 경멸하는 게 살인의 시작이 된다. 결국 '살인하지 말라'는 계명은 혼자서만 잘 살겠다는 욕심을 버리고, 순리대로, 서로 북돋우며, 함께 잘 살라는 명령으로 이해하면 될 것 같다.[140] 하나님이 인간을 사랑해 살인하지 말라고 명하셨다면 말이다. 샤이베는 구체적이고 신랄한 비평을 통해 비평가인 자신을 드러내면서 속에 쌓여있던 제바스티안에 대한 미움과 분노를 분출했다. 나름 지식인인

---

139. 샤이베(Johann Adolph Scheibe, 1708-1776)는 오르간 제작자 요한 샤이베의 아들로 라이프치히에서 태어나고 교육받았다. 1736년 함부르크로 거처 옮긴 후 작곡가 겸 음악 비평가로서 근대 음악 비평의 선구자로 활동하였다, 1740년부터 1747년까지 덴마크 궁정의 카펠마이스터로 활동하였고 그 후 존더보르그에서 여생을 마쳤다.

140. 김기석, 『오래된 새 길』, 51.

샤이베가 제바스티안을 한낮 구태의연한 음악가로 몰아세우며 독 묻은 칼 날을 휘두르는 진짜 이유가 궁금해졌다.

라이프치히에서 태어나 성장한 샤이베는 성 토마스 학교에 다니면서 제바스티안에게 직접 음악 수업을 받았고, 칸타타 연주에도 참여했다. 그는 라이프치히 대학에 진학해 법률을 전공하다가 중단했다. 그는 1729년 성 니콜라이 교회 오르가니스트 뽑는 오디션에 지원했다가 실패한 이후 심사위원이었던 제바스티안에게 앙심을 품기 시작했다. 니콜라이 교회 오르가니스트였던 괴르너(주 78 참고)가 성 토마스 교회로 자리를 옮기면서 생긴 그 자리는 제바스티안의 다른 제자인 슈나이더가 차지했다. 제바스티안은 그 후 다른 곳에 자리가 비면 샤이베에게 친절하게 정보를 알려주었으나 그의 빈약한 오르간 연주 실력으로는 어떤 오디션에도 합격하기 힘들었다. 하지만 샤이베는 이 모든 결과가 제바스티안이 자기를 인정해 주지 않아서라고 여긴 모양이다. 1736년 함부르크로 거처를 옮긴 샤이베는 자신이 창간한 잡지 〈음악 비평(Critischer Musikus)〉에 제바스티안을 비판하는 글을 1737년과 1739년 두 번이나 싣고 이를 출판했다. 사실 이 글은 꼼꼼하게 조목조목 따진 양식 비평으로 제바스티안 입장에서는 목의 가시처럼 심기가 매우 불편했을 터이다. 하지만 후대 우리에겐 당시 상황과 양측의 입장을 구체적으로 알 수 있는 소중한 자료이기도 하다.

샤이베는 1737년 제바스티안의 이름을 밝히지는 않은 채 그의 비범한 건반 연주 능력을 칭찬하면서 여러 차례 그의 연주를 직접 들었다고 썼다. 내용을 의역해 간추리면 다음과 같다. "만약 그(바흐)의 음악이 조금만 더 친숙하고, 복잡하고 혼란스러운 대신 자연스럽다면, 또 지나친 기교(대위법)로 아름다움을 감소시키지 않는다면 그는 모든 나라의 경탄을 받을 수 있을 것이다. 그는 성악가와 기악 연주자들에게 본인이 건반에서 할 수 있는 고도의 기교를 똑같이 요구하므로 그의 모든 곡이 지나치게 연주하기 어렵다. 또 과도한 장식음들이 화성의 아름다움을 가리고 선율을 모호하게 한다. 또한 모든 성부를 똑같이 어렵게 만들어 어느 하나도 주선율로 들리지 않는다. 결국 연주는 고된 노동과 엄청난 노력의 결과이지만 그것은 헛되이 자연을 거스르고 있다."[141]라고 썼다. 이런 샤이베의 비평은 텔레만과 헨델이 환영받던 당시 함부르크의 음악 취향을 그대로 반영한 것으로서 제바스티안의 음악에 상당히 냉정한 잣대를 들이댔다.

제바스티안은 샤이베의 공격에 직접 해명하지 않고 비른바움[142] 교수를 대리인으로 세웠다. 비른바움은 1738년 제바스티안과 상의하에 수사학 교수답게 길고 장황한 반박의 글을 준비했다. "위대한 궁정 작곡가이고 건반악기의 비르투오소인 바흐를 일개 평범한 음악가에 대한 호칭인 무지칸트(Musicant)로 부를 수 없다. (중략) 바흐는 단순히 주어진 악보를 연주하는 음악가나 재주 있는 예술가 이상의 대우를 받아 마땅하다. 외국에서 가장 위대한 헨델만이 바흐와 겨룰 수 있지 다른 어떤 자도 바흐와 동급이 될 수 없다. 샤이베는 친숙함을 잘못 이해하고 있다. 음악은 그저 들어서 유쾌한 소리 그 이상이다. 과장되었다는 표현 역시 무분별한 비난이며 바흐의 장식음들은 모두 적절하다. 혼란스러운 양식이란 정확히 대위법과 반대되는 개념이다. 샤이베가 들은 것은 아마도 혼란스러운 연주일 것이다. 기교(대위법)적인 음악은 절대 자연스러움을 망치지 않으며 아름다움을 가리지도 않는다. 곡이 너무 어렵다는 것은 명확하게 극복이 가능한 문제이다. (중략) 바

---

141. David & Mendel ed. *The New Bach Reader*, 338.

142. 비른바움(Johann Abraham Birnbaum, 1702-1748)은 라이프치히 대학 수사학 교수이면서 작가로 바흐와 친밀한 관계를 유지하였다. 음악과 학문 둘 다에 상당한 열정을 가진 학자로 건반악기도 훌륭히 연주하였다. 샤이베의 비평에 대해 그는 1738년 바흐와 상의하에 긴 반박 글을 썼다.

흐는 필요에 따라 자유자재로 자신의 음악을 변화시킬 능력이 있다."[143] 제바스티안이 1739년 부활절 무렵 이 반박 내용을 200부나 인쇄하여 라이프치히에 뿌린 걸 보면 그의 적극적인 방어 의지를 알 수 있다. 비른바움 외에 제바스티안의 제자 미츨러[144] 역시 샤이베를 반박하는 글을 썼고, 자신의 잡지에 비른바움의 글을 실어 샤이베를 압박했다.

두 진영의 공방은 여기서 끝나지 않았다. 샤이베는 1739년 함부르크에서 다시 풍자적인 가명 편지를 자신의 잡지에 실어 공격의 수위를 더 높였다. "그는 학문적인 것에 관심 없고 음악에 관한 서적은 읽지 않으며, 자신의 예술에 관해 충분히 잘 알고 있으니 악기 발명이나 하는 게 더 어울린다. 그는 편지 쓰는 것도 제대로 배운 적이 없어 친구로 대신 쓰게 하며, 스스로 가장 위대한 예술가로 확신하면서 자신의 음악에 대위법적 기교를 적용할 때 가장 행복해한다. 즉각적이고 쉽게 기억되는 단조로운 노래가 무슨 가치가 있냐며 다른 이들이 그를 비평하면 그와 추종자들이 반대편을 매섭게 질타한다."[145] 이제 점점 비방의 수위가 높아지면서 샤이베는 학자로서의 선을 넘었고, 서로 자존심에 상처를 내는 지경에 이르렀다. 그렇다고 샤이베가 제바스티안을 비난하기만 한 건 아니었다. 1737년 다른 글에서는 독일 건반 음악의 탁월함을 주장하면서 그 예로 헨델과 바흐 두 명을 지목한 바 있다. 또 2년 후인 1739년에는 제바스티안의 이탈리안 콘체르토를 극찬하는 글을 발표한 것을 보면 둘 사이의 갈등이 이맘때에는 해결된 것인지 아니면 샤이베가 바흐의 건반 음악만은 비판할 수 없음을 인

---

143. David & Mendel ed. *The New Bach Reader*, 338~348.

144. 미츨러(Lorenz Christoph Mizler, 1711 -1778)는 라이프치히 대학에서 1731년부터 1734년까지 공부하는 동안 바흐의 제자였던 음악학자며 작곡가이다.

145. David & Mendel ed. *The New Bach Reader*, 350~2.

정한 건지도 모른다. 결국 샤이베의 비평 자체가 모두 틀린 말은 아니었지만 그는 몇백 년 이후까지도 바흐가 인류 최고의 음악가로 존경받으며 그의 대위법적 음악에 관한 연구가 이렇게 끊이지 않고 지속될 줄은 아마도 상상하지 못했을 것이다.

샤이베는 나와 동갑내기로 평범한 학생이었다. 그가 라이프치히 대학에 진학한 후 고트쉐트의 뒤를 따라다니느라 음악을 제대로 공부하고 연습할 시간이 없었을 게 뻔하다. 형편없는 자기의 오르간 연주 실력은 생각지 않고 마치 아버지가 자기를 미워해서 오디션에서 고의로 떨어뜨린 것인 양 그는 떠들고 다녔다. 그러던 그가 1736년에 함부르크로 거처를 옮긴 후 거기서 잡지를 창간하고는 비평가로 등단했다. 과거 성 토마스 학교 제자였던 샤이베의 냉정한 비판과 도전은 아버지의 자존심에 큰 상처를 준 게 분명하다. 곡을 쓰느라 골몰할 시간에 아버지는 계속 친구들과 제자들을 만나 어떻게 샤이베를 반박할지 상의하느라 바빴으니 말이다.

내가 볼 때 샤이베의 가장 큰 문제점은 자기의 짧은 소견이 절대적인 양 오해하는 거다. 마음 한구석에 쓴 뿌리를 가진 그가 자신의 수준에 맞는 가볍고 쉬운 음악을 선호할 수 있다고 치자. 하지만 어디 감히 아버지의 대위법적 예술을 폄하하고 그를 싸잡아 우습게 만들려 하는지 그 무식하고 용감한 태도에 놀랄 뿐이다. 우리 형제들끼리는 그를 샤이베 대신 '샤이쎄'[146]라 불렀다. 미움은 또 다른 미움을 낳다 보니 십계명의 그 어느 하나도 쉽게 지킬 수 있는 명령은 없나 보다.

---

146. 독일에서 흔히 사용하는 욕설이다.

〈클라비어 위붕 제3권〉 출판과 수난곡 연주 취소

샤이베와의 치열한 공방전을 통해 음악가는 글이 아닌 음악으로 응수해야 함을 뼈저리게 느낀 제바스티안은 1739년 9월 말 〈클라비어 위붕 제3권〉을 출판하면서 이를 몸소 증명했다. 이 곡집은 지금까지 출판된 다른 클라비어 위붕과 달리 오르간을 위한 것이며, 그 안에 교리문답과 다른 찬송가들에 기반한 다양한 코랄전주곡들이 수록되어 있다. 교리문답은 마르틴 루터가 문답식으로 만든 일련의 신앙 규범이다. 이 6개의 교리문답 찬송은 루터의 종교개혁 200주년을 기념하여 특별히 여기에 포함된 듯하다. '십계명', '신앙고백', '주의 기도', '세례(침례)', '회개', '성만찬'은 루터의 개혁 교리의 6개의 기둥으로 당시 거의 모든 찬송가에 수록되어 있었다. 제바스티안은 이 익숙한 찬송을 샤이베의 표현을 빌리자면 "친숙함"에서 멀긴 하지만 대신 다양한 양식을 총망라한 최고의 오르간 작품으로 탄생시켰다. '십계명'과 '주기도문'은 둘 다 찬송가 선율이 카논으로 전개되어 말이 아닌 행동으로 따르는 것을 카논 형식을 통해 직접적으로 보여주고 들려준다.

당시 제바스티안은 뛰어난 건반악기 연주자로는 확실한 명성을 얻었으나 작곡가로서는 동시대의 텔레만이나 헨델만큼 인정받지 못했다. 그럴 때 젊은 비평가 샤이베는 자신이 습득한 지식과 상식선에서 제바스티안의 음악 양식을 구식이라고 과감하게 비난했다. 전고전주의나 갈랑 양식 같은 세련되고 세세한 감정을 표현한 음악 양식이 유행하는 추세를 제바스티안도 충분히 잘 알고 있었다. 그러나 제바스티안은 자신이 수학적이고 논리적인 대위법적 음악에 특별한 관심과 재능을 타고났고, 이를 끝까지 발전시켜야 하는 사명을 타고났음을 일찍부터 감지했다. 결국 이런 공방전의 소용돌이 속에서 그가 침묵을 지키면서 친구들을 통한 간접적인 방어만 할 수는 없지 않겠는가? 제바스티안은 더 이상 우회하지 않고 정면으로 대결하기로 작정한 듯 너무 어렵고 대위법적이라는 샤이베의 비난에 대해 제바스티안은 극한의 난이도와 더 복잡한 대위법으로 맞선다. 자신이 추구하는 음악적인 고집을 굽힐 의사가 전혀 없음을 이번 출판을 통해 그는 확실하게 천명했다. 제바스티안은 애당초 세속적인 계몽주의로 포장된 가볍고 접근하기 쉬운 대중예술과는 전혀 다른 목표를 추구하고 있었다.

〈클라비어 위붕 제3권〉은 제1권, 제2권과 달리 '음악 애호가들과 특별히 전문가들을 위해' 준비했다고 서두에 공표했다. 여기서 전문가란 어떤 수준을 말할까? 수학을 예로 들어보자. 그냥 문제를 푸는 수준을 넘어 이 수학 문제의 핵심과 구조를 꿰뚫는 지식과 통찰력을 가지고 문제의 난이도를 따질 능력이 있어야 한다. 한 수 더 떠 이런 문제를 만들 수 있어야 그 분야의 전문가라 부를 수 있다. 음악도 마찬가지다.

이 곡집이 출판된 1739년에서 200년 전인 1539년 마르틴 루터는 종교개혁을 추진하면서 라이프치히를 방문해 설교한 적이 있다. 그는 거기서 삼위일체와 교리문답을 강조한 바 있다. 제바스티안은 루터를 존경하는 마음을 듬뿍 담아 〈클라비어 위붕 제3권〉에 이 두 가지 주제를 담았다. 이 곡집의 첫 곡인 전주곡과 마지막 곡인 푸가는 조성과 형식 등에서 숫자 3을 통해 삼위일체의 상징적인 의미를 전달하고자 하여 플랫이 3개 붙은 E♭장조를 선택했다. 곡의 구성도 세 부분으로 나누어 각기 성부, 성자, 성령을 상징적으로 나타낸다. 여기에 독일어로 된 키리에[147] 6곡과 글로리아[148] 3곡, 6개의 교리문답 찬송이 두 곡씩 있어 총 12곡, 거기에 4곡의 듀엣, 전주곡과 푸가를 포함하면 모두 27곡이 된다. 이 또한 숫자 3을 세 번 곱한 수로 의미심장하다.

절기와 상관없이 매 주일 예배 때 부르는 키리에, 글로리아와 주중에 항상 부르는 교리문답 찬송을 통해 제바스티안은 그 가사의 내용에 부합하는 오르간 음악을 통해 자신만의 개인적이고 독창적인 해석을 제시했다. 교리문답의 첫 찬송인 '십계명'[149]의 가사를 요약하면 "하나님을 사랑하고, 네 이웃을 네 몸과 같이 사랑하라"는 내용이다. '십계명'의 왼손 두 성부가 코랄 선율을 카논으로 연주하는 동안 오른손은 자유롭게 전개된다. 제바스티안은 '한숨' 모티브[150]를 오른손에 두루 썼다. 정말 사랑할 수 없는 사

---

147. 〈클라비어 위붕 제3권〉의 키리에는 세 부분으로 나뉘어 삼위일체를 상징한다. 첫 부분은 "영원한 하나님 아버지, 우리를 불쌍히 여기소서(Kyrie, Gott Vater in Ewigkeit, BWV 669, 672)"로 성부 하나님을 노래한다. 성자인 그리스도를 상징하는 중간 부분은 "온 세상의 위로자인 그리스도(Christe, aller Welt Trost, BWV 670, 673)"이고, 마지막 "주 성령이여, 불쌍히 여기소서(Kyrie, Gott heiliger Geist, BWV 671, 674)"는 성령을 상징한다.

148. 영광송인 글로리아는 "높이 계신 하나님께 영광"(Allein Gott in der Höh sei Ehr, BWV 675, 676, 677)세 곡이다. 일반적으로 천사들의 합창으로 BWV 676은 트리오 양식으로 작곡되었다.

149. 교리문답의 첫 찬송인 십계명은 "이는 거룩한 십계명이니(Dies sind die heiligen zehen Gebot)"이다. 큰 곡(BWV 678)과 작은 곡(BWV 679) 두 개로 짝지어져 있으며, 큰 곡들은 페달이 필수로 포함되어 있는데 본문에서 지칭하는 곡은 큰 곡인 BWV 678이다. BWV 679는 푸게타로 주제가 10번 제시되어 숫자 10과 십계명을 연관시키려 하였다.

150. '한숨' 모티브는 하행하는 두 개의 음에 이음줄을 연결해 두 번째 음을 짧게 연주하여 마치 한숨을 쉬는 것처럼 힘든 상태를 음악적으로 표현한다.

람들까지 사랑하라는 하나님의 지엄하신 명령에 한숨부터 나오는 것일까? 하나님의 도움 없이 나약한 인간의 힘만으로 계명을 따르는 게 얼마나 어려운지 이 곡은 절실히 느끼게 해준다. 두 번째 찬송인 '신앙고백'[151]에서는 강력한 페달이 발걸음을 떼놓는 것 같은 모티브로 지속적이고 굳건한 기독교인들의 신앙의 발자취를 표현한다. 세 번째 '주의 기도'[152]는 전체에서 가장 어렵고 복잡한 곡으로서 예수님의 기도가 얼마나 힘들었는지 이 곡을 연주하는 사람들이 직접 경험하게 해준다. 주님의 고난을 암시하는 롬바르드 리듬은 아버지를 부르는 것인지, 십자가를 지고 가는 발걸음인지 알 수 없으나 계속 등장한다. 네 번째 곡은 요단강에서 '세례' 받는 예수님을 노래하는 곡[153]으로 왼손에 물결 같은 빠른 음형이 나오고 오른손에서는 십자가 모티브가 두 성부에서 모방하면서 들린다. 거기에 더해지는 페달로 연주되는 테너 음역의 코랄 선율은 요단강에 온 예수님을 중심인물로 강조한다. 다섯 번째 '회개' 찬송[154]은 6성부로 된 엄격한 코랄푸가로 제일 낮은 두 성부는 이중 페달로 연주된다. 뒤로 갈수록 기쁨의 모티브(♩♫)가 증가하면서 회개를 통해서만 하나님의 용서와 구원의 기쁨을 얻음을 의미한다. 마지막 '성찬' 찬송[155]은 트리오 형식으로 10도의 넓은 음정에서 시작

---

151. 신앙고백(Credo)의 가사는 "우리는 한 분이신 하나님을 믿습니다(Wir glauben all an einen Gott)"로 시작한다. 십계명처럼 페달이 포함된 큰 곡(BWV 680)과 작은 곡(BWV 681) 두 곡이다.

152. 주의 기도 "하늘에 계신 우리 아버지(Vater unser in Himmelreich)" 역시 두 곡(BWV 682, 683)이다.

153. 세례(침례) 찬송은 "우리 주, 그리스도, 요단 강가에 오셨다(Christ, unser Herr, zum Jordan kamm)"로 시작하며 역시 두 곡(BWV 684, 685)이다.

154. 회개 찬송 "깊은 절망에서부터 당신께 부르짖나이다(Aus tiefer Not schrei ich zu dir)"로 두 곡(BWV 686, 687) 중 본문에서 언급한 곡은 이중 페달로 연주하는 6성부인 BWV 686이다.

155. 교리문답의 마지막 "예수 그리스도, 우리의 구원자(Jesus Christus, unser Heiland)"는 성찬에 관한 찬송으로 BWV 688, 689 두 곡 중 BWV 688이 본문에서 설명하는 곡이다.

해 점점 좁아지는데 이는 하나님과 인간 사이의 간격이 성찬을 통해 점점 가까워지는 광경을 묘사한다. 반면 페달이 연주하는 선율은 중간에서 구원을 향한 중재자 역할을 하시는 예수님을 나타낸다.

6개의 교리문답 코랄을 포함해 코랄들을 큰 곡과 작은 곡으로 구분한 것은 마르틴 루터가 교리를 대교리문답과 소교리문답으로 구분한 데 영향을 받은 듯하다. 또한 바흐가 페달을 포함하는 어렵고 큰 곡과 손만으로 연주할 수 있는 쉽고 작은 곡을 구분하여 작곡한 것은 "음악 애호가들과 특히 전문가들에게 영혼의 즐거움을 주기 위해"라고 책의 표지에 쓴 것처럼 전문가와 아마추어 모두를 염두에 둔 악보를 출판하기 위해서이리라.

〈클라비어 위붕 제3권〉은 루터교 찬송가인 코랄에 기본을 둔 오르간곡이라 신학적인 개념이나 신앙과 연관시켜도 큰 무리가 없다. 그러나 막상 이렇게 심오하고 어려운 곡들을 실제 예배에서 연주하려고 썼는지는 확실치 않다. 특별히 페달을 사용하는 큰 곡들은 너무 길어서 회중 찬송의 전주로 적절하지 않다. 신앙인으로서의 제바스티안만큼 중요한 게 사실은 연주자이자 작곡가인 그의 면모이다. 〈클라비어 위붕 제3권〉에 수록된 페달이 포함된 큰 곡들은 길이와 구조상 전형적인 오르간 독주회용 프로그램이다. 오르간의 가장 크고 웅장한 소리로 시작과 끝에 전주곡과 푸가를 양 끝에 두고, 사이에 다양한 곡들을 다채로운 오르간의 소리로 들려준다. 또한 가능한 모든 대위법적 기교와 표현을 총동원하여 신학적이고 철학적인 메시지를 전하면서 그 안에 코랄을 삽입한 것은 매우 현명한 선택이다. 청중에겐 어려운 음악 사이로 익숙한 코랄 선율이 중간에 여기저기서 들린다면 그나마 잡을 동아줄이 있는 셈이니 말이다. 〈클라비어 위붕 제3권〉에 담긴 곡들은 진지하고 어렵지만 동시에 매우 독창적이며 심오한 아름다움을 지녀 오르간 음악의 진수를 담고 있는 기념비적인 작품집이다.

아버지의 전임자인 쿠나우 씨가 1721년 성금요일 저녁 베스퍼스 예배 때 수난곡을 연주하면서 이것이 라이프치히시의 새로운 전통이 되어버렸다. 아버지 역시 지난 15년간 가장 진중하고 훌륭한 수난곡들을 연주하여 듣는 이들의 심금을 울려 왔다. 그런데 시의회가 무슨 생각을 한 것인지 1739년 3월 아버지에게 계획된 수난곡 연주를 취소하라는 명령을 내렸다. 제바스티안은 황당한 이 명령에 말 한마디 하지 못하고 어안이 벙벙해졌다. 그 해 성금요일 연주로 〈요한수난곡〉을 올리기 위해 개작에 열을 올리고 있었던 아버지는 치밀어 오르는 화를 어쩌지 못해 수정 작업 중이던 악보 더미를 책상에서 다 치워버렸다. 제바스티안의 〈요한수난곡〉을 둘러싼 논쟁은 1724년 초연된 이후 끊이질 않았다. 이미 여러 번 수정을 거쳐 〈요한수난곡〉을 연주해 왔는데 이제 갑자기 연주를 취소하라니 기가 막힐 뿐이다. 안 그래도 시의회와 성 토마스 학교 교장에게 오만 정이 다 떨어진 아버지에게 이번 사건은 돌이킬 수 없는 치명타가 되었다. 음악이 아닌 신학적인 이유를 대면서 트집 잡는 것도 분수가 있지 이들의 무리한 요구와 강요는 늘 도를 넘었다.

슬프게도 아버지의 육체는 예전과 다름없이 같은 자리에서 칸토르 직을 수행하고 있지만 그의 영혼은 그곳을 떠나 어딘지 모르는 곳을 방황했다. 최고의 교회음악으로 하나님께 영광 돌리겠다는 불타는 열정으로 시작한 아버지가 이제는 교회에서 수행하는 크고 작은 모든 일에 허울만 그럴듯한 겉옷을 입고 있다니 너무 안타깝다. 하나님이 아버지에게 이렇게 강도 높은 갈등과 절망을 주시는 이유가 무엇일까? 신앙인으로서 당신의 그릇이 충분히 크고 단단해서인가? 아니면 이런 혹독한 훈련을 거쳐야만 아버지의 예술이 완성되기 때문일까?

요한 엘리아스 바흐 : 비서 겸 가정교사

라이프치히에 정착한 지 18년이 되다 보니 그동안 여러 친척이 제바스 티안 집에 와 신세를 졌다. 학생으로 성 토마스 학교나 라이프치히 대학에 다니면서 비싼 하숙비도 내지 않고 관사인 칸토르의 집에 기거할 수 있고, 거기다가 최고의 음악가이자 선생인 제바스티안 밑에서 음악을 공부하며 수련까지 하는데 이걸 놓칠 친지가 있겠는가. 그의 일가친척은 물론 막달 레나의 친척까지 앞다투어 서로 아들을 라이프치히로 보내려고 했다. 하지 만 점점 식구가 많아지다 보니 예전처럼 제바스티안의 제자를 여러 명 집 에서 재워주며 가르치는 게 쉽지 않았다. 물론 숙식을 제공받는 그들은 제 바스티안의 일을 도와줘야 하는 조건이 있긴 했다. 라이프치히로 이사 온 초기에는 매주 새로운 칸타타를 예배에서 연주하기 위해 사보를 전담하는 조수가 두 명 필요했다. 시의회에서 따온 조수 인건비로 제바스티안은 전 임자의 조카인 요한 안드레아스 쿠나우를 고용했다. 그는 깔끔하게 사보하 는 일을 잘했는데 일 년도 안 된 그를 밀어내고 들어온 사람이 바로 오르드

루프에 살던 조카 요한 하인리히[156]였다. 약간 둔하고 느린 요한 하인리히
는 종종 엉뚱한 파트를 사보하곤 해 일분일초가 급해 서두르는 제바스티
안을 곤란하게 만들었다. 하긴 열 살에 고아가 된 그를 맡아준 큰형이나 형
수님의 부탁을 거절할 제바스티안이 아니지만 큰집 식구 뒷바라지는 벌써
두 번째이다. 요한 하인리히의 형인 요한 베른하르트[157] 또한 바이마르 시
절인 1715년부터 시작하여 1717년엔 쾨텐까지 따라오면서 제바스티안 집
에 머물렀다. 1729년에는 막달레나의 조카인 크리스티안 프리드리히 마이
스너가 바이센펠스에서 왔다. 하지만 그 많은 친척 중에서 가장 기억에 남
고 제바스티안에게 큰 도움을 준 사람은 바로 요한 엘리아스 바흐[158]였다.
비서 겸 자녀들의 가정교사로 큰 역할을 톡톡히 해낸 엘리아스가 남긴 여
러 통의 편지[159]들은 제바스티안 가정 내에서 일어난 일들을 세세하게 짐작
할 수 있게 해주는 흔치 않은 자료이다. 엘리아스는 카타리나보다 세 살 많
은 육촌오빠였으니 한지붕 아래 살면서 나눈 대화들을 상상해 본다.

---

156. 요한 하인리히 바흐(Johann Heinrich Bach, 1707-83)는 바흐의 큰 형인 요한 크리스토프
    (Johann Christoph Bach, 1671-1721)의 둘째 아들로 고향 오르드루프에 있다가 1724년 라이
    프치히로 옮겨 삼촌 집에서 기거하면서 성 토마스 학교에 다녔다. 초기 필사가로 바흐의 일
    을 돕기도 했다.

157. 요한 베른하르트 바흐(Johann Bernhard Bach, 1700-1743)는 요한 세바스티안의 큰 형인
    요한 크리스토프의 맏아들이다. 15세에 바이마르로 와서 제바스티안과 3년 정도 공부하고
    1721년 아버지의 뒤를 이어 오르드루프의 성 미카엘교회 오르가니스트로 일했다.

158. 요한 엘리아스 바흐(Johann Elias Bach, 1705-55)는 요한 세바스티안의 사촌인 요한 발렌틴
    바흐(1669-1720)의 둘째 아들로 1728년부터 1730년까지 예나대학에서 공부하다가 포기하
    고 고향인 슈바인푸르트로 돌아왔다. 그 후 1737년 10월부터 1742년 10월까지 5년간 바흐
    집에 머물면서 아이들의 가정교사 겸 바흐의 개인 비서 노릇을 하면서 쓴 편지들이 남아 있
    다.

159. David & Mendel ed. *The New Bach Reader*, 204-6, 208-9, 212-3, 216.

"엘리아스, 우리 집에 머문 게 벌써 3년째인데 마치 석 달처럼 느껴져요."

"그래, 카타리나. 매일 일정이 빡빡하게 돌아가다 보니 세월 가는 줄도 모르겠어."

"오빠가 있어 든든해요. 그러니 아버지가 2년 반 정도 쉬던 콜레기움 감독도 작년인 1739년 10월부터 다시 맡을 용기를 낸 것 같아요."

"그렇게 생각해 주니 고맙구나. 솔직히 내가 이 집에 들어온 1737년부터 3년간 숙부가 정신없이 바쁘셨는데 도와줄 사람이 없었잖아."

"프리데만과 카를이 차례로 라이프치히를 떠난 후부터 아버지를 도울 사람이 마땅치 않았던 게 사실이죠."

"칸토르의 책임하에 있는 공적인 임무는 그대로 수행하면서 그 외에 사적인 연주와 출판 관련된 편지 등 기타 자잘하게 해결해야 할 업무가 생각보다 정말 많아."

"알죠. 아버지는 글 쓰는 걸 별로 좋아하지 않다 보니 늘 사무적인 일이 밀려요."

"이젠 내가 밀리지 않도록 잘 조정하긴 하는데, 문제는 일의 양보다 아주 미묘한 알력과 자존심 싸움이 끊이질 않아서 피곤해."

"시의회부터 시작해 젊은 교장 에르네스티와의 갈등 때문에 골치 아픈데 거기에 한 때 제자였던 샤이베까지 비평가랍시고 한몫 더하니. 참 지난 몇 해가 어찌 지났는지 나도 모르겠어요."

"글쎄 말이다, 오죽하면 숙부가 콜레기움을 게를라흐[160]에게 맡기면서 활

---

160. 게를라흐(Carl Gotthelf Gerlach, 1704-61)는 성 토마스 학교에 다니면서 쿠나우, 바흐와 공부하였다. 1727년에 라이프치히 대학에 등록하고 1729년부터 새 교회 오르가니스트로 임명되었다. 텔레만이 콜레기움을 창립했을 때부터 새 교회 오르가니스트가 콜레기움 지휘자로 활약했다. 하지만 바흐가 1729년 콜레기움을 맡은 이후엔 게를라흐가 바흐가 쉬는 사이(1737-1739)에 지휘를 맡았다.

동을 쉬겠다고 하셨겠어."

"맞아요. 콜레기움은 아버지에게 일터가 아닌 활력소였는데."

"그동안 숙부가 이끄는 콜레기움에서 최신 유행하는 다양한 콘체르토를
듣지 못하는 게 못내 아쉬웠는데."

"이제 아버지가 다시 지휘봉을 잡았으니 실컷 들으세요."

"가끔 숙부가 직접 쳄발로에 앉아 연주한 것이 난 제일 기억에 남아."

"난 프리데만과 카를이 함께 연주했을 때 제일 좋았는데. 그런데 본인 신
학 공부하랴, 아버지 일 도우랴, 고트프리트 하인리히[161]까지 가르치느
라 힘들겠어요. 걘 잘 따라와요?"

"말이라도 고맙구나, 카타리나. 사실 고트프리트를 다루는 게 쉽지 않아."

"고트프리트가 나이보다 성숙하지 못해 막달레나가 걱정이 많아요."

"고트프리트가 숙모의 가장 아픈 손가락인 거 잘 알지. 형들은 다 진학한
성 토마스 학교에 고트프리트를 보내지 못한 게 그렇게 마음 아픈가
봐. 숙모가 낳은 맏아들이니 기대가 크겠지."

"그럼요. 잘 알고 있어요."

"그런데 숙모는 언제부터 정원과 꽃 가꾸는데 취미가 있으셨어?"

"글쎄요. 요즘 이 도시의 재력가들은 외곽에 정원 하나쯤은 갖고 있잖아
요. 막달레나와 친하게 지내는 크리스티나 지빌라 보제[162]가 외곽에 엄

---

161. 고트프리트 하인리히 바흐(Gottfried Heinrich Bach, 1724-63)는 바흐와 안나 막달레나 사이
에서 태어난 아들로 정신적인 장애가 있어 다른 형제들처럼 성 토마스 학교에 진학하지 못해
따로 요한 엘리아스에게 개인교습을 받았다. 타고난 음악적인 재능은 있었으나 다른 이유로
재능을 제대로 발전시키지 못했다고 전해진다.

162. 크리스티나 보제(Christina Sybilla Bose, 1711-49)는 금은 세공업으로 큰 부자가 된 보제 가
의 맏딸로 안나 막달레나와 가까운 이웃이며 막역한 친구로 지냈다. 그녀는 크리스티아나 도
로테아(1731-2)와 요한 크리스티안(1735-1782)까지 두 번이나 안나 막달레나 자녀들의 대
모가 되어주었고, 보제 가의 다른 자매들도 대모에 이름을 올렸다. Hübner, *Civic Pride and*

청나게 멋진 정원을 가지고 있으니 그 영향 아닐까요?"

"바로 이웃에 사는 보제 가의 맏딸 크리스티나 말이지?"

"크리스티나는 막달레나보다 열 살이나 어려요. 나보다도 몇 살 어린 아
가씨를 친구라고 부르긴 좀 그렇지만 어쨌든 그녀와 함께 자주 다니
니 당연히 보제가의 웅장한 저택은 물론 그들의 정원에 가보고 반했겠
죠."

"보제 가의 재력은 도대체 어디까지인 거야? 금은세공으로 귀족보다 부자
인 데다 예술적인 안목까지 뛰어난 상인이 바로 우리 옆에 살다니."

"크리스티나가 자기네 집에서 열리는 행사에 막달레나를 초대하는 건 물
론이고, 거기서 노래할 기회까지 주나 봐요."

"라이프치히 안에서는 별로 노래할 기회가 없었을 텐데 숙모가 정말 기뻐
하셨겠네."

"오빠가 신경 쓰지 않아도 아버지가 기회만 생기면 막달레나를 데려가요,
오르간 검사나 궁정의 다른 행사에도 가능하면 그녀를 동반하려고 애
쓰는 거 알잖아요."

"물론 알지. 숙부의 다정함을 난 도저히 따라갈 수가 없어. 지난번 힐레 씨
에게 부탁했던 홍방울새[163]도 그렇고, 폰 마이에른 씨가 보내준 카네이
션 6송이[164] 같은 선물이 다 그냥 오는 게 아니야."

"그럼요?"

"숙모의 취향을 평소에 다 귀띔해 주었으니 그런 귀한 선물이 오는 거 아

Artistic Splendour: 300th Anniversary of Bose House (Leipzig, Bach-Museum Leipzig,
2011), 14.

163. 볼프, 『요한 세바스찬 바흐 2』, 278.

164. 볼프, 위의 책, 279.

니겠어?"

"막달레나는 전생에 나라를 구했나? 무슨 복이 이리 많아?"

"지금 질투하는 거니? 카타리나?"

"그만 하세요. 시집 못 간 저만 초라해지네요."

"알면 다행이고. 너도 알다시피 라이프치히는 꽃값이 너무 비싸서 고향 부
    모님께 편지해 그곳에서 꽃을 공수해달라고 하려는 참이거든. 무슨 꽃
    이 좋을까?"

"하여튼 오빠 오지랖은 여전하네요. 막달레나는 밝은 노란색 계통의 카네
    이션을 좋아해요."

"그렇구나. 그러면 꽃 좋아하는 숙모께는 노란색 카네이션을 드리고, 알코
    올 좋아하시는 숙부에겐 역시 효모균과 함께 증류한 브랜디[165]가 좋을
    듯하네."

"고마운 건 우린데 왜 오빠가 선물까지 해요?"

"무슨 소리. 내가 숙부께 얼마나 많이 배우고 있는데. 그리고 사람 사는 게
    서로 오고 가는 정이 있어야지. 카타리나, 넌 뭐 갖고 싶은 거 없니?"

"전 필요한 게 없네요."

개인 비서로서 제바스티안을 위해 많은 편지를 대신 쓴 엘리아스는 기
록을 위해 그들을 꼼꼼하게 복사해 철해 두었으나 현재 남아 있는 자료는
일부분에 불과하다. 그의 편지들을 통해 얻을 수 있는 정보들은 제바스티
안의 여행과 출판 계획, 악보 대여 등 다양하다. 이런 공적인 일정 말고 개
인적인 내용도 있는데, 제바스티안이 부인 안나 막달레나를 위해 어떤 세

---

165. David & Mendel ed. *The New Bach Reader*, 199.

심한 배려를 했는지 이 편지들이 없었다면 아마 알 수 없었으리라. 전문적인 훈련을 받아 노래를 잘하는 홍방울새, 무척 아름다운 노란색 카네이션은 지금 들어도 희귀하고 값진 선물들인데 엘리아스의 편지에 아무렇지도 않게 불쑥 등장하니 놀랍다.

정 많고 예의 바른 엘리아스는 1742년 10월, 5년이나 머문 숙부의 집을 떠나 자기 고향인 슈바인푸르트로 돌아갔다. 그곳 성 요한교회의 칸토르로 활동하면서 부업처럼 스스로 포도밭까지 운영하였다. 숙부의 은혜를 절대 잊지 않겠다던 그는 가끔 제바스티안에게 새로 수확한 포도주까지 보내주면서 의리 있는 제자며 조카 노릇을 톡톡히 했다. 고향에 돌아가서 결혼까지 했는데 아쉽게도 한창인 쉰 살을 겨우 넘기고 엘리아스는 일찍 세상을 떠났다. 하지만 그의 편지와 행적에 관한 기억은 제바스티안 주변을 따뜻한 온기로 가득 채워 주기에 충분했다.

요한 크리스티안 바흐 : 막내아들의 국제적인 명성과 그 이면

'간음하지 말라' _ 출애굽기 20:14

요한 크리스티안[166](바흐의 가정에서는 '크리스텔'이라고 부름)은 '요한 제바스티안 바흐의 여섯 번째 아들로 1735년 9월 5일 태어남'이라고 바흐 집안의 가계도에 적혀 있다. 그는 부친 제바스티안과 음악 공부를 시작했고, 그 외에도 친척인 요한 엘리아스 바흐에게 개인교습을 받았다. 막달레나가 소중하게 보관하던 〈클라비어 소품집〉도 다 막내 크리스텔의 교육을 위해 아껴 놓은 듯하다. 제바스티안의 나이 50세에 본 늦둥이로 그가 세상을 떠났을 때 크리스텔은 겨우 열네 살이었다. 그가 제바스티안의 음악적 재능을 물려받은 건 사실이지만 크리스텔은 누가 봐도 바흐 집안의 '이단아'였다. 일단 이탈리아로 이주한 지 2년 만에 그는 아무런 상의나 통보도 없이 가톨릭교로 개종했다. 타지에서 살아남기 위해, 혹은 직업을 갖기 위한 이유가 있었겠으나 신앙을 중시하는 바흐 집안에서 이는 엄청난 사건이었다. 제바

---

166. 요한 크리스티안 바흐(Johann Christian Bach, 1735-82)는 제바스티안과 안나 막달레나 사이에서 태어난 막내 아들로 1750년 아버지 사후 베를린의 둘째 형 카를 집에 머물다가 1755년 이탈리아로 갔다. 1762년에 런던에 간 후 거기서 오페라와 음악회 시리즈 등으로 국제적인 명성을 얻었다.

스티안이 쓴 가문의 계보에 카를은 "우리 가운데 이 사람만이 신실한 파이트(가톨릭교를 피해 망명한 선조)와 다르게 살았다."[167]고 덧붙일 정도로 이미 크리스텔은 바흐 일가와는 다른 길로 들어서 있었다.

제바스티안이 세상을 떠난 후 갈 곳 없는 크리스텔을 둘째 형인 카를이 베를린으로 데려가 5년 정도 함께 살면서 음악적인 기초를 탄탄히 다질 수 있게 도와줬다. 그 후 크리스텔은 1755년 스무 살의 나이로 이탈리아로 건너가 명망 높은 귀족인 리타 가의 아고스티노 백작의 총애를 받으며 그 댁에서 매주 열리는 연주회에서 감독 역할을 맡았고, 또한 사제이며 음악가인 마르티니[168]와도 알게 되어 팔레스트리나의 음악 등 옛 이탈리아의 교회음악도 깊이 있게 공부했다. 1760년 크리스텔은 밀라노 성당의 부 오르가니스트로 고정적인 직장까지 얻더니, 다음 해에는 나폴리로 진출[169]하여 〈우티카의 칸토네〉를, 1762년 초에는 〈인도의 알레산드로〉 등의 오페라를 공연하며 젊은 나이에도 불구하고 승승장구했다. 그러더니 그해 말 영국 런던까지 진출[170]하였다. 런던은 아직도 이탈리아 오페라에 열광하는 청중들이 있었고, 외국인 음악가들에게도 관대한 편이라 그는 〈오리오네〉와 〈차나이다〉 등의 오페라를 통하여 명성을 얻었다. 최근까지 이탈리아에서 활동하면서 얻은 우아한 선율 감각과 제바스티안의 아들로 배우고 익힌

---

167. 객, 『바흐의 아들들』, 127.

168. 마르티니(Giovanni Battista Martini, 1706-84)는 1729년 사제 서품을 받고 작곡가 겸 이론가, 선생으로 활동하였으며, 그의 제자로는 요한 크리스티안 바흐, 글룩, 모차르트 등이 있다.

169. 요한 크리스티안 바흐의 나폴리 오페라인 〈우티카의 칸토네〉(Cantone in Utica)와 〈인도의 알레산드로〉(Alessandro nell'Indie)는 나폴리의 산 카를로 극장에서 초연되었으며 대본은 메타스타시오의 것이다.

170. 요한 크리스티안 바흐의 초기 런던 오페라는 기존의 곡들을 짜깁기하는 파스티치오로 1762년 〈스승과 제자(Il Tutore e la Pupilla)〉로 데뷔했고 1763년부터 1767년 사이 〈오리오네〉(Orione), 〈차나이다〉(Zanaida), 〈카라타코〉(Carattaco)등을 작곡해 인기를 얻었다.

품위 있는 화성 감각과 형식미, 등 이런 요소들을 골고루 갖춘 그였으나 런던에서 이탈리아 오페라로 승부를 걸기엔 시기상 이미 좀 늦었고, 사람들은 더 가볍고 오락적인 오페라나 아니면 종교적인 오라토리오를 선호했다.

사실 크리스텔은 오페라가 아니어도 이미 영국 음악계에서 두드러지는 존재였다. 1765년부터 카를 프리드리히 아벨[171]과 함께 바흐-아벨 콘서트를 시작하여 런던의 대중을 위한 콘서트 시리즈를 확립하는 데 크게 공헌했다. 아벨의 아버지인 페르디난드 아벨(주 32 참고)은 쾨텐 궁정악단에서 바이올린과 비올라 다 감바를 연주하며 제바스티안과 친하게 지냈다. 제바스티안이 아벨 씨의 딸 세례식에 대부가 되어주었고, 그의 아들 카를 프리드리히는 나중에 제바스티안과 공부하러 라이프치히에 올 정도로 서로 막역했다. 제바스티안의 감바 소나타 역시 아벨 씨 가족과 연관이 있었는데 런던에서 자식들이 이런 본격적인 음악 활동을 함께할 줄 어찌 알았겠는가.

크리스텔은 작곡가로 인정받은 만큼 런던에 피아노포르테를 처음 알린 비르투오소 피아니스트로 명성을 떨쳤다. 대륙보다는 조금 늦었으나 그는 피아노 협주곡들을 작곡하고 연주하며 영국에 이 새로운 건반악기의 매력을 궁정과 콘서트 시리즈에서 홍보하는 데 큰 역할을 했다. 심지어 꼬마 신동 모차르트가 1764년 크리스텔을 런던에서 만난 것은 매우 흥미롭다. 8살난 꼬마 모차르트를 크리스텔의 다리 사이에 앉히고 둘이 함께 즉흥연주를 했다니. 사실 크리스텔은 현실과 동떨어진 아버지 제바스티안보다는 헨델을 자신의 본보기로 삼아 활동했다. 제바스티안은 한 편도 쓰지 않은 오페라 분야로 뛰어들어 대단한 명성을 얻고, 헨델처럼 영국 왕실과도 가깝게 지내며 쏠쏠한 왕실 음악 교사 자리까지 차지하는 실용적인 면모도

---

171. 아벨(Carl Friedrich Abel, 1723-87)은 페르디난도 아벨의 아들로 1759년부터 런던에서 활동했다.

갖췄다. 음악 애호가이며 헨델을 가장 좋아했다는 영국 왕 조지 3세와 왕족들의 총애를 받으며 크리스텔은 왕실 채플에서도 자주 연주하였다.

영국은 물론이고 국제적으로 명성을 떨친 크리스텔이 해외에서 승승장구하는 소식 뒤에는 애석하게도 몇 배로 긴 추문과 여자 문제가 그를 따라다녔다. 함부르크에서 이탈리아로 갈 때부터 이탈리아 출신 콘트랄토인 안나 로리오 디 캄포 룽고라는 여자와 함께 움직여서 사람들의 입에 오르내렸다. 나폴리에서는 발레하는 여자와 열애에 빠졌다는 소문이 자자했고, 공연 중간에 무대 옆에서 여인들과 시시덕거리는 건 보통이었다. 크리스텔은 여류 성악가나 무용가들의 전용 칸막이 특별석이 마치 자기 자리인 양 늘 거기서 오페라를 관람했다. 제바스티안의 아들 아니랄까 봐 고집은 또 보통이 아니라 그런 비난에 대한 항의로 지켜야 할 악단에서의 쳄발로 자리를 비우는 등 그의 문제를 다 열거하기 힘들 정도이다. 어디서는 또 자기보다 스무 살 이상 어린 소녀를 연모해 시끄럽더니 결국은 서너 살 어린 이탈리아 성악가 세실리아 그라시와 조용하게 결혼식을 올렸다. 왜 조용하게 결혼했는지에 관해서도 설이 많지만 아마도 돈 때문일 것이다. 게다가 그녀는 크리스텔이 런던에서 함께 연주회 시리즈를 하고 이전에는 함께 살기도 했던 아벨과 연인 사이였다니 보수적인 제바스티안 집안에선 용납하기 힘든 모습이다. 말년엔 바흐-아벨 연주회 수익도 점차 감소하고, 극장 관리인의 속임수로 인해 크리스텔은 많은 손해를 보았다. 비관한 그는 과음으로 건강이 급격히 나빠지면서 1782년 큰형 프리데만과 둘째 형 카를보다 일찍 세상을 떠났다. 요한 크리스티안은 타국에서 자식도 없이 아내에게 4,000파운드에 달하는 엄청난 빚을 남긴 채 47세의 나이로 요절했다.

"여인과 간음한 자는 무지한 자라. 이것을 행하는 자는 자기의 영혼을 망하게 하며(잠언 6:32)"라는 하나님의 말씀을 무시한 크리스텔의 말년이 기우는 건 너무나 당연한 결과였다. 감성이 풍부한 크리스텔이 욕망과 치정을 사랑인 줄 착각했다 해도 이는 핑계에 불과하며, 진정한 사랑은 상대를 이용하고 상처 주는 게 아님을 그도 알았을 것이다.

바흐와 아벨 연주회 시리즈

크리스텔과 연관된 기억이 내게 그리 많지는 않다. 그가 이복동생이라서 그런 건 아니고 그냥 그와 가깝게 지낼 기회가 별로 없었기 때문인 듯하다. 그나마 아버지가 세상을 떠나기 직전에 '페달이 딸린 세 개의 클라비어, 린넨 셔츠, 작은 커피 주전자와 몇 탈러의 현금은 크리스텔 몫'이라고 써놓은 건 선명하게 기억이 난다. 그 많은 아들 중에 하필 막내인 크리스텔에게만 당신이 아끼던 악기와 커피 주전자에 현금까지 분배해 놓다니. 여기서 세 개의 클라비어란 두 개의 손건반과 하나의 페달을 쌓아 가정에서 연습할 수 있는 클라비코드를 말한다. 어린 막내아들이 얼마나 눈에 밟혔으면 아버지가 저런 유언을 남겼겠나 싶지만 프리데만과 카를은 달랐다. 아버지가 남긴 유품에 대한 애착인지 욕심인지는 나도 모르겠지만 그들은 불평을 넘어 소송까지 불사했으나 소용없었다. 어쨌든 아버지가 돌아가시니 칸토르의 사택도 비워줘야 했고, 라이프치히에 크리스텔이 설 자리가 없었다. 마침 둘째인 카를이 재주 있는 막내 동생을 데려가 주겠다는 용단을 내린 것만도 대견했다. 자기 형편도 넉넉하지 않은데 동생을 데려가 가르치고 훈련 시켜 크리스텔이 성공할 수 있는 기반을 마련해주고, 따뜻한 가족의 온기를 나눠준 카를이 난 정말 고마웠다. 반면 안나 막달레나는 가장 재주 있는 막내 아들인 크리스텔의 성공과 안위를 위해 늘 기도했다. 그녀는 크리스텔이 25살도 되기 전인 1760년 세상을 떠났으니 그의 성공과 몰락을 다 지켜보지 못했다. 주위에서 무슨 말로 아들을 나무라도 그녀는 수긍하지 않았고 영원히 막내아들의 편이었을 터이다.

〈평균율(적정율) 클라비어 곡집 제2권〉

제바스티안이 그동안 건반 음악 출판에 주력한 것은 그의 건반 음악에 관한 지속적이고 강도 높은 관심과 더불어 실용적인 이유도 있었다. 하지만 〈적정율 클라비어 곡집 제2권〉의 경우는 좀 달랐다. 그동안 〈클라비어 위붕〉 네 개를 시리즈로 출판해 온 그는 어떤 건반 음악을 시장에 내놓아야 하는지 익히 잘 알고 있었다. 먼저 대중이 선호하는 최근 음악적 성향이 담겨 있어야 하며, 또한 일반인들의 눈높이에 맞는 짧고 너무 어렵지 않은 곡들이 포함되어야 실제 소비자가 기꺼이 지갑을 열고 구매하는 걸 안다. 〈적정율 클라비어 곡집 제2권〉은 곡 하나하나의 길이는 짧으나 곡집 전체가 너무 길고 어려워서 현실적으로 출판을 시도하기 어려웠을 것이다. 전주곡과 푸가를 각각 따로 보면 48곡이나 되니 동판을 짜는 데 드는 비용을 감당할 수 없을 뿐 아니라 지출된 출판 비용의 십분의 일도 회수하기 어려울 게 뻔했다.

〈적정율 클라비어 곡집 제1권〉(제목과 조율법은 주 38 참고)을 완성한 지 20

년쯤 지난 1742년 완성된 제2권의 자필본[172]을 보면 제1권과 사뭇 다른 면모들이 눈에 띈다. 전주곡과 푸가 둘 다 형식과 내용 면에서 백과사전처럼 가능한 모든 걸 담으려는 시도 외에도 제자들의 고급 교재로 사용하려는 의도가 엿보인다. 제2권의 전주곡은 제1권에 비해 규모는 커지고 어렵지만 반복이 포함된 2부분 형식(Binary form)이 반 이상을 차지한다. 반면 제2권의 푸가는 성부의 수(4성 9개, 3성 15개)나 복잡함은 줄었으나 최신 갈랑 양식을 포함하면서 더 다양해졌다. 제2권에 4중 푸가는 아예 없고, 3중 푸가 1곡, 2중 푸가 3곡으로 복잡한 대위법의 비중이 눈에 띄게 줄었다. 말년에 들어서면서 제바스티안은 대위법 그 자체보다는 자연스럽고 단순하면서도 우아한 음악이 대위법이라는 옷을 걸쳐도 전혀 어색하지 않고 잘 어울린다는 사실을 보여주고자 한 듯하다. 음악적으로 성숙하다는 의미가 무엇인가? 더 이상 어떤 형식에든 구애받지 않고 원하는 음악적인 표현을 자유롭게 할 수 있는 것 아닐까?

특별히 오르가니스트며 음악학자인 보서트는 전주곡과 푸가 C#장조의 전주곡에 제2권 전체의 의도와 구조가 담겨 있어 앞으로 전개될 제2권 전체를 이 한 곡에서 미리 암시한다고 주장한다. 세 번째 곡인 전주곡과 푸가 C#장조는 반음 내림표(♭) 5개만 쓰는 D♭장조 대신 반음 올림표(#)를 7개나 붙이는 C#장조를 선택해 벌써 예사롭지 않음을 보여준다. 전체 48곡 중에서 유일하게 C#장조 전주곡만 스타일이 다른 두 부분으로 구성되어 있다. 겹세로줄로 구분된 앞부분은 4/4박에 아르페지오 코드로 진행되는 자유로

---

172. 〈평균율(적정율) 클라비어 곡집 제2권〉의 자필본(1742년)은 두 개가 있는 것으로 추정된다. 하나(P416)는 현재 남아 있지 않고, 나머지 하나는 바흐와 안나 막달레나의 필체가 섞여 있는 것으로 런던 영국도서관(British Library)에 보관되어 있다. 알트니콜의 사본(1744년)은 현재 남아 있지 않은 원본을 보고 베낀 것이며 거기에 바흐가 직접 수정을 가해 매우 소중한 가치가 있다.

운 전주곡이고, 3/8박인 뒷부분은 알레그로로 명시된 짧은 푸가토이다. 이
는 제2권 첫 곡인 전주곡 C장조의 4/4박과 마지막 곡 푸가 b단조의 3/8박
을 예시하며 양극성이 보인다.[173] 이어지는 C#장조 푸가까지 포함해 세 번
째 곡인 전주곡과 푸가 C#장조는 세 부분으로 구성되어 3이란 숫자가 상징
하는 완전함과 근원적인 특이성을 기본 전제로 갖고 있다. C#장조 푸가의
주제는 단순한 3화음인 C#, E#, G# 세 음을 사용해 이루어지며 이에 맞춰
곡도 세 부분으로 나뉜다.[174] 게다가 푸가 주제가 8분음표인 원형과 16분음
표로 된 축소형, 4분음표로 된 확대형의 세 가지 다른 음가로 변형되어 제
시되면서 숫자 3이 다시 강조된다.

보써트는 숫자 3의 위력은 그게 전부가 아니고 세 부분으로 이루어진
〈적정율 클라비어 곡집 제2권〉 전체의 변증법적 구조를 암시한다고 주장
한다. 총 24곡을 12곡씩 둘로 나누지 않고 셋으로 나누는 것이다. 1번 C장
조 전주곡부터 9번 E장조 푸가까지 9곡을 장엄한 짝수 박자를 앞뒤에 배
치한 정명제로 친다. 이어서 10번 E단조 전주곡부터 15번 G장조 푸가까지
6곡을 첫 부분과 대조되는 가벼운 반명제로 구분한다. 16번 G단조 전주곡
부터 24번 B단조 푸가까지 마지막 부분을 합명제로 구분하였다.[175] "라르
고"로 지정된 프랑스 서곡 풍의 16번 G단조 전주곡으로 시작하는 마지막
9곡은 장엄한 짝수 박으로 시작해 3/8박의 가벼운 푸가로 마치면서 앞 두
부분을 통합시킨다. 이전에 〈클라비어 위봉 제1권〉의 6곡의 모음곡 중 제4

---

173. 보써트 저, 김정미, 이상미 공역, 『바흐 음악의 조직체계에 나타난 신학적 의미와 종말론-평균
    율 제2권을 중심으로』 (도서 출판 마루, 2006), 10.

174. C#장조 푸가(BWV 872)는 3부분으로 나눈다. 첫 부분(1-14마디)은 C#장조, 중간(14-25)은 E#
    장조, 마지막(25-35)은 G# 음으로 시작해 세 부분이 주제 자체를 모방함을 볼 수 있다.

175. 바흐 〈적정율 클라비어 곡집 제2권〉은 체계적인 대칭구조를 보여주며, 이는 변증법적인 방식
    으로 표출된다. 보써트. 『바흐 음악의 조직체계에 나타난 신학적 의미와 종말론』, 11.

번의 첫 악장이 웅장한 프랑스 서곡으로 시작했다. 〈클라비어 위붕 제2권〉도 딱 중간 지점에 프랑스 서곡이 등장한다. 어디 그뿐인가? 마지막 〈클라비어 위붕 제4권〉 역시 30개의 변주곡 중 16번 변주곡이 프랑스 서곡인 걸 보면 분명 이것이 분기점이 되는 표징으로 볼 수 있다. 지금까지의 반으로 나누던 대칭구조를 버리고 여기선 셋으로 구분해 24곡 중 13번이 아닌 16번 전주곡에 프랑스 서곡 리듬을 사용한 것이다.

제바스티안이 대립하는 요소들을 드러낸 후 통합하는 변증법을 여기에 사용한 이유가 보써트는 결국 종말론을 설명하기 위한 것으로 본다. 흔히 종말론 하면 무시무시한 심판만 떠올린다. 하지만 종말은 그저 세상의 마지막일 뿐 아니라 하나님 나라를 성취하고 인류를 구원하려는 희망이다. 즉 심판이 아닌 질서를 통해 현재에서 미래를 보는 것이다. 반면 묵시는 시간적, 공간적 초월의 세계가 환상과 꿈 등으로 전달되는 계시로 미래에서 현재를 바라보는 것이다. 예수가 가르친 하나님의 나라는 현재 이 세상에서 신앙 안에 있는 나라이며 동시에 미래에 감추어진 영원한 나라이다. 예수는 현재적 종말론과 유대 묵시론을 종합해서 결국 묵시적 종말론이 현재이며 동시에 미래적인 개념이 된다. 종말론에서 심판보다 더 중요한 것은 하나님의 나라를 성취하고 인류를 구원하려는 희망적인 관점이다. 이는 죄인임에도 불구하고 의롭다고 칭함을 받는 루터의 칭의(稱義) 신학과도 통하며, 현재이자 동시에 미래적인 개념으로 대립하는 요소들이 하나가 되는 지점이다. 〈적정율 클라비어 곡집 제2권〉 안에 이렇게 심오한 신학적인 내용들을 제바스티안이 담았음을 알려주는 학자들의 노력에 감사한다.

아버지는 나이가 들면서 더 규모가 크고 체계적인 작품들에 매진하셨다. 1742년에 완성한 〈적정율 클라비어 곡집 제2권〉은 낱개로 된 곡 48개를 묶어 놓은 것처럼 보이나 사실은 전체적인 구조와 비율, 균형 등 세세한 부분에 신경을 많이 쓴 작품이다. 반면 세속 칸타타 중 가장 나중에 작곡된 〈농부 칸타타〉[176]는 완전 반대였다. 카를 하인리히 폰 디스카우[177]가 라이프치히 근교의 클라인츠쇼헤르라는 백여 가구도 안 되는 작은 마을의 영주로 취임하면서 이 곡은 1742년 8월 30일에 초연되었다. 디스카우는 헨리치(주 123 참고)에게 먼저 대본을 요청했고, 아버지에게는 헨리치가 직접 작곡을 의뢰했다. 헨리치의 가사가 남부 작센 사투리로 쓰여 있으므로 아버지도 거기에 걸맞게 가볍고 유쾌한 음악으로 화답했다. 사실 〈농부 칸타타〉에는 드레스덴에서 유행하는 폴로네즈[178]와 폴란드 노래[179]가 여럿 들어있다.[180] 36세의 젊은 디스카우의 영주 취임 축하곡에 그는 시골 작은 마을 사람들도 들어본 적 있는 쉬운 민요와 선율을 가능하면 많이 사용해달라고 부탁

---

176. 〈농부 칸타타〉의 원제목은 "새 으르신을 뫼시게 되었네유"(Mer hahn en neue Oberkeet, BWV 212)으로 일명 "Bauernkantate(농부 칸타타)" 혹은 "Cantate (en) Burlesque"(익살스러운 칸타타)로 불린다.

177. 디스카우(Carl Heinrich von Dieskau, 1706-1782)는 클라인츠쇼헤르의 영주일 뿐 아니라 라이프치히 구역장이며 드레스덴 궁정에서도 유흥과 음악과 관련된 직책을 가졌던 인물이다.

178. 폴란드의 대표적인 춤인 폴로네즈가 1번 서곡 중간 아다지오 부분, 제4번, 제12번에 나타난다. Boyd, ed. *Oxford Composer Companions J. S. Bach*, 362-363.

179. 폴란드 노래로는 1번 서곡, 2번, 22번을 꼽을 수 있다. Boyd, ed. *Oxford Composer Companions J. S. Bach*, 438-439.

180. Newton-Jackson, "Polish style", Early Music 47-4(2019), 587.(재인용 Szyman Paczkowski, *Polish style in the music of J. S. Bach*, Landham, MD: Rowman and Littlefield, 2017)

했다고 한다. 〈농부 칸타타〉는 아버지의 다른 곡들과 확연히 다르다! 하지만 아버지는 곡을 주문한 사람의 요구와 취향에 부응할 줄 아는 작곡가이다. 시골스러운 순진함과 단순함의 옷을 입고 춤곡 리듬에 몸이 들썩거리게 하는 축제로 삶을 풍성하게 만드는 게 목표라면 말이다. 이 곡이 고품격 음악은 아니지만 음악을 통해 인생의 기쁨과 보람을 느끼며 맘껏 웃을 수 있다면 난 그걸로 충분하다.

'큰 음악회' 시리즈와 다른 도시의 오르간 연주회

1743년에 다른 유럽의 큰 도시들과 마찬가지로 라이프치히의 유력한 음악 애호가들은 힘을 모아 '큰 음악회'란 이름으로 새로운 연주회 시리즈를 만들었다. 처음에는 16명의 후원자가 1년에 20탈러씩 내서 16명의 연주자를 돕기로 했는데 그들의 관심 대상은 주로 상류층 엘리트들이었다. 그들이 초청한 음악회 악장은 새 교회 오르가니스트 카를 게를라흐(주 160 참고)였고 음악 감독은 돌레스[181]라는 인물로 둘 다 제바스티안의 제자였는데 그들은 제바스티안에게 아무런 도움도 요청하지 않았다. 이런 사소한 일로 제바스티안의 소외감은 점점 커졌을 터이다. 전체적인 주변 상황도 그리 그에게 우호적이진 않았다. 제바스티안을 밀어주던 랑에 시장의 힘이 점점 줄어들었고, 격식 없는 연주회를 이어오던 콜레기움도 구심점을 잃어버리면서 쇠퇴했다. 사실 콜레기움이나 큰 음악회나 프로그램을 포함해 기록이 남아 있지 않은 건 마찬가지지만 '큰 음악회'란 이름으로 미루어 볼

---

181. 돌레스(Johann Friedrich Doles, 1715-1797) 역시 라이프치히 대학 재학 중에 바흐와 공부하였던 제자 중 한 명이다. 1744년 프라이베르크에서 칸토르로 활동하다가 1755년 성 토마스 교회의 칸토르로 부임한 바흐의 후임자 중 한 명이다.

때 규모가 더 큰 연주회를 개최했던 모양이다.

　평생 고집대로 자기의 음악적인 취향을 지켜온 제바스티안이 새로운 세대의 물결에서 본인이 핵심 인물이 아니라는 사실이 어떤 면에서는 당연한데도 불구하고 있는 그대로 받아들이기는 쉽지 않았을 듯하다. 스스로 신식이라고 주장하는 젊은 세대들은 이탈리아의 심포니를 선호해 그런 곡목들이 연주회 시리즈의 주류를 이루어 갔다. 음악 애호가들이 원하는 가벼운 음악적 취향이 어떤 것인지 제바스티안은 너무 잘 알고 있었다. 신과 인간, 자연과 우주를 담는 제바스티안의 음악은 일반 대중에게는 너무 어렵고 쉽게 다가가기 힘들었다. 성 토마스 학교와 시의 교회들은 여전히 제바스티안 휘하에서 그런대로 돌아가고 있었으나 그의 마음은 이미 라이프치히와 교회의 임무를 떠나 자신만의 예술 세계로 파고 들어가고 있었다. 차남 카를이 『추도문』에서 제바스티안의 가계와 젊은 시절에 관해 장황하고 길게 쓰면서 라이프치히 시절에 관해 매우 말을 아낀 이유를 되돌아보게 한다. 그러니 당대 최고의 오르간 연주자[182]로 명성을 떨치며 인정받던 제바스티안의 여러 외부 연주를 떠올리며 기억하는 건 그의 가족에게 할당된 사소한 즐거움이며 자부심이었으리라.

　"프리데만, 아버지의 그 많은 연주 여행 중에서 가장 기억나는 건 뭐야?"
　"누나, 난 아버지가 지휘하는 음악회보다 직접 오르간에 앉아 연주하는 음악회가 늘 훨씬 더 기억에 남아."

---

182. J. S. 바흐 사후 둘째 아들 카를과 제자인 J. F. 아그리콜라가 쓴 『추도문』의 제목이 "세계적으로 유명한 오르간 연주자 요한 제바스티안 바흐, 폴란드 왕실과 작센 궁정 작곡가"였다. 이는 당시에 바흐는 작곡가로 보다는 오르간 연주자로 훨씬 더 유명했음을 알 수 있다. David & Mendel, ed. *The New Bach Reader*, 297.

"아버지의 오르간 연주는 타의 추종을 불허하는 최고 중 최고지. 아버지가
　　다른 도시에서 오르간으로 독주회를 한 경우는 몇 번이나 되지?"

"근처 작은 도시 교회에 새 오르간을 설치하고 검사하면서 한 연주는 무
　　척 많아. 그런데 이런 경우는 보통 여러 악기와 성악도 포함하는 연주
　　회라 오르간 독주회라고 부르기엔 좀 무리가 있어. 오르간 독주회라고
　　부를 수 있는 공식적인 연주는 아마도 대여섯 번쯤 될 것 같아."

"네가 아버지 연주는 거의 따라다녔잖아. 여러 아들 중에서도 너만 편애하
　　는 게 티 날 정도로 어디든지 널 데리고 다니셨지."

"난 아버지의 아들인 게 항상 자랑스럽고 뿌듯해. 하여튼 작센 지역에선
　　오르간 독주회라고 부를 수 있는 무대가 드레스덴 외엔 거의 없어."

"라이프치히에는 왜 오르간 독주회가 없는 거야?"

"라이프치히는 드레스덴과는 비교할 수 없을 정도로 생각이 고리타분해.
　　예배에서도 설교는 두 시간씩 하면서 음악은 그저 가벼운 장식품 정도로
　　여기잖아."

"그야 나도 익히 아는 바지."

"만약 라이프치히에 아버지가 정말 아끼는 오르간이 있었다면 훌륭한 오
　　르간 작품들이 더 많이 작곡되었을지도 몰라."

"솔직히 아버지의 수준과 취향에 맞는 악기가 이 도시엔 없지."

"그런데 흥미롭게 오르간 독주회의 기원은 칼뱅교 교회에서 그 비싸고 소
　　중한 오르간을 예배 밖으로 밀어내면서 생겼어. 네덜란드 암스테르담
　　의 시 음악가였던 스벨링크[183] 씨는 그래서 예배 시간 앞뒤에 오르간

---

183. 스벨링크(Jan Pieterszoon Sweelinck, 1562-1621)는 부친인 스비버춘(Pieter Swibbertszoon)
　　이 1564년 암스테르담의 옛 교회(Oude Kerk)의 오르가니스트로 부임하면서 암스테르담으로
　　이사하였다. 11살인 1573년에 아버지가 세상을 떠나고 어머니의 성을 이어받았으며 음악적

독주회 시리즈를 시작했고 이로써 외국 방문객들 많은 항구 도시에서 국제적인 명성을 쌓기 시작한 거야."

"난 처음 들어보는 이름이야. 하긴 상업박람회 기간에 아버지가 예배 후 직접 오르간에 앉아 후주라도 치면 외부 방문객들이 열광하는 것과 비슷하네."

"스벨링크는 사실 선생으로 더 유명해. 유럽 전역에서 너도나도 자식을 그에게 맡겨 음악 교육을 받으려고 애썼는데 그 이유는 큰 도시의 교회 오르가니스트 자리는 거의 그의 제자들이 차지했거든."

"그 옛날 네덜란드에도 우리 아버지 같은 분이 계셨단 말이네."

"그의 가르침은 건반악기 연주와 작곡 및 대위법에 치중해 아버지와도 일 맥상통하는 면이 없지 않아. 하지만 그의 제자로 들어가기 위해서는 엄청나게 비싼 수업료를 내야 했는데 스벨링크의 연봉이 1607년부터 360길더였는데 1613년 한 제자가 1년 수업료로 200길더를 냈다는 소문[184]이 있어."

"연봉의 반이 넘는 수업료라니 엄청나다! 아버지가 쾨텐 시절 연봉으로 400탈러를 받을 때 연 수업료로 100탈러 내는 것도 비싸다고 깎아달라는 사람 여럿 있었는데."

"깎아달라고만 해도 괜찮지. 우리 친척들은 다 공짜로 있었잖아."

"그래. 우리 일가 중에 아버지만큼 성공한 사람이 없으니 먼 친척에 사돈

인 재주가 남달라 15살인 1577년에 옛 교회의 오르가니스트로 임명받아 죽을 때까지 그 자리를 지켰다. 네덜란드의 마지막 가톨릭 도시였던 암스테르담이 1578년 칼뱅교로 전환되면서 예배에서 오르간 연주가 완전히 배제되고 오직 전주와 후주만 연주할 수 있었다. Vogel & Dirksen, ed. "Introduction," J. P. Sweelinck Complete Keyboard Works Band Ⅰ (Breitkopf & Härtel, 2004), 11.

184. Vogel & Dirksen, ed. J. P. Sweelinck Complete Keyboard Works Band Ⅰ, 12.

까지 챙기는 게 아버지의 의무라고 생각하셨겠지."

"내 생각이지만 아버지에게 라이프치히는 너무 꽉 끼고 답답한 옷 같아. 예전 뤼벡과 함부르크 여행의 무용담을 들려주실 때 그 흥분하신 어투를 보면 북쪽 도시들의 웅장하고 멋진 오르간들을 얼마나 좋아하셨는지 금방 느낄 수 있어."

"나도 기억해. 젊은 시절 북스테후데를 만나러 한 달간 휴가를 내서 간 뤼벡에서 넉달만에 돌아온 무용담도 그렇고, 아버지의 긴 즉흥연주에 감탄한 라인켄을 만났던 함부르크 여행담은 언제 들어도 짜릿해. 하지만 작센 지역에선 수도인 드레스덴이 여러 면에서 최고의 도시겠지?"

"1736년 프라우엔 교회에 새 질버만 오르간이 설치되기 이전엔 주로 조피엔 교회에서 오르간 독주회가 열렸어. 아버지도 1725년과 1731년에 두 번 드레스덴 조피엔 교회에서 연주회를 하셨고."

"나도 그때 기억나. 라이프치히 시의회 사람들과 분쟁이 있고 나서 첫 탄원서를 선제후에게 내고 보란 듯이 궁정과 드레스덴에 거주하는 쟁쟁한 음악가들을 초대해 당신의 연주 실력을 확실히 보여줬다고 하셨어."

"내가 1733년 조피엔 교회 오르가니스트로 부임했거든. 아버지의 1731년 9월 조피엔 교회 연주회는 거의 나를 그곳에 심기 위한 전초전 아니면 탐색전이었어."

"넌 드레스덴에서 일할 자격이 충분히 있어."

"반면 1736년 11월 중순에 아버지가 궁정 작곡가 칭호를 받고 나서 드레스덴에서 12월 1일 토요일 오후 2시부터 4시까지 열린 오르간 독주회는 모든 면에서 정말 완벽했어. 프리우엔 교회 세 오르간의 휘황찬란한 외관만큼이나 다양한 소리와 양식을 총망라한 프로그램[185]에 러시아 대사인 카이저링크 백작과 다양한 계층의 관중들로 꽉 찬 교회를 둘러보면서 이게 꿈인지 생시인지 모르겠더라고."

"맞아. 너무 완벽하면 현실감이 떨어지더라. 아버지는 어떠셨어?"

"정말 멋지셨지. 연주는 당연히 흠잡을 데 없이 완벽했고, 반짝거리는 은 버클이 달린 구두[186]를 신고, 옆에 은으로 만든 긴 칼을 찬 채로 검은색 벨벳 고급 상의를 걸치셨어. 활기찬 걸음과 진중하게 인사하는 모습 모두가 정말 멋졌어."

"아버지가 가지고 계신 최고의 옷과 장식품을 다 동원해 멋 부리셨네."

"그런데 누나, 내가 드레스덴에서 일하면서 정말로 궁금한 게 하나 생겼어. 아버지와 프랑스 오르가니스트 마르샹[187]과의 경합에 관한 이야기야."

"그 사건은 1717년이라 나도 어려서 자세한 건 기억나지 않는데."

"그러니까. 내가 알기론 1717년엔 드레스덴에 쓸 만한 오르간이 없었거든."

"지금 네가 일하고 있는 조피엔 교회에서 이루어진 것 아니었어?"

---

185. 바흐가 1736년 작곡한 〈클라비어 위붕 제3권〉 중 키리에와 글로리아 등 일부가 연주되었으리라 추측한다. 〈B단조 미사〉가 합창과 기악 반주로 연주되는 가톨릭용 미사곡이라면 〈클라비어 위붕 제3권〉은 오르간 솔로로 하는 루터교용 오르간 미사에 해당한다. Williams, *The Organ Music of J. S. Bach Vol. 3* (Cambridge University Press, 1989), 53.

186. J. S. 바흐 사후 유물에 은으로 만든 검, 한 쌍의 은으로 만든 신발 버클 등이 장식품으로 남아 있다. Yearsley, *Bach's Feet: Organ Pedals in European Culture* (Cambridge University Press, 2012), 253.

187. 마르샹(Louis Marchand, 1669-1732)은 프랑스 루이 14세의 오르가니스트로 가톨릭으로 개종한 드레스덴 궁정에서 그에게 관심을 보여 1717년 가을 드레스덴을 방문했다. 바흐와 마르샹의 경합은 『추도문』에 길게 묘사되어 있는데 마르샹이 경합 당일 이른 아침 떠난 것을 바흐의 승리로 해석했다.

"조피엔 교회의 질버만 오르간은 1718년에 설치를 시작해 1720년에 완성 되었거든 그 전 오르간은 칠 수 없을 정도로 망가져 있었고, 내가 모르 는 다른 교회나 채플에 오르간이 있었나? 도대체 어디서 대결을 한 건 지 모르겠어."

"그래도 아버지가 마르샹의 쳄발로 연주 실력이 뛰어나다고 칭찬하신 건 기억나."

"나도 두 거장의 쳄발로 경합이 당시 수상이던 폰 플레밍 백작 집에서 있 었다는 이야기는 여러 사람에게 들었어. 마르샹이 달아났다는 오르간 경합[188]이 궁금한 거지."

"너무 자세하게 알려고 하지 마. 자고로 무용담이란 극적인 승리와 반전이 있어야 더 재미있잖아. 답답한 라이프치히에 사는 게 지루하니 여기보 다 자유롭고 아버지의 예술을 인정해 주는 곳에 가서 연주하고 그곳 사람들과 교류하다 보면 그런 이야기도 생겨날 수 있는 거지 뭐. 그 무 용담이 나름 짜릿한 위안을 주는 건 사실이거든."

"나야 충분히 이해하고도 남지. 오르간 연주자로 아버지처럼 심오하면서 도 완벽한 연주를 하는 사람은 정말 본 적이 없어."

"나도 가끔 교회에서 아버지가 연주할 때 당신의 손과 발이 사람 것인지 궁금할 정도로 날아다니는 것 같았어."

"음악을 조금 아는 사람들에게 아버지의 화려한 연주 기술은 당연한 사실 이고, 그보다 다양한 음색 선택과 심도 있는 표현에 더 관심이 가."

"그렇구나. 난 내가 아는 만큼만 들려. 하지만 그것으로도 대만족이야."

---

188. 무로니는 마르샹과의 경합은 왜곡된 이야기라고 주장한다. 실제로 두 번의 경합 중 쳄발로 는 있었으나 오르간 경합은 없었고, 마르샹이 진짜 달아났는지는 확실치 않다. Moroney, BACH: An Extraordinary Life (London: ABRSM, 2010), 34.

"그럼. 다양한 계층이 각자 다양하게 받아들여. 그게 또 아버지 음악의 매력이고."

"프리데만, 너는 좋겠다. 아버지의 음악을 가장 잘 이해할 수 있잖아."

"아버지의 직접적인 가르침을 제일 많이 받았으니 감사하죠. 그런데 아버지의 작품들을 항상 의식하는 게 내가 직접 곡을 쓸 때는 나를 짓눌러."

"그야 그렇겠지. 넌 너다운 곡을 써야 해. 힘내!"

카이저링크 백작과 골드베르크

'도둑질하지 말라' _ 출애굽기 20:15

    헤르만 카를 폰 카이저링크 백작(주 117 참고)은 개인적으로 제바스티안에게 큰 호의를 베풀어 준 은인이다. 그는 러시아의 외교관으로 1733년부터 작센의 수도 드레스덴에 거주하였다. 우연히도 프리데만이 드레스덴으로 간 시기가 백작이 부임한 시기와 거의 맞물리다 보니 아마도 부임 직후부터 프리데만은 물론 제바스티안까지 백작과 개인적으로 만나 친분을 쌓았을 것이다. 음악적 안목이 뛰어난 백작은 제바스티안이 1736년 9월 작센과 폴란드 왕실의 궁정 작곡가로 임명받을 때 크게 한몫 거들어 주었고, 그해 12월 1일 드레스덴의 프라우엔 교회에서 열린 제바스티안의 오르간 연주를 직접 듣고 감동하여 칭찬을 아끼지 않았다. 게다가 외교관답게 동에 번쩍 서에 번쩍 하면서 드레스덴에서는 프리데만을 백작의 딸 음악 선생으로 고용해 주었고, 베를린에서는 카를 아들의 대부가 되어주었다. 제바스티안은 주변이 적들로 가득 찬 세상에 자신과 가족들을 이처럼 말없이 후원해 주는 귀인이 한 명 있다는 사실 하나만으로도 든든했을 것이다. 백작의 아들이 라이프치히 대학에 다니면서 카이저링크 백자은 라이프치히를 방문할 때 가끔 제바스티안의 집에 들르기도 했는데 그런 친근한 모습 뒤에 가려진 백작은 사실 대단한 능력을 소유한 인물이었다.

헤르만 카를은 발트해 동쪽 해안 쿠를란트[189]의 옥텐에서 귀족인 카이저링크 가의 아들로 태어났다. 따로 학교에 다니지 않고 집에서 가정교사를 통해 수학하였으며 당시 귀족 자제들의 관례를 따라 유럽 전역을 도는 순회 여행을 하면서 견문을 넓혔다. 하지만 그의 경우 독학이라고 절대 무시할 게 아니었다. 그는 1731년 35세에 상트페테르부르크 과학아카데미 회장을 역임했고, 후엔 베를린 아카데미 회장까지 한 걸 보면 학문적으로 매우 뛰어났음을 짐작할 수 있다. 헤르만 카를이 20살 되던 1716년 그가 러시아 표트르 황제의 조카인 안나 이바노브나 공작부인을 가까이 모시면서 그의 인생이 바뀌었다. 프로이센 왕의 조카이며 쿠를란트를 다스리던 프리드리히 빌헬름 공작과 1710년 정략적으로 결혼한 안나는 겨우 17살이었다. 결혼하고 나서 일 년도 되기 전에 사고로 남편을 잃고 미망인이 된 공작부인은 이후에도 쿠를란트에 살면서 남편의 영지를 다스렸다. 한편 러시아에서는 표트르대제 사후 후처와 손자까지 차례로 죽어 후사가 없자 사실상 러시아 황실의 적통 중의 하나인 안나 이바노브나를 1730년 러시아의 여제로 추대하게 된 것이다. 최측근에서 안나 공작부인을 모시던 헤르만 카를은 물론 그녀를 따라 러시아로 향했다. 강대국들 사이에 낀 약소국 출신으로 본국의 안전을 지키면서 동시에 러시아 여황제의 요구에 부응하려니 그의 어깨가 무거웠음은 말할 필요도 없다. 1740년 안나 이바노브나 여제가 세상을 떠난 후에 근위대의 쿠데타를 통해 여제로 즉위한 엘리자베타 페트로브나는 안나와 달리 독일계 관리들을 거의 축출하였다. 그런 와중에 카이저링크 백작만이 살아남아 여전히 외교관의 직무를 이어간

---

189. 쿠를란트(Courland)는 지금의 라트비아 서부 지역의 게르만계 공국으로 독일어를 사용하는 지역이다.

것을 보면 그가 대체 불가능한 탁월한 외교관임을 증명하고도 남는다.

카이저링크 백작은 출중한 능력을 인정받아 작센뿐 아니라 합스부르크 황실과 프로이센, 폴란드까지 몇 개 나라의 외교를 혼자 담당하고 있었다. 냉정한 정치 무대를 연출하는 최고 권력자의 손과 발로서 그가 만나는 사람들은 각국의 왕들과 수상들이었다. 프리드리히 아우구스트 2세가 1733년 작센의 선제후가 된 후 이듬해 그를 폴란드의 왕으로 만들고, 이어 1736년 평화회의에서 이를 인준하는 데까지 카이저링크 백작의 노고가 무척 컸나 보다. 제바스티안의 끈질긴 노력에도 불구하고 몇 년간 아무 반응도 보이지 않던 드레스덴 궁정이 카이저링크 백작의 추천 한 마디에 바로 제바스티안을 궁정 작곡가로 임명한 것일지도 모르겠다. 백작의 부탁을 드레스덴 궁정이 이렇게 흔쾌히 받아들인 것을 보면 카이저링크 백작의 정치적 노고에 대한 보답의 일부가 아닌가 싶다. 특별히 1744년에는 신성로마제국의 황제를 외교적으로 도와 그 보답으로 황실이 임명하는 특사 겸 황실 백작 칭호까지 받았다.

이렇게 고귀하신 백작이 단치히에서 신동을 발견했다며 골드베르크[190]를 제바스티안의 집에 데리고 왔다. 제바스티안은 카이저링크 백작의 부탁이니 어린 꼬마지만 그를 소홀히 할 수 없었을 것이다. 타고난 음악적 재주가 있어 보이는 골드베르크를 제자로 받아달라는 백작의 부탁을 완곡하게 거절한 제바스티안은 그에게 드레스덴에서 프리데만과 공부해 보라고 추천하였다. 맏아들의 부수입만큼이나 백작과의 관계를 돈독하게 하는 게 아들 장래에 더 중요하다고 판단했을 것이다. 아니면 많은 제자를 거느리고

---

190. 골드베르크(Johann Gottlieb Goldberg, 1727-1756)는 단치히에서 태어난 건반 연주자 겸 작곡가이다. 10살 때인 1737년에 카이저링크 백작을 만나 뛰어난 재주를 인정받았으나 언제 드레스덴으로 왔는지는 확실하지 않다.

전문적인 음악 교육을 해온 제바스티안의 눈높이와 음악 애호가인 백작의 견해가 꼭 일치하라는 법은 없으니 정확한 이유는 알 수 없다. 어쨌든 골드베르크는 드레스덴에서 프리데만과 공부하면서 그를 통해서 제바스티안의 음악을 접했고 그 영향을 받았을 것이다.

〈클라비어 위붕 제3권〉을 1739년에 자비로 출판한 후 2년 남짓 제바스티안이 심혈을 기울여 준비한 〈아리아와 다양한 변주곡〉은 클라비어 위붕 시리즈 중 네 번째이자 마지막이 되었다. 이 곡은 뉘른베르크에서 발타사르 슈미트[191]가 조판과 출판을 해 1741년 10월 미하엘 박람회 때 세상에 선보이게 되었다. 전에 나온 세 개의 클라비어 위붕 시리즈와 달리 네 번째라고 표지에 쓰지는 않았으나 같은 판형으로 되어있고, 작곡 이유를 "음악 애호가들의 영혼의 기쁨을 위하여"라고 썼다. 제바스티안은 1741년 11월 드레스덴을 방문했을 때 가장 유력한 후원자인 카이저링크 백작에게 최근 출판된 〈아리아와 다양한 변주곡〉을 가지고 갔을 것이다. 그가 이 작품을 카이저링크 백작에게 선물로 바친 데 대해 이의를 제기할 사람은 아무도 없다. 하지만 백작이 작곡을 의뢰했고, 골드베르크를 위해 쓴 거라는 주장은 논쟁의 소지가 크다. 혹시라도 카이저링크 백작이 제바스티안에게 곡을 의뢰했다면 그는 결코 이런 소중한 기회를 놓칠 리가 없으며, 악보 겉장에 고명한 백작의 이름을 분명히 밝혔을 터이다.

---

191. 슈미트(Balthasar Schmid, 1705-1749)는 뉘른베르크에서 태어나 조판, 인쇄 및 출판업을 하였다. 시의 여러 교회에서 오르가니스트로 활동하였고, 작곡도 하여 스스로 출판한 걸 보면 그의 학창 시절인 1726년 봄부터 라이프치히 대학 재학 시 바흐와 음악 공부를 했을 것으로 추측한다. 바흐가 〈클라비어 위붕 제1권〉을 하나씩 인쇄할 때 1번(1726), 2번(1727) 악보의 조판을 했고, 1734년에 〈클라비어 위붕 제2권〉, 1738년엔 〈클라비어 위붕 제3권〉의 겉표지의 조판을 맡았다. 이후 〈하늘 높은 곳으로부터' 카논 변주곡〉과 〈아리아와 다양한 변주곡〉의 조판과 출판을 맡은 걸 보면 바흐가 출판 쪽에서 가장 신뢰하는 인물이었음을 알 수 있다. Boyd, ed. *Oxford Composer Companions J. S. Bach*, 438-439.

더구나 제바스티안이 이런 위대한 작품을 겨우 십대 초반의 어린 골드베르크를 위해서 썼다고 보기엔 논리적이고 구체적인 근거를 찾기 힘들다. 전문가들은 이렇게 어렵고 화려한 곡을 칠 만한 연주자는 프리데만 외엔 떠올리기 힘들다고 말한다.[192] 문제는 당사자인 프리데만이 포르켈에게 이런 일화를 남긴 게 가장 큰 수수께끼이다. 아마도 프리데만이 드레스덴을 떠난 1746년경엔 골드베르크가 이 곡을 백작의 불면증을 위해 연주했을 수도 있다. 이 일화가 나오는 포르켈의 책 6장에서 저자마저 이 곡을 골드베르크 변주곡이라 부른 적은 없으며, 그저 위대한 변주곡이라 불렀다. 또 포르켈이 언급한 〈푸가의 기법〉 마지막 미완성 푸가가 임종 직전에 쓴 것이 아님도 학자들에 의해 진작 판명되었다. 결과적으로 포르켈의 이런 기록들과 프리데만이 그에게 전해줬다는 이야기의 진위에 대한 전반적인 신뢰도가 떨어지는 게 사실이다.

한때는 그 대상이 아버지이든 스승이든 한 명의 음악가를 더 위대한 인물로 각인시키기 위해, 아니면 더 감동적으로 기억하게끔, 약간 과장하고 포장된 이야기를 만들어야 할 필요가 있었을지 모른다. 그러나 이제는 그런 인위적인 일화나 과장 없이도 요한 제바스티안 바흐와 그 음악의 위대함을 의심할 이는 아무도 없으니 그 포장을 벗겨버린 실상을 마주해도 괜찮을 듯하다.

'도둑질하지 말라'는 일곱 번째 계명은 '남의 재물을 탐내지 말라'는 열 번째 계명과 어떤 차이가 있을까? 여기의 도둑질은 단순한 물건이 아닌 사람을 상대로 하는 '사람 도적질'과 함께 그 자유를 침해하는 것까지 포함[193]

---

192. Williams, Bach: *The Goldberg Variations*, 5.
193. 김용규, 『데칼로그』, 400.

한다. 카이저링크 백작이 골드베르크를 후원하고 도와줬으니, 밤마다 젊은 음악가를 혹사해도 무방한 것일까? 음악과 예술을 사랑하는 백작도 음악가를 자신의 소유물로 생각하는 다른 왕이나 귀족들과 그도 크게 다를 바 없었던 모양이다.

'도둑질하지 말라'는 계명은 다양한 목적어를 가질 수 있다. 사람, 물건, 학문, 마음, 영혼 등 말이다.[194] 제바스티안이 심혈을 기울인 걸작인 〈아리아와 다양한 변주곡〉이 그냥 듣기엔 너무 아름답지만 연주자에겐 무척 어려운 곡이다. 십 대의 골드베르크가 이 곡을 프리데만과 공부해 충분히 익힌 후 카이저링크 백작에게 밤마다 들려주었을 장면을 상상해 보았다. 누구든지 이 곡을 사랑하고 연주할 수 있다. 하지만 작곡가의 의도와 상관없이 엉뚱한 사람인 골드베르크가 끼어들어 이 곡의 주인공이 되는 게 맞는지는 잘 모르겠다.

---

194. 김기석, 『오래된 새 길』, 59.

카이저링크 백작을 떠올리면 함께 따라오는 인물이 바로 골드베르크이다. 라이프치히의 우리 집에 왔을 때 잠깐 본 그의 창백한 얼굴과 예민한 몸가짐 때문에 그가 더 기억에 남는다. 어렸을 때 아무리 대단한 신동이면 무슨 소용이 있을까 싶다. 자기 건강도 챙기지 못하고 29살에 세상을 떠난 골드베르크가 한편으론 불쌍하기도 하다. 하지만 그는 〈아리아와 다양한 변주곡〉을 통해 자신의 이름을 역사에 길이 남겼다. 별다른 명분도 없이 말이다.

〈아리아와 다양한 변주곡〉의 주인은 당연히 작곡가인 아버지 제바스티안이다. 그가 가장 사랑하고 아낀 아들이며 연주자로 염두에 둔 프리데만이 거기 편승했다면 또 모르지만 말이다. 난 이 작품의 고귀한 이미지와 영혼을 누가 도둑질하는 걸 그냥 두고 볼 수는 없다. 많은 사람이 이 소중한 곡을 아무 거리낌이나 주저 없이 〈골드베르크 변주곡〉이라고 부를 때마다 일일이 가서 지적하고 고쳐줄 수도 없고, 이런 사실이 부당하다고 느끼는 건 나만의 편견일까?

전쟁과 프로이센 군대의 점령

프로이센은 어느새 유럽에서 무시할 수 없는 강력한 국가가 되었다. 제 1차 슐레지엔 전쟁(1741-1742)에서 브레슬라우 조약을 맺은 후 전열을 가다듬고 있던 프로이센은 1744년 보헤미아를 침공하면서 다시 제2차 슐레지엔 전쟁을 재개했다. 초기엔 오스트리아 트라운 백작의 뛰어난 전술에 밀려 프로이센군이 슐레지엔으로 퇴각했지만 1745년 6월 4일 호엔프리트베르크에서 큰 승리를 거둔 후 다시 기세를 몰아갔다. 작센은 오스트리아 및 제국 휘하의 여러 민족의 연합군과 합하여 프로이센의 왕 프리드리히 2세에게 맞서고 있었으나 그는 결코 호락호락한 상대가 아니었다. 프로이센의 승리 뒤에는 프리드리히 대왕의 뛰어난 지략과 함께 그들의 잘 훈련된 기병대와 포병대, 보병, 그리고 그들의 영웅이라는 바이로이트 용기병대가 있었다. 그들은 프로이센군에 소속된 흉갑기병 연대인데 조르 전투에서 하루에 이천 명이 넘는 포로들을 붙잡았고, 상대 보병의 군기를 67개나 노획했으며, 심지어 대포 5구를 탈취해 프로이센의 승리에 결정적인 역할을 하였다. 하지만 이 전투 중에 프로이센군의 군자금과 귀중품들이 다수 약탈당했는데 거기엔 프리드리히 2세의 애견 비케와 전쟁에까지 가져간 왕의 플루트가 포함되어 왕이 노발대발했다고 전해진다.

약이 바싹 오른 프리드리히 2세는 그 후 작센 측 연합군이 러시아까지 힘을 합해 프로이센의 수도 베를린을 공략하려 한다는 정보를 입수하곤 11월 23일 헨넬스도르프에서 작센 군을 기습했고, 바로 다음 날은 기수를 돌려 라우지츠에서 오스트리아군을 쳐 연승을 거두었다. 그 후 안할트-데사우의 공작 레오폴트 1세가 이끄는 프로이센의 군대가 라이프치히를 점령한 게 11월의 마지막 날이었다. 안 그래도 불안에 떨던 라이프치히 시민들에게 1745년의 마지막 한 달은 악몽이었다. 게다가 12월 중순 드레스덴 근처인 케셀스도르프에서 벌어진 전쟁은 더 어이없이 져버려 작센 측 병사의 반을 잃었다. 이젠 더 이상 전쟁을 지속할 용기와 희망마저 바닥 나버린 상황이었다. 결국 1745년 12월 25일 드레스덴 평화협정에서 황제 마리아 테레지아는 슐레지엔이 프로이센 소유임을 공식적으로 인정하며 항복하고 말았다. 이런 전쟁의 소요 가운데 놓인 라이프치히 바흐 집안과 그 주변 상황은 어떠했을까?

"카타리나, 이런 전쟁의 포화 가운데서도 어김없이 성탄절은 다가오고 한 해가 저무네. 이제 양 진영이 화해는 한 거지?"

"화해요? 막달레나, 이건 화해가 아니고 우리 작센이 항복한 거죠."

"그래. 어쨌든 양측이 합의 하에 드레스덴 평화조약을 맺었으니 이제 포화 소리는 사라지는 거 아니야?"

"물론 코앞에서 전쟁의 긴장을 실감하지는 않겠죠. 하지만 전쟁에 이겨놓고 공짜로 평화조약 맺으려면 뭐 때문에 그 많은 인명을 희생해 가며 이 짓을 하겠어요?"

"그러면 말로만 평화인 거야?"

"엄청난 액수의 배상금과 함께 슐레지엔 지역에 대한 프로이센의 영유권을 인정하는 불평등 조약의 대가죠. 우리에 갇혀 꼼짝도 못 하는 동물에게 먹이 던져주듯 평화조약으로 인심 쓰는 셈이죠"

"그렇게 복잡한 건 난 몰라. 누구든 잡아 먹을듯한 눈으로 두리번거리는 프로이센 군인들 보지 않고 내 집에서 마음 놓고 살기만 하면 될 것 같아."

"하긴 우리의 아름다운 도시 라이프치히를 잿바다로 만들 수도 있었죠. 그나저나 어제 성탄절 날 아버지가 이 평화조약 체결을 기념해 파울리너 대학교회에서 드린 감사 예배 참석하셨죠?"

"그럼, 가고말고. 예배에서 예전 드레스덴 궁정에 바쳤던 5성부 글로리아에서 세 악장(글로리아, 주 하나님이여, 주의 성령)을 가져와 라틴어 칸타타로 재구성한 음악(칸타타 191번 "하늘에는 영광") 들었지. 거기다가 1724년 성탄절 때 사용했던 6성부 상투스까지 함께 연주되니 정말 멋지더라."

"성 토마스 교회에서 드린 새벽 예배와 성 니콜라이 교회의 오후 예배, 대학교회의 감사 예배까지 하루에 세 번이네요. 아버지 힘드셨겠어요."

"말해 뭐해. 그래도 휘하에 있는 최고의 교회 합창단을 총동원해서 함께 연주하는 기회라고 신나 하던데?"

"전쟁이 끝나니 다시 연주도 재개되고. 아버진 미사곡 연주가 신나시나 보네요."

"맞아. 그런데 그것보다도 그동안 묵혀두었던 미사곡 악장들을 다시 꺼내 놓고 자꾸 들여다보는 게 심상치 않더라."

"저는 저렇게 놀랍도록 완벽한 작품을 출판도, 연주도 하지 않고 아버지 서재에서 먼지만 쌓이도록 썩혀 두는 게 너무 속상해요."

"카타리나, 걱정하지 마. 그이도 이번 연주로 자극을 좀 받은 것 같아. 별로
　　말은 없는데 라틴어로 된 큰 규모의 미사곡을 구상하는 것 같더라."
"다행이네요. 지금껏 들어온 그 많은 칸타타와 여러 수난곡과는 또 다른
　　뭔가 특별함이 있는데 어떻게 말로 설명하기가 힘들어요. 아버지는 이
　　제 더 이상 시의회의 눈치 볼 것도 없잖아요. 드레스덴은 물론이고 어
　　디든지 아버지의 음악을 이해하는 곳에서 연주하면 되죠."
"그야 물론이지."
"사실 전 학교에 가본 적이 없으니 라틴어라곤 한 번도 배운 적이 없잖아
　　요."
"그건 나도 마찬가지야. 어쩌다 노래할 때 라틴어가 나오면 발음에나 신경
　　쓰고, 들은 풍문으로 대강 뜻을 짐작하는 정도지 뭐."
"그런데 어떻게 생소한 라틴어 가사로 된 미사의 내용이 이토록 가깝게 다
　　가오는 건지 너무 신기해요."
"나도 그 라틴어 단어들이 뇌리에 꽂히면서 그 의미가 전달되는 게 무슨
　　조화인지 의아했어."
"이게 신앙의 신비일까요? 아니면 라틴어의 보편성 때문일까요?"
"그러게. 라틴어 자체의 보편적인 성격에다가 시간과 지역을 초월하는 신
　　앙적인 가치 때문 아닐까?"
"아버지의 음악이 가사를 너무 효과적으로 아름답게 전달해서 그럴지도
　　몰라요."
"어떤 이유이든 간에 난 그이의 야심 찬 계획이 기대되네."
"저도 그래요. 어제 연주된 성탄절 찬송 '하늘 높은 곳으로부터 나 내려왔

도다.' 선율로 된 오르간 독주곡[195]에서도 예수님이 바로 여기에 내려
오셔서 내 옆에 계신 것처럼 성탄절의 기쁨을 느낄 수 있었어요."

"어디 그뿐이야? 그 다양한 카논들 들었지?"

"그럼요. 하나님께 순종해야 함을 아버지는 카논으로 직접 느끼게 해줘
요."

"카논은 머리가 아닌 행동으로 직접 따르도록 권유하는 것 같아. 이게 바
로 신앙의 실천이지."

"전쟁 때문에 죽을 것 같다더니. 이젠 행복해 보이네요. 참 지난 10월 베를
린에 새로 태어난 카를의 아들 요한 아우구스트 보고 싶네요."

"많이 컸겠다. 얼마나 예쁠까?"

"카를이 워낙 자상하니 아기도 잘 돌보고 있겠죠."

"마흔 살 넘어 낳은 자식이니 소중하겠지."

"아버지는 마흔 정도가 아니라 57살에 막내딸을 보셨는데요."

"그러게. 나도 이젠 나이 들었나 봐. 그동안 출산한 아이가 열세 명이더라.
모두 귀하고 예쁘긴 하지만 애 키우는 게 점점 힘들어. 손자나 보러 우아하
게 베를린에나 다녀오면 좋은데 말이야."

〈아리아와 다양한 변주곡〉의 25번째 변주곡은 작곡자가 adagio라는 빠
르기를 명시해 놓았다. 마치 전쟁의 미궁 속에 갇힌 것처럼 시간은 느리게
흐르고 분위기는 어둡지만 그 안에서 긴장감 높은 표현이 전개된다. 이 느
린 아다지오가 존재하기 때문에 이어지는 불꽃처럼 화려하고 빠른 변주곡
들이 더 빛을 발하는 것 아닐까?

---

195. 이 곡이 2년 후 J. S. 바흐가 미츨러의 음악학회에 가입하면서 제출한 카논식 변주곡 "하늘 높
은 곳으로부터"(Vom Himmel hoch, BWV 769)의 마지막 변주가 되었다.

나움부르크의 오르간 검사

나움부르크는 라이프치히에서 남서쪽으로 50킬로 떨어진 잘레 강변의 작고 아름다운 중세 도시이다. 한자동맹의 일원으로 한때 강력한 상업 도시로 부각 되었으나 대학과 상업박람회, 커피하우스까지 교육과 경제, 문화의 중심지로 떠오르는 라이프치히로 많은 걸 빼앗기면서 주춤해졌다. 또한 마르틴 루터가 여기에 잠시 머물러 도시 이름이 유명해지기도 했다. 16세기 중엽까지는 주교가 머물던 나움부르크 대성당이 로마네스크와 고딕 양식으로 지어진 전통적인 가톨릭교회의 상징이라면 성 벤첼 교회는 시 광장 앞에 있는 개신교회(루터교)로 대성당보다는 몇백 년 후에 지어졌으나 시의 행사가 여기서 개최되다 보니 시민들에게는 더 친근한 곳이다. 성 벤첼 교회의 첫 오르간은 1616년 요하임 츠슈크가 두 개의 손건반과 페달에 38개의 스탑을 가진 악기로 완성하였고, 1662년에 세 번째 건반을 추가하여 45개 스탑으로 증축하였다. 시간이 지나면서 점점 오르간 상태가 나빠지자 1743년부터 1746년 사이에 차카리아스 힐데브란트[196]가 이전의 오르

---

196. 힐데브란트(Zacharias Hildebrandt, 1688-1757)는 라이프치히 근교에서 활동한 건반악기 제작자로 바흐와 가까운 사이였다. G. 질버만에게 오르간 제작을 배웠으나 독립한 후에는 경쟁

간 케이스는 그대로 둔 채로 내부만 완전히 뜯어내고 새 오르간을 설치하였다. 1746년 썰렁한 바람이 불어와 옷깃을 세우게 하는 9월 하순에 폴란드 왕실과 작센 선제후의 궁정 작곡가이며 최고의 오르간 검사관인 요한 제바스티안 바흐와 그 수준에 어울리는 궁정 오르간 제작자인 고트프리트 질버만(주 134 참고)이 나움부르크 성 벤첼 교회의 오르간 준공 검사를 위해 한자리에 모였다. 나흘 동안 오르간 내부의 기계적인 부분과 각각의 파이프가 내는 소리까지 치밀하게 검사해야 하므로 일정이 만만치 않았다.

"바흐 씨, 당신이 아끼는 힐데브란트의 새 오르간이 마음에 드십니까?"

"왜요, 질버만 씨. 검사에서 불합격이라도 주려고요?"

"무슨 말씀이세요? 난 그런 말 입 밖에 낸 적이 없습니다."

"물론이죠. 말로 내뱉은 적은 없지만 이 배은망덕한 제자 겸 친구인 힐데브란트를 골탕 먹이는 일이라면 물불 가리지 않을 것 같은데요."

"바흐 씨, 솔직히 말해 젊었을 때는 얄미워 고소도 하고 별짓을 다 해봤는데 그래 봤자 분이 풀리기는커녕 아무 소용이 없더이다."

"작센 선제후의 절대적인 비호를 받으며 그만큼 많은 오르간 제작 프로젝트를 선점해 부를 축적했으면 이제 만족할 만도 한데요. 힐데브란트는 질버만 씨가 못하겠다고 거절한 곳에서만 오르간을 만들도록 허락받았지요."

"네 맞습니다. 그건 궁정 오르간 제작자로서 내가 갖고 있는 특권입니다. 힐데브란트는 나와 동등한 자격이 없으니 어쩔 수 없죠. 바흐 선생이 궁정 작곡가로서 다른 음악가들과는 다른 대우를 받는 게 당연한 것처

자로 소송을 당하는 등 서로 각을 세우기도 했다. 바흐는 힐데브란트에게 소소한 오르간 수리나 쳄발로 조율을 맡기면서 동료로 가깝게 지냈다.

럼 말입니다.”

“나는 질버만 씨 오르간의 고전적인 디자인과 은빛 찬란한 음색이 궁정 오
르간 제작자로 인정받아 마땅하다고 생각합니다. 하지만 나의 개인적
인 취향은 기존의 방식만 따르지 않고 새로운 시도도 마다치 않는 힐
데브란트를 응원하고 싶네요.”

“바흐 씨뿐 아니라 다른 오르가니스트들도 내 오르간이 구식이라고 말합
니다.”

“글쎄요. 단지 구식이란 말로는 좀 부족해요. 아름답고 유용한 악기이긴하
나 창의적인 디자인보다는 기존의 틀에 맞춰 찍어내는 듯해 아쉬운 면
이 있어요. 이건 단순한 나의 감정이 아니라서 구체적인 이유를 들 수
도 있습니다.”

“오르간 검사에 비범한 안목을 가진 바흐 선생으로부터 내가 그 아쉬운 이
유들을 좀 들어볼 수 있을까요?”

“물론이죠. 내가 가장 중요하게 여기는 것은 오르간이 낼 수 있는 개성 있
고 풍성한 소리와 그를 뒷받침할 수 있는 악기의 바람 공급 능력입니
다. 나는 우리의 영혼 깊은 곳에 파고드는 저음역을 낼 수 있는 악기를
선호하죠. 지금도 함부르크 카타리넨 교회의 32′ 파이프의 울림을 잊
을 수가 없군요. 힐데브란트는 이곳 성 벤첼 교회 오르간의 총 53개 스
탑 중 손건반에 16′[197]이 5개, 페달에는 16′이 4개, 32′이 1개로 저음역
을 담당하는 스탑이 총 10개나 있어요. 반면 당신이 제작한 오르간들

---

197. 파이프오르간에서는 스탑(음색) 옆에 숫자를 써서 음높이를 표시한다. 8′란 윗부분이 열린 파
이프의 경우 가장 낮은 음인 C음 파이프의 길이가 8 feet(30.48cm 8=243.84cm)라 8′로 간략
하게 표시한다. 피타고라스가 현의 길이를 통한 음정 실험으로 알다시피 16′는 8′보다 한 옥
타브 낮으며 파이프의 길이는 두 배로 길어진다.

은 저음역이 아주 빈약하죠."

"그건 나도 인정합니다. 내가 처음 오르간 제작을 배운 곳이 프랑스 지역이라 페달과 낮은 음역은 북독일보다 약하고 중요성도 떨어지는 게 사실입니다."

"두 번째로 오르간의 다양한 음색과 그들을 합쳐 강력한 소리를 완성하는 고음 믹스쳐[198]에 관해서도 난 힐데브란트의 선택을 선호합니다."

"내 오르간의 믹스쳐는 강력함보다는 부드럽고 투명하게 잘 섞이는 장점이 있어요."

"물론 알고 있어요. 나는 개인적으로 투명하고 예쁜 소리보다는 약간 거칠어도 분명한 존재감을 드러내는 믹스쳐를 더 좋아해요. 오르간 음악은 귀족들의 우아한 파티의 배경음악이 아니며, 목사님 말씀의 배경음악도 아닙니다."

"솔직히 내 오르간은 오르간을 구매하는 사람들의 기호에 맞추어 제작됩니다. 바흐 선생처럼 분명하고 개성 강한 의견을 피력하는 음악가보다는 보통 통용되는 소리의 아름다움을 선호하는 일반인들 말이죠."

"이해해요. 내가 별나단 말씀이죠? 하지만 교회가 크고 높을수록 그 공간을 메꾸는 오르간의 크고 강력한 소리는 저음과 강한 믹스쳐가 합쳐져야 그 효과가 있어요. 사람들의 시선이 아래서부터 위로 가면서 마지막엔 왕이 쓰는 왕관으로 향하는 것처럼 소리도 그래요."

"소리는 추구하는 미학에 따라 달라지겠죠."

"물론입니다. 어쨌든 힐데브란트의 믹스쳐는 최소 5개에서 8개의 높은 음

---

198. 믹스쳐란 파이프오르간의 고음역을 담당하는 스탑으로 주로 프린시팔 계열의 파이프 여러 열(랭크)을 두 개 이상 복합적으로 섞어 사용해 배음 효과와 볼륨을 강화한다. 당시 오르간의 믹스쳐 스탑은 Mixtur, Scharff, Cymbel 등 다양한 이름을 가졌다.

역의 파이프들을 합쳐서 매우 강력해요. 반면 당신 믹스쳐는 수도 적고, 음역도 낮은 편이죠."

"믹스쳐 관련해서는 어쩔 수 없다지만 음색에 있어서는 큰 차이가 없어 보이는데 다양함이 없다는 건 구체적으로 어떤 내용인가요?"

"질버만 씨, 다 알면서 왜 그러세요? 당신의 보수적인 성향은 나뿐 아니라 작센의 모든 음악가가 알고 있어요."

"프린시팔 계열[199]이야 어차피 비슷할 테고, 플루트와 리드, 스트링 계열에서도 뭐 차이가 있나요?"

"프린시팔도 똑같지는 않아요. 하지만 특별히 플루트 계열은 다양성이 많이 떨어지고, 리드 계열은 볼륨이 작아 화려함이 부족해요. 리드를 추가한 풀 오르간(플레눔)을 만들어 보면 음량의 차이가 확실히 드러나죠. 게다가 질버만 씨 오르간은 스트링 계열에 비올라 디 감바[200]를 제외하고는 새로운 음색이 하나도 없어요. 하지만 힐데브란트는 페달에 비올론 두 개(Violon 16′, 8′)와 건반에 겜스호른(Gemshorn 4′)과 바가라(Vagara 4′)까지 섬세한 스트링 계열의 새로운 소리를 과감하게 실험하죠. 이건 마치 곡을 쓸 때 전통적이고 무거운 옛 양식은 물론이고 최신 유행인 가벼운 양식까지 거침없이 포함하는 것처럼 흥미롭고 구미가 당기는 일이죠."

"역시 대작곡가답게 음악으로 비유하시니 할 말이 없습니다."

"그리고 아까 시험 연주 때 들어본 운다 마리스(Unda maris 8′) 멋지지 않습

---

199. 파이프 오르간의 음색은 크게 넷으로 구분한다. 오르간만이 갖는 고유 음색을 프린시팔이라 부르며, 기존의 다른 악기들의 음색을 모방하여 만든 플루트 계열, 스트링 계열, 리드(오보에, 트럼펫 등) 계열로 구분된다.

200. 질버만이 1714년 제작한 프라이베르크의 성 마리아 대성당의 3개의 건반 44개의 스탑 오르간 음색 중에 스트링 계열은 주 건반의 비올라 디 감바(Viola di Gamba 8′) 딱 한 개뿐이다.

니까? 힐데브란트는 파도치듯 잔잔한 소리를 이 새로운 음색에서 시도하니 칭찬할 수밖에 없어요. 게다가 이 음색은 원래 계약서에도 없었는데 이걸 선물[201]로 더한 만큼 더 좋은 점수를 주고 싶네요."

"역시 예리한 지적입니다."

"사실 내 음악은 화성도 복잡하고 전조가 많아서 구식 가온음 조정법[202]에서는 아예 연주가 어렵고, 평균율은 조성의 특징이 살지 않아 재미가 없어요. 젊은 시절 뤼벡을 방문해 베르크마이스터의 적정율(주 38 참고)로 조율된 악기를 보고 놀랐는데 어느덧 40년이 지났네요."

"나도 최근에 만든 오르간에는 적정율을 쓰긴 합니다."

"보통 적정율의 5도 음정은 가온음 체계의 좁은 5도와 피타고라스의 순정 5도를 같이 혼용하는데 질버만씨의 최근 드레스덴 오르간들은 5도 음정이 기계로 찍은 듯 모두 일정해 듣기에 좀 불편해요."

"내가 최근 설치한 오르간들은 예전의 가온음 조정법에서 벗어나 모든 조성의 연주가 가능한 적정율로서 그 시도만도 쉽지 않았습니다."

"그래서 내가 힐데브란트를 좋아해요. 그는 이런 면에서 새로운 시도도 두려워하지 않거든요."

"그 정도까지 예민한 귀를 가진 사람이 몇이나 될까요."

"외관만 화려하고 거친 소리는 난 질색입니다. 그리고 이곳 힐데브란트 오르간은 더 최신 적정율 방식 중 하나인 나이트하르트[203]로 마무리할

---

201. Wolff & Zepf. *The Organs of J. S. Bach*. trans. by Butler(University of Illinois Press, 2012), 148.

202. 가온음 조정법(Meantone temperament)은 15세기 중엽부터 1700년 사이에 주로 사용되었다. 순수한 장3도 음정에 치중하느라 모든 5도 음정이 좁아진다. 그러나 이 방법은 동명 이음을 허용하지 않으며, 한정된 조성만 사용할 수 있다.

203. 나이트하르트(Johann Georg Neidhardt, 1685-1739)의 조정법은 베르크마이스터의 적정율보

겁니다. 어떤 음악이든지 자유롭고 아름답게 연주할 수 있겠죠."

"이 정도로 작은 도시에 그런 최신 조정법이 꼭 필요한지 잘 모르겠네요."

"나움부르크를 촌구석의 소도시 취급하는 건가요?"

"그건 아닙니다. 나이트하르트가 만들어 놓은 분류표[204]를 나도 봤어요. 시
  골과 궁정은 다르게 조율하더군요. 시골의 작은 교회는 아무래도 연주
  자의 수준이 떨어지니 궁정만큼 세련된 조율법이 필요하진 않겠죠."

"맞아요. 이곳 나움부르크는 나이트히르트 방식 중 시골용으로 하지만 여
  전히 전조와 다양한 조성을 자유롭게 사용할 수 있죠."

"아, 그렇군요."

"난 늘 새롭고 창의적인 시도가 좋아요. 오르간 음악이 발전하려면 오르가
  니스트와 오르간 제작자 사이의 긴밀한 의견 교환이 절대적으로 필요
  하다고 봅니다."

"그럼요. 지당한 말씀입니다."

"그래도 피아노 제작에서는 내 쓴소리를 받아들여 개선에 성공하시지 않
  았나요?"

"그때만 해도 바흐 선생을 만나본 적도 없었고, 그런 직격탄을 맞고 무척
  자존심은 상했죠, 하지만 곰곰이 생각해 보니 건반은 너무 무겁고, 고
  음역의 소리는 약한 게 다 사실이더군요. 익숙한 오르간 제작과는 달
  리 새로운 악기여서 심혈을 기울여 개선하려고 노력한 결과입니다. 성
  공이라고 칭찬해 주니 기쁩니다."

다 한 수 개선된 것으로 평균율에 더 가깝게 찌그러뜨리는 음정들의 폭을 줄여 어떤 조성을
써도 크게 거슬리지 않는다. 바흐의 추천을 따라 힐데브란트는 여러 오르간에 나이트하르트
방식을 적용하였다. Lindley, "Bach's Tunings", The Musical Times 126(1985), 723.

204. Lindley, "Bach's Tunings", 724.

"난 단지 연주자로서 객관적인 평가를 한 것뿐입니다."

"책을 통해 이론적으로 배우는 것은 역시 한계가 있더군요. 내가 직접 크
리스토포리가 후기에 만든 포르테피아노를 찾아가서 그 내부를 뜯어
보고 건반을 만져본 것이 큰 도움이 되었어요."

"재미있군요. 돈은 오르간 제작으로 수월하게 벌고, 시간과 노력은 포르테
피아노 제작에 다 쏟아붓고 말입니다."

"내가 그동안 40개 넘는 오르간을 제작해 이젠 나 없이도 숙련된 일꾼들
덕분에 잘 돌아갑니다. 그나저나 힐데브란트의 이번 오르간은 몇몇 새
로운 시도 덕분인지 가격이 만만치 않던데요?"

"그동안 가장 비싼 오르간 가격을 책정한 사람은 질버만 씨 아닌가요? 질
버만 씨 때문에 그동안 원가도 나오지 않는 싼 가격으로 오르간을 제
작해 온 동료가 불쌍하지도 않으신가 봐요? 일일이 주석과 납을 녹여
파이프를 만들면서 자기 몸도 아끼지 않고 일에 혼신을 바친 대가로 1
만 탈러 정도면 적절한 가격이라 봅니다."

"오르간 제작자의 노고를 알아주시니 감사할 따름입니다."

"지난 나흘간 꼼꼼히 검사해 본 결과 이 정도면 합격시켜도 될듯해요. 동
의하세요?"

"아직 건반 액션과 여러 파이프의 정음 작업에 있어서 손볼 게 상당 부분
남아 있긴 하지만 힐데브란트가 바흐 선생께 입은 은혜를 생각해 대충
하고 넘어가지는 않겠죠."

"여기 마무리는 제작자에게 맡기고 우리는 숙소로 돌아가 시원한 맥주와
고급 와인으로 피곤이나 풀어볼까요?"

"좋다마다요. 어서 일어나시지요."

나움부르크 성 벤첼 교회의 오르간

솔직히 오르간 제작은 정말 힘든 작업이다. 나무를 다루는 것만 해도 그런대로 괜찮은데 주석과 납 등을 녹여서 평평하고 얇게 만든 후 다시 자르고 재단해 파이프를 만드는 건 정말 보통 어려운 일이 아니다. 단지 힘든 정도를 지나 건강이 많이 상할 만큼 위험하다. 힐데브란트도 나중에 납 중독으로 세상을 떠났고 질버만 역시 예외는 아니었다. 그렇게 고생한 제작자들과 검사관들이 함께 모여 오르간 제작 완성을 축하하고 그동안의 노고를 격려하기 위해 저녁에는 융숭한 식사와 술, 맥주와 커피까지 일종의 잔치를 마련해 준 나움부르크 시의회는 배려가 깊고 통이 컸다. 기본적인 식사 외에 커피와 파이프 담배 가격으로 1 라이히 탈러 16 그로센이 배정되었고, 백포도주 2리터를 포함해 포도주 총소비량이 28리터로 돈으로 환산하면 7 라이히 탈러 8 그로센이 허용되었다.[205] 참고로 평소에 보통 포도주는 3 그로센, 좋은 포도주는 한 병이 6 그로센 정도 하는데 6 그로센은 막노동자의 하루 임금에 해당한다.[206] 거기다가 제바스티안이 좋아하는 메르제부르크 산 맥주를 2 라이히 탈러 12 그로센 3 페니히[207]까지 마셔도 된다니. 평소엔 좋아해도 비싸서 마음껏 즐길 수 없던 이런 기호 식품들을 실컷 소비해도 되고, 오르간 검사 전문가로 융숭한 대접을 받은 제바스티안은 그곳에서 매우 흡족한 시간을 보냈을 듯하다.

---

205. Salmen, *Zu Tisch bei Johann Sebastian Bach* (Hildesheim: Georg Olms, 2009), 34.

206. 『요한 세바스찬 바흐 2』, 446-7

207. Salmen, Zu Tisch bei Johann Sebastian Bach, 34.

아홉 번째 카논

프리드리히 대왕과 〈음악의 헌정〉

'네 이웃에 대하여 거짓 증거하지 말라' _ 출애굽기 20:16

제바스티안의 조용한 노후가 심심치 않도록 영광의 광채를 비춰준 사건이 1747년에 있었다. 작센의 궁정 작곡가인 제바스티안이 정치적인 적국 프로이센의 군주, 프리드리히 대왕의 궁정에 초대받아 연주한 사실이 베를린 신문 1면에 버젓이 실렸고, 이 그림 같은 장면 한가운데로 제바스티안이 걸어 들어가 잠시나마 주인공이 되었다. 철학과 예술을 사랑하는 계몽 군주로 소문난 프리드리히 대왕이 만나고 싶어 하는 예술가라면 제바스티안의 명성은 이미 최고임을 인정받은 것이다. 대단한 음악 애호가에다가 플루트 연주에 재능이 있었던 그는 저녁마다 새로 지은 상수시 궁전에서 연주회를 개최했다. 대왕 스스로 플루트를 들고 소나타를 연주하면 궁정 쳄발로 주자인 제바스티안의 차남 카를이 반주하거나, 아니면 궁정 악단과 함께 프리드리히 대왕이 독주자로 협연하는 게 관례라고 했다. 보통은 프리드리히 대왕의 음악 선생이며 플루트 제조자이기도 한 크반츠(주 108 참고)가 대왕을 위하여 작곡한 곡이나 대왕 자신의 곡을 연주하면서 정치로 받은 스트레스를 모두 해소한단다. 물론 여기는 초대 없이는 감히 입장할 수 없는 왕의 개인 살롱 음악회이긴 하지만 그 내용은 비밀이 아니어서 어디서 어떤 손님이 와서 무슨 일이 있었는지 다음날 신문 지면에서 확인할 수 있을 만큼 대왕의 지적, 문화적인 행사는 늘 화제의 중심이었으며 일반에게 공개되었다.

'철학자 왕'으로 불린 프리드리히 대왕에 관한 소문은 소설을 쓰고도 남을 정도로 엄청나다. 철학자 볼테르가 "프리드리히 대왕은 오페라를 쓰듯이 전쟁을 치른다. 당시 다른 왕자들이 낳은 서자의 수보다 그는 더 많은 책을 썼으며, 그 쓴 책의 수보다 더 많은 전쟁에서 승리를 거두었다."라고 공개적으로 그를 칭송했다. 영토를 확장하고, 학문과 예술을 숭상해 프로이센을 유럽 지성의 중심지가 되게 만든 대왕의 업적을 감히 누가 부정할 수 있겠는가. 게다가 유럽 전체를 통틀어 최고의 음악가들을 뽑아 궁정악단을 만든 대왕이 제바스티안의 차남 카를 필리프 에마누엘을 데려갔으니 제바스티안 역시 절대로 대왕의 존재에 무심할 수 없었을 것이다. 그러나 루터교를 중시하는 작센 사람들에게 대왕의 괴팍한 성격과 하나님을 부정하고 계몽주의를 더 숭상하는 종교적 성향이 좀 낯설고 받아들이기 쉽지는 않았을 듯하다.

제바스티안은 생전에 작곡가로서 보다는 건반악기 연주가로 더 명성이 있었으며, 특별히 즉흥연주와 악기 감정 전문가로서 타의 추종을 불허하는 대가였다. 프리드리히 대왕과 그의 음악 스승인 크반츠 또한 이런 이유로 카를을 통해 제바스티안을 한번 초대하고 싶다는 의중을 밝혀왔다. 제바스티안 역시 대왕의 초대를 기억하고 있었으나 이러저러한 이유로 차일피일 미루고 있다가 상수시 궁전이 완공된 후인 1747년 5월 그는 이제 더는 미룰 수 없음을 깨닫고 포츠담을 향했다. 대왕이 음악광인 건 익히 들어 알고 있지만 그가 새로 지은 상수시 궁전 안에 질버만이 만든 신형 피아노

[208]를 15대 정도 들여놓았다는 사실은 놀랍기 그지없다. 악기 제작자인 질버만 씨는 물론 프로이센 궁정에서도 이 새 악기들을 테스트하고 품평하는 데는 제바스티안이 최적이라고 판단했던 것 같다. 그 악기들을 모두 테스트해 보기 위해 제바스티안은 이 방 저 방 옮겨 다녔을 터이고, 구경하는 사람들 역시 그를 쫓아다니며 발품 꽤 팔았을 것이다.

새로운 피아노를 하나씩 다 감정해 주고 1747년 5월 7일 일요일 저녁 상수시 궁전의 왕의 실내악 연주회에 초대받은 제바스티안은 대왕이 준비한 매우 길고 난해한 주제로 3성부 푸가를 즉흥연주 해달라는 요청을 받았다. 물론 대가답게 그는 왕이 내린 과제를 피아노에서 노련하게 완수하여 모인 사람들의 칭찬을 받았다. 다음 날 제바스티안은 포츠담 지역의 오르간을 둘러보았고, 저녁엔 성령교회(Heiligegeistkirche)에서 공개 연주회를 했다.[209] 다수의 시민이 모인 공개 연주회에 프리드리히 대왕 역시 참석했고, 그는 제바스티안에게 또다시 같은 주제로 6성부 푸가를 연주하라고 요청했다. 말이 요청이지 이건 명령이나 마찬가지였고 감히 대왕의 명령을 거부할 수 있는 사람이 몇이나 되겠는가? 하지만 제바스티안은 아무런 준비 없이 이렇게 길고 난해한 주제로 6성부 푸가를 즉흥으로 연주할 수 없다는 걸 누구보다도 잘 아는 전문가이다. 그는 양해를 구하고 스스로 선택한 다른 주제로 6성부 푸가를 즉흥으로 연주하였다. 대왕은 물론 공개 연주회에 모인 모든 사람이 제바스티안의 타의 추종을 불허하는 훌륭한 즉흥연주에

---

208. 여기서 피아노는 현대의 피아노가 아니고 포르테피아노(Fortepiano)로 외관은 쳄발로처럼 생겼으나 소리는 해머를 통해 피아노와 같은 방식으로 난다. 쳄발로는 깃촉으로 만든 플렉트럼이 줄을 아래에서 위로 뜯어 소리 나는 데 비해 포르테피아노는 가죽으로 싼 해머가 위에서 아래로 줄을 치기 때문에 터치로 강약 조절을 할 수 있는 새로운 건반악기로 질버만이 이 악기를 프리드리히 대왕의 새 궁전에 제작 판매하였다.

209. Williams, *Bach: A Musical Biography* (Cambridge University Press, 2016), 428.

아낌없는 찬사를 보냈다. 하지만 대위법과 즉흥연주의 대가라는 자부심으로 살아온 그에게 이 사건은 은근히 자존심 상하고 기분 찜찜한 일이었으리라. 흔히 3성과 6성 푸가의 즉흥연주가 동시에 같은 장소에서 이루어진 줄 아는데 윌리암스에 의하면 이는 〈추도문〉에서 다음 날 일정을 밝히지 않았기 때문이다. 연주를 마친 후 제바스티안은 겸손함을 앞세우며 왕이 하사한 이 아름다운 주제를 가지고 제대로 된 6성부 푸가를 완성해 곧 바치겠노라고 선언했다. 성령교회에서의 공식적인 연주회를 마치고 부자가 마주했을 때 그들은 속마음을 터 놓았을 것이다.

"아버지, 역시 아버지의 즉흥연주를 따라갈 사람은 아무도 없을 거예요."
"카를. 그 많은 피아노를 다 감정해 줬고, 원하는 대로 즉흥연주도 했는데
　　도대체 너희 대왕은 왜 나를 욕보이려고 하는 거냐?"
"아버지, 이건 아무것도 아니에요. 프리드리히 대왕은 천성이 삐딱해서 특
　　히 대가라고 불리는 사람들을 골려 먹는 게 취미에요."
"아무리 왕이라도 심한 거 아니냐? 그래 대왕의 표정은 만족하는 것처럼
　　보이던?"
"그럼요. 그렇게 길고 반음계적인 어려운 주제를 가지고 즉흥으로 6성 푸
　　가를 연주할 수 없는 걸 대왕도 알아요. 어떻게 그 함정에서 빠져나오
　　는지 본 거죠."
"그래도 대왕이 하사한 주제로 6성부 푸가를 치지 못한 게 무척 마음에 걸
　　리는구나."
"아버지, 신경 쓰지 마세요. 그건 마치 엄청나게 어렵고 복잡한 수학 문제
　　를 종이에 쓰지 말고 암산으로만 풀라고 요구하는 것과 같아요."
"그야 어느 선까지 푸가를 즉흥으로 연주할 수 있는지는 대왕보다 내가 훨

씬 더 잘 알고 있어."

"솔직히 말해서 대왕은 푸가를 좋아하지 않아요. 대왕이 푸가라는 음악 형
식을 이론적으로 흥미롭게 생각할 수는 있으나 그의 진짜 취향은 아마
추어인 자기 수준에 맞는 가볍고 쉬운 곡들만 좋아해요."

"하긴 여기서 활동했던 요한 고트리프 그라운(주 73 참고) 씨가 대왕을 위
해 곡을 쓸 때 푸가는 아예 넣지 말라는 명령을 받았다는 이야기도 있
더구나."

"그라운 씨의 120여 개의 소나타 중에 푸가가 포함된 악장은 딱 하나 있어
요."

"그러고 보면 대왕의 취향이 보통 까다로운 게 아니더구나. 나도 프랑스
말을 어느 정도 알아듣기는 하는데 대왕은 아예 독일어는 한마디도 안
하네."

"아버지, 그는 프랑스의 언어만 좋아하는 게 아니라 음식부터 장식까지 뭐
든 프랑스적 취향이 아닌 것은 견디질 못해요. 그 유명한 에피소드 들
으셨어요?"

"무슨 에피소드?"

"대왕의 아버지 프리드리히 빌헬름 1세가 살아 있을 때 예고 없이 왕비 처
소로 갔는데 어린 아들이 곱슬한 가발에 프랑스에서 최신 유행하는 옷
을 입고 플루트 연주하는 걸 직접 목격한 거죠."

"그게 어때서?"

"지금과는 완전 딴판이었으니 그때 같아선 날벼락 맞을 짓이죠. 선대왕은
프랑스와 연관된 그 어느 것도 자신의 궁전에서 용납하지 않았어요.
플루트 연주는 남자답지 못하다고 금지했고요. 유전적인 정신병에 울
컥하는 괴팍한 성격까지 합쳐진 선대왕은 하인뿐 아니라 아들도 마구

때렸으니 재수 없이 잘못 걸리면 지팡이에, 접시에 뭐든지 막 던졌데
요."

"정말?"

"심지어 궁궐에서 함께 도망쳤다고, 아들의 가장 친한 친구를 목전에서 죽
였으니 어린 아들이 받은 상처도 만만치 않았겠죠."

"하나님 맙소사."

"프리드리히 2세가 28세이던 1740년 선대왕이 서거하고 난 후부터 플루
트 연주도 마음 놓고 하고 본인의 취향을 제대로 누리는 거예요. 알고
보면 그도 불쌍한 어린 시절을 보냈어요. 그래서인지 대왕은 전쟁을
제외하고는 음악을 제일 좋아해요."

"대왕이 너를 궁정 쳄발리스트로 뽑은 게 바로 그 시점이었지."

"맞아요. 사실 이 궁정에서는 하나님보다 계몽주의 철학자들과 수학자, 과
학자들의 입심이 더 커요."

"정말이냐?"

"볼테르를 비롯하여 이 시대 최고의 지성들이 이 상수시 궁전으로 몰려와
요. 대왕은 매우 머리가 좋아 그런 상황을 백분 정치적으로 이용하죠."

"대왕 덕분에 이 프로이센이 유럽에서 군사적으로뿐 아니라 문화적으로도
가장 막강한 나라 중의 하나로 부상한 것도 사실이잖니."

"물론이죠. 대왕은 이제 두려운 것도 없고 부족한 것도 없어요. 그런 대왕
이 뭐가 아쉬워서 기도하고 신앙을 갖겠어요?"

"그렇구나. 내 라이프치히로 돌아가 대왕에게 바치는 곡을 완성할 때 그걸
참고해야겠어."

"뭘 어떻게 하시려고요?"

"나름 내가 계획이 있단다. 동판 인쇄 나오면 보여주마."

"아버지가 어떤 메시지를 대왕에게 전해 줄지 궁금하네요."

"카를, 네가 여기 온 지도 7년이 지났구나. 그래 견딜 만은 한 거지?"

"보수는 적지만 그래도 궁정이니까 편하기는 해요. 솔직히 말해 크반츠의
곡들만 해도 들어줄 수 있어요. 그저 그런 대왕의 플루트 협주곡을 반
주하면서 이게 최고라는 표정을 짓는 게 가장 힘들어요. 아버지도 아
시잖아요?"

"물론 알지. 우리 같은 음악가들이 살아남기 위해서는 자존심을 굽히고 신
분 높은 분들의 하찮은 취향에 머리를 조아리는 것 외에는 방법이 없
지 않겠니?"

라이프치히로 돌아간 제바스티안은 깊은 고민 끝에 이 작품의 제목
을 〈음악의 헌정〉(Musicalisches Opfer BWV 1079)이라고 정했다. 일반적인 헌
정(Widmung)보다 훨씬 수위가 높은 하나님께 바치는 희생 제물이나 헌납
(Opfer)을 의미하는 단어를 사용한 것이다. 프리드리히 대왕과의 만남을 적
극 활용해 바흐가 생전에 마지막으로 출판한 〈음악의 헌정〉은 그의 모든
작품 중 기원과 목적이 가장 분명하게 기록된 곡이다. B단조 미사, 푸가의
기술과 함께 그의 말년에 작곡된 기념비적인 작품인 〈음악의 헌정〉은 대
왕이 하사한 주제로 된 3성부 푸가와 그때 즉흥으로 연주하지 못했던 6성
부 푸가, 4악장으로 된 트리오 소나타 한 곡에 10개의 카논까지 1747년 9
월 말일에 동판으로 인쇄를 마쳤다. 대위법과 카논, 구조와 형식에서 빛나
는 창의력과 설득력 있는 음악적 표현의 깊이까지 지닌 이 작품은 단일 주
제로 되어 더욱 흥미롭다. 원래 계획했던 대로 대조적인 3성과 6성 푸가[210],

---

210. 리체르카르(Ricercare)라는 제목을 가진 〈음악의 헌정〉의 두 푸가는 여러 면에서 매우 대조적
이다. 3성 푸가는 악기부터 가장 최신식인 포르테피아노를 염두에 두었고, 극적이고 수사학

대왕을 위해 플루트가 포함된 트리오 소나타까지는 납득이 가는데 엉뚱하게 10개의 카논은 왜 여기에 포함되었는지 알 수 없다. 매우 비싼 종이를 사용한 서문에는 작곡 의도가 '모든 전쟁과 평화, 특히 음악에서 위대함과 권력을 가진 군주의 명성에 작게나마 영광을 돌리기 위함'이라고 명시하였다. 제바스티안이 프리드리히 대왕에게 그가 좋아하지도 않는 푸가와 카논을 보내는 진짜 이유는 무엇일까? 다양하고 유쾌하며 복잡하지 않은 음악을 선호하는 대왕에게 푸가나 카논은 단지 지적인 호기심을 충족시키는 '신기한 구경거리'에 불과했다.[211] 대왕 앞에서는 어쩔 수 없어 머리를 조아리면서 복종했던 제바스티안이 이제는 자신의 음악을 통해 무슨 메시지를 전달하려는 것일까?

'네 이웃에 대하여 거짓 증거 하지 말라'는 아홉 번째 계명은 결국 이웃의 명예와 이익을 침해하는 말을 삼가고 참고 화목하게 지내라는 뜻이다. 프리드리히 대왕은 노대가인 제바스티안이 그 길고 어려운 주제로 6성부 푸가를 즉흥연주 할 수 없다는 걸 뻔히 알면서 의도적으로 그를 우롱했다. 각 분야의 대가들을 욕보이는 게 취미이고 일상인 프리드리히 대왕에게는 그저 한나절 후면 잊어버릴 시시한 사건이었을 지도 모르나 대왕의 행동은 제바스티안의 명예와 자존심을 크게 침해했다. 결국 제바스티안은 음악을 통해 하고 싶은 이야기를 〈음악의 헌정〉 안에 담아 답으로 보냈고, 이를 학자들은 여러 시각에서 본다. 어떤 이는 수사학적으로, 어떤 이는 신학적으로 각각 다른 각도에서 해석하고 있지만 여전히 작곡가의 진의는 누구도 알 수 없다.

적인 세련된 양식으로 작곡되었다. 반면 6성 푸가는 복잡한 옛 양식으로 되어 오르간이나 쳄발로가 더 잘 어울린다.

211. Marissen. "The theological character of J. S. Bach's Musical Offering", 91.

〈음악의 헌정〉 10개의 카논 중 제1번 '수수께끼 카논'

　〈음악의 헌정〉에 포함된 10개의 카논이 십계명을 상징한다고 보는 매리슨(주 42, 211 참고)의 주장이 어찌 보면 제바스티안의 입장에서도 그럴듯한 응대일 것 같다. 수수께끼 카논의 모습으로 18마디를 한 단으로만 기보한 제1번은 흔히 '게 카논'으로 알려졌는데 이를 시작으로 4번은 "점점 많아지는 음표들처럼 왕의 행복이 증대"되길 바란다고 쓴 확대 카논이고, 5번은 "점점 상승하는 조성처럼 왕의 명성(영광) 또한 높아지길 기원"하며 장2도씩 6번 전조 하는 카논이다. 10개 중 아홉 번째 곡 역시 수수께끼 카논인데 앞에 "찾으라, 그러면 찾을 것이요(마태복음 7:7)"라고 쓴 제바스티안의 의도는 하나님과 등진 프리드리히 대왕에게 하나님과 그의 은혜를 찾으라는 권고인가? 푸가의 제목을 굳이 '리체르카르'라고 부른 이유도 알고 보면 그 어원이 무언가를 '찾다'이기 때문일지도 모르겠다.

미츨러 음악협회와 〈푸가의 기법〉

제바스티안의 마지막 몇 년간의 작품들은 미츨러 음악협회와 상당히 밀접한 연관이 있다. 미츨러(주 144 참고)는 라이프치히 대학 재학 기간 중 제바스티안과 공부한 영민한 청년이다. 음악 외에도 문학과 과학 등 여러 학문에 관심이 많았던 그는 1738년 자신의 음악협회[212]를 창단했다. 1754년까지 지속된 이 음악협회는 당시 최고의 음악가였던 텔레만, 그라운, 슈튈첼, 헨델 등이 가입해 활동했고, 제바스티안은 1747년 14번째 회원으로 가입하였다. 협회가 생기고 나서도 본인의 입회는 9년이나 기다린 제바스티안의 신중함의 이유는 무엇일까? 단지 추이를 지켜본 것인지 아니면 자신의 이름과 연관된 숫자인 14에 대한 각별한 애착[213] 때문인지는 알 수 없다.

---

212. 음악의 과학적인 측면을 강조하며 미츨러가 창단한 음악협회(Correspondirenden Societaet der Musicalischen Wissenschaften)는 연회비 2탈러를 내고 우편으로 교신하는 음악 단체이다. 바흐가 1746년 하우스만에게 초상화를 요청한 것도 본인의 초상화를 제출해야 하는 협회 규칙 때문이었다.

213. 당시 알파벳을 숫자로 환산하는 것은 수비학에서 매우 일반적인 일이었다. B=2, A=1, C=3, H=8로 이 네 알파벳을 합치면 숫자 14가 되어 바흐(Bach)를 상징하는 숫자로 자주 사용되었다.

미슬러를 비롯한 협회원들은 가볍고 듣기 편한 당대의 음악에 비해서 과거의 음악이 얼마나 위대한지 증명하려고 각고의 노력을 하였다. 과거란 피타고라스의 수학적 이론에 근거한 그리스음악부터 르네상스 시대의 대위법 등 다양하다. 미슬러 음악협회는 이런 이론적인 연구에 몰두한 결과 수학이나 과학의 업적을 음악에 반영하려고 노력하였다. 미슬러는 당시 가장 유명한 푹스[214]의 대위법 교본 〈파르나수스로의 계단〉을 1742년 독일어로 번역하면서, 책 서두에 케플러의 행성 운동법칙과 우주의 조화를 언급하였고 뉴턴을 불멸의 인물로 칭송하였다.

호기심 많은 제바스티안 역시 새로운 시대를 주도하는 과학자들과 그들의 업적에 관심이 많았으며, 이런 논리적이고 형이상학적 영역, 변하지 않는 진리를 음악에 담고자 시도하였다. 제바스티안은 협회의 규약대로 일년에 한 곡씩 그 취지에 맞는 학구적인 작품들을 제출하였다. 1747년에는 〈수수께끼 카논〉[215] 방식으로 기보된 후대만을 위한 4성부 카논(BWV 1074)과 〈"하늘 높은 곳으로부터"의 코랄에 의한 카논 변주(BWV 769)〉, 1748년에는 〈음악의 헌정〉이 협회원들에게 우편으로 보내졌다. 1747년 우편물에는 위의 작품들과 함께 처음 입단한 회원에게 요구되는 작은 크기의 초상화[216]도 포함되었다. 〈푸가의 기법〉 역시 체계적인 구조와 복잡한 내용을 통해 음악의 수학적이고 논리적인 면모를 여실히 드러내는 곡이라 세

---

214. 푹스(Johann J. Fux, 1660-1741)는 오스트리아의 작곡가 겸 이론가이다. 빈 합스부르크 궁정 카펠마이스터로 활동하였다. 대위법 교본 저술 등 대위법의 옹호자로 후대에 큰 영향 끼쳤다.

215. J. S. 바흐가 쓴 카논 중 수수께끼처럼 그 해법을 다 음표로 적지 않은 것을 수수께끼 카논이라고 부른다. 바흐의 초상화에서 보이는 카논 역시 수수께끼 카논(Canon triplex a 6 voce, BWV 1076)이며 "하늘 높은 곳으로부터" 코랄에 의한 카논 변주 중 제1, 제2, 제3 변주곡도 여기에 속한다.

216. 가장 널리 알려진 J. S. 바흐의 초상화는 라이프치히 시의회 전속화가인 엘리아스 고틀롭 하우스만이 그린 것으로 수수께끼 카논을 손에 들고 있다.

번째로 미츨러 음악협회에 제출하고자 준비했던 것 같으나 개인 사정으로 제출하지 못했다. 결국 제바스티안 사후인 1751년 둘째 아들 카를에 의해 출판되면서 순서나 내용에 약간의 혼선이 빚어졌다. 〈푸가의 기법〉은 내용과 기술 면에서 최고로 난해한 모든 대위법적 가능성을 총동원한 걸작이다. 초기 작품들과 달리 후기로 가면서 제바스티안은 하나의 주된 주제를 통해 곡에 통일성을 강화했는데 여기서도 14곡의 푸가와 4곡의 카논이 모두 하나의 주제에 초점을 맞추고 있어 전체가 하나의 건축물처럼 유기적으로 연결되어 보인다. 나이 든 제바스티안 옆에서 조수 역할을 잘 해낸 어린 동생에게 호기심 많은 큰누나 카타리나는 아직도 궁금한 게 많나 보다.

“아버지의 마지막 시기에 관해서는 그 누구보다도 프리데리히[217] 네가 가장 잘 알고 있는 것 아니야?”

“물론이죠, 큰누나. 아버지 바로 옆에서 시키시는 대로 악보 사보하고, 수정하는 일을 제가 도맡아 했죠.”

“네가 곁에 있어서 아버지도 든든하셨을 거야. 너는 아버지가 심혈을 기울인 마지막 작품이 뭐라고 생각하니?”

“제 생각에는 아버지의 유작이라고 부를 수 있는 작품은 〈B단조 미사〉 같아요.”

“왜 그렇게 생각해? 난 그게 〈푸가의 기법〉인 줄 알았는데.”

---

217. 요한 크리스토프 프리드리히 바흐(Johann Christoph Friedrich Bach, 1732-1795)는 안나 막달레나가 낳은 아들로 흔히 '뷔케부르크 바흐'로 불린다. 아버지와 음악 공부를 한 후 라이프치히 대학에서 법률을 공부하던 중 뷔케부르크 궁정음악가 자리가 나자 1749년 17살에 그곳으로 가 평생을 보냈다. 1755년 같은 궁정 음악가의 딸인 루치아 엘리자베트 뮌크하우젠과 결혼하여 9명의 자녀를 낳고 비교적 평탄한 삶을 살았다. 집안에서는 그를 '프리데리히'로 불렀다.

"〈푸가의 기법〉은 이미 1742년에 푸가 12곡과 카논 3곡이 수록된 초기본이 완성되어 있었거든요. 돌아가시기 전 1~2년간은 주로 조판 작업에 몰두하시면서 한두 곡씩 추가한 정도죠."

"아버지가 6개의 코랄(BWV 645-650)을 맡겼던 요한 게오르크 쉬블러의 동생인 요한 하인리히 쉬블러에게 1749년에 조판을 맡긴 건 알았는데 결국 완성된 건 아니었구나."

"네. 너무 아쉬워요. 아무리 영민한 둘째 형 카를도 아버지의 의도를 전부 파악하긴 힘들게끔 자필본이 좀 복잡하게 섞여 있었거든요."

"그래서 순서나 내용에 혼선이 있었구나. 그래도 카를 아니면 출판도 힘들었을 거야."

"맞아요. 조판비도 나오지 않을 게 뻔한 데 형이 무리해서 출판을 감행한 거죠."

"가치도 가치지만 아버지가 〈푸가의 기법〉을 얼마나 긴 시간 숙고하며 준비해 왔는지 카를은 잘 아니까 용기를 낸 거야."

"그리고 형이 인쇄본의 미완성 푸가에 '이 시점에 작곡가가 사망했다'라는 극적인 문구를 추가해 마치 〈푸가의 기법〉이 유작인 줄 사람들이 오해하게 된 거죠."

"글쎄 말이야. 나도 그중에 하나지. 그런데 카를은 음악만큼 문학적인 재능도 타고났나 봐."

"왜요?"

"자기가 보지도 않은 사실을 진짜처럼 써서 사람들의 관심을 끌고 있잖아."

팔이 안으로 굽는다더니 이런 상황에서도 나는 둘째 동생 카를의 편을 들고 있었다.

"그렇긴 해요."

내 엉뚱한 말도 잘 받아주는 프리데리히는 나보다 24살이나 어리니 마치
　　아들 같은 동생이다.

"초기 본에선 12곡이던 푸가를 아버지의 숫자인 14개로 만들기 위해 푸가
　　2곡을 더한 거지? 거기다가 카논도 1곡을 추가해 4곡이 된 거고."

"네. 14개의 푸가는 대위법적으로 점점 복잡해지는 구성으로 짜여있어요."

"난 너무 어려운 대위법은 잘 모르지만 거울 푸가 두 곡은 정말 신기하더
　　라."

"그렇죠? 아버지는 거울 푸가를 두 곡 쓰셨으니 원래 형태와 전위된 형태
　　로 두 곡씩 짝을 이뤄서 결국은 네 곡이 되는 거예요."

"그렇구나. 어떻게 이런 곡을 쓸 생각을 하셨을까?"

"거울 푸가 두 곡 중 12번은 느린 사라반드이고 13번은 빠르고 활기찬 지
　　그로 같은 형식 안에서 이어지는 두 곡이 아주 대조적이에요. 애초부
　　터 대위법적 거울이 되려면 전체가 일대일로 음 전위가 가능하도록 착
　　상되어야 하니 그 어떤 곡보다도 까다롭고 어려워요."

"그냥 듣기 좋아서 즐겼는데 그게 아니구나. 난 2대의 쳄발로용으로 편곡
　　된 거울 푸가도 참 좋더라."

"저도 그래요. 아버지가 저랑 듀오로 그 곡을 쳐보자고 하실 때 너무 기뻤
　　어요."

"그랬겠다. 아버지와 아들 둘이 마주 보고 하는 연주 자체가 거울이지. 그
　　런데 마지막 미완성 푸가는 도대체 어떻게 된 거야?"

"저도 잘 모르겠어요. 보통 숫자 3이 신을 상징하면 4는 인간을 상징해요.
　　네 개의 주제를 갖고 있는 사중 푸가는 아버지의 인간적인 면모를 상
　　징할 수 있겠죠."

"세 번째 주제로 당신의 이름, 바흐(BACH=B♭-A-C-B♮) 모티브를 쓰셨잖
아."

"맞아요. 그 후 238마디에서 곡이 갑자기 중단되죠. 제가 아는 한 아버지
는 사중 푸가의 결말을 미리 시도해 보지 않고 그 앞부분을 쓰실 분이
아니거든요."

"나도 그렇게 생각해. 일부러 미완성으로 남겨 아들들과 제자들에게 숙제
로 남긴 건지 아니면 완성된 쪽을 찾지 못하는 건지 알 수가 없네."

"아버지다워요. 마지막까지 스승의 본분을 절대 버리지 않으시죠."

"〈푸가의 기법〉은 마치 순도 백 프로의 순금처럼 대위법 예술의 결정체 같
아."

"최고로 학구적이면서 동시에 빛나도록 아름다운 음악을 남겨준 아버지를
새삼 존경하게 되네요."

〈B단조 미사〉와 리스헨의 결혼식

〈B단조 미사〉의 시작은 1733년 선제후에게 헌정한 키리에와 글로리아로 제바스티안은 당시 드레스덴 궁정에 어울리는 미사곡 양식을 잘 알고 있었기 때문에 이 두 악장을 선택하였다. 십 년 이상 묵혀 있던 위 글로리아 중 세 악장과 1724년 성탄절에 연주된 상투스가 드레스덴 평화협정을 기념하기 위해 1745년 성탄절 라이프치히 대학교회에서 열린 특별 감사예배에서 연주되었다. 이때부터 이미 라틴어로 된 미사곡에 대한 계획이 생명력으로 충만해져서 꿈틀거리고 있었다. 평화협정 기념 연주 때 드러난 싹과 잎에서 영감을 얻은 제바스티안은 이를 거창한 나무로, 길이 남을 가톨릭 미사곡으로 키우기로 작정한 듯하다. 그는 자신이 받은 음악적 재능으로 가장 위대하고 보편적인 교회음악을 남기고 싶어 긴 기간 고민하고 준비하였을 것이다. 〈푸가의 기법〉에서 보여준 것처럼 다양하고 상반되는 음악 양식을 자유자재로 매끄럽게 녹여내나 이번에는 성악과 기악의 혼합체로서 더 큰 규모의 기념비적인 작품이다. 이 거창한 미사곡 안에는 가톨릭 미사에 어울리는 객관적 숭고함과 화려함이 있는가 하면 또한 루터교

칸타타처럼 주관적이고 친밀한 면이 서로를 해치지 않고 공존한다.[218]

〈B단조 미사〉는 칸타타처럼 서술된 이야기가 없으므로 이를 전개할 레치타티브가 필요 없다. 또한 과도한 감정이 개입되지 않은 신앙적인 가사를 가지고도 제바스티안은 당대에 맞는 수사학적 기법과 전달 방법을 충분히 활용했다. 27개 악장에 달하는 이 미사곡을 살펴보면 합창으로 된 부분이 생각보다 많다. 그동안 발표한 대규모 작품인 수난곡들과 성탄절 오라토리오와 비교해 보아도 작품의 구조를 좌우할 정도로 합창의 비중이 큼을 바로 알 수 있다. 크레도(니케아 신경)의 합창은 대부분 5성부이고 상투스(거룩하시다) 이후에는 다중합창 형태로 성부가 더 늘어난다. 즉 일반적인 4성부부터 5성부, 6성부, 8성부까지 다양하나 6성부는 어쨌든 흔치 않은 예이다. 1745년 이후 작업에 나선 제바스티안은 그동안 쓴 작품들을 적재적소에 적극적으로 활용했다. 크레도의 "전능하신 아버지(Patrem)"는 칸타타 "하나님, 당신의 이름과 같이"[219]에서 가져왔고, "그는 십자가에 못 박혔네(Crucifixus)"는 1714년 바이마르 시절 쓴 칸타타 "울음, 비탄, 근심, 두려움."[220]에서 가져오는 등 차용의 예가 많다. 반면 그 곡 바로 앞에 있는 "육신을 입으시고(Et incarnatus)"는 1749년에 새로이 작곡된 제바스티안의 가장 마지막 합창곡으로 눈길을 끈다. 1714년과 1749년 사이의 35년이란 세월이 무색할 만큼 두 곡은 베이스 성부의 반복적인 선율(오스티나토)을 사용해

---

218. Kobayashi, translated by Baxter "Universality in Bach's B minor Mass: A Portrait of Bach in his final years" *Bach* 24-2 (1993), 12.

219. "하나님, 당신의 이름과 같이 당신을 찬양하는 소리도"(Gott, wie dein Name, so ist auch deine Ruhm, BWV 171)는 1728년 작곡되고 1729년 초연되었는데, 첫 곡 합창이 B단조 미사의 "Patrem"에 사용되었다.

220. "울음, 비탄, 근심, 두려움"(Weinen, Klagen, Sorgen, Zagen, BWV 12)은 1714년 작곡된 곡으로 합창의 앞부분을 "Crucifixus"에 활용하였다.

둘 사이의 일관성을 자연스럽게 일구었다. 같은 패러디 기법을 써도 제바스티안의 차용은 수준이 달랐다. 원래 소속이 의심스러울 만큼 이들은 미사곡에 너무 잘 어울렸고 그의 완숙한 솜씨가 감탄스럽다.

〈B단조 미사〉를 쓴 제바스티안을 바울 사도와 한번 비교해 보면 어떤가 싶다. 사도 바울은 예수님의 다른 제자들과 달리 학문적으로나 배경으로나 가장 학식이 뛰어나 유대교나 율법 등의 전통에 관해서 가장 잘 아는 제자였다. 마치 제바스티안이 과거의 전통인 대위법의 고수인 것과 비슷하다. 사도 바울은 예수 그리스도의 복음을 위해 모든 걸 버리지만 율법 자체를 비방하지는 않았다.[221] 제바스티안이 〈B단조 미사〉에서 가톨릭 미사 전례를 사용한 걸 옛 전통, 혹은 율법이라 치고, 그걸 비방하고 버리기보다는 이를 잘 활용해 복음 선포를 위해 사용한다는 취지이다. 언어가 라틴어든 독일어든 솔직히 크게 상관이 없다. 그 가사가 가톨릭 미사에서 쓰였든 개신교 예배에서 쓰였든 어떤 공간이나 교파보다는 가사의 핵심 내용과 이를 전달하려는 깊이 있는 음악이 더 중요하다는 초교파적인 입장이 이 위대한 작품을 이해하는 데 도움이 될 듯하다.

시간과 공간을 초월하는 음악적 통합이란 무엇일까! 〈B난소 미사〉는 신학적으로나 음악적으로 상반되는 것들을 통합해 보편적이고 영원한 음악으로 완성했다.[222] 제바스티안이 〈B단조 미사〉를 자신의 마지막 작품으로 여겨 심혈을 기울인 데는 이유가 있을 것이다. 옛것과 새것, 신념과 감정, 전혀 어울릴 것 같지 않은 상반되는 요소들을 합치고, 거기에 평생 닦은 대위법적 기량까지 쏟아부은 이 소중한 예술로 그는 신앙인으로서 마

---

221. 성경 중 로마서 7장 12절 "이로 보건대 율법도 거룩하며 계명도 거룩하며 의로우며 선하도다."

222. Kobayashi, "Universality in Bach's B minor Mass," 13.

지막 임무를 완성하려 했을 지도 모른다. 겨우 한 나라의 왕인 프리드리히 2세에게도 〈음악의 헌정〉을 작곡해 바쳤던 그이다. 이제 천지의 창조주이신 하나님께 〈B단조 미사〉로 자신을 드리는 제바스티안의 모습이 우리 모두를 숙연하게 만든다.

카타리나의 회고

1749년 1월 23살이 된 여동생 엘리자베트 유리아나 프리드리카(리스헨)가 30살 알트니콜[223]과 결혼식을 올리게 되어 오랜만에 집안에 경사가 났다. 그들의 결혼식은 1월 20일 월요일 오전 10시에 거행되었고, 주일 예배와 달리 혼인미사라서 4성부로 된 코랄 외에 반주 있는 음악은 허락되지 않았다. 결혼예식은 부주교인 크리스토프 볼레 박사가 맡았는데, 그분은 평소 우리 가족의 고해 성사를 맡아주시는 분이다. 폴란드와 작센 궁정 음악가의 칭호를 갖고 있는 권위 있는 음악가 가정의 혼인예식인데도 불구하고 법에는 어떠한 예외도 없어 그저 조촐한 예식을 성 토마스 교회에서 마쳤다. 아버지가 라이프치히의 성 토마스 교회 칸토르로 재직하는 기간 중 처음으로 이 도시에서 자녀를 결혼시키다 보니 솔직히 당사자인 리스헨보다 더 흥분한 건 안나 막달레나였다. 카를의 결혼식은 1744년이었지만 라이프치히가 아닌 베를린이었고, 막달레나가 낳은 자식 중에 이번이 첫 혼사이니 그럴 만도 한다.

리스헨이 주로 집에서 아버지의 조수로 일한 알트니콜과 가까워진 건 자연스러운 일이다. 아버지는 제자며 조수이던 알트니콜이 라이프치히 대학을 졸업한 1748년 1월 부임하게 된 작고 초라한 니더비사의 교회가 마음에 차지 않아서 같은 해 나움부르크의 시의회는 물론 시장에게까지 따로 강력한 추천서를 두 통이나 써서 알트니콜이 그 도시의 벤첼교회 오르

---

223. 알트니콜(Johann Christoph Altnickol, 1719-1759)은 베르나에서 태어나 1744년 3월 라이프치히 대학에 입학하여 그때부터 요한 제바스티안 바흐의 제자가 되었다. 1748년 1월부터 니더비사에 오르가니스트로 부임했으나 같은 해 7월 말 나움부르크로 옮겼고, 1749년 1월 20일 바흐의 딸 엘리자베트 율리아나 프리데리카와 결혼하여 사위가 되었다. 〈평균율(적정율) 클라비어곡집 제2권〉 수정본 외에도 〈바이올린 소나타〉, 〈프랑스 모음곡〉, 〈마태수난곡〉, 〈라이프치히 코랄('18 코랄곡집')〉 등 사보에 그가 참여하였다.

가니스트로 선정되는 데 결정적인 역할을 했다. 이렇게 한 자리를 위하여 제바스티안이 두 개 이상의 추천서를 쓴 경우는 맏아들 프리데만과 셋째 베른하르트 이외에는 없었다. 다섯 번째 아들 프리데리히를 위한 추천서만 해도 아버지가 직접 쓰지 못하고 대필을 했으니 한 통으로 만족해야 했다. 알트니콜의 추천서 내용 또한 두고두고 제자들의 입에 오르내릴 만큼 넉넉한 칭찬으로 가득했다. '그는 오르간 연주뿐 아니라 오르간 유지 보수와 수리에도 능통하며, 지휘, 작곡, 성악, 바이올린에 재능이 있다. 이 사람을 선정하면 절대 후회하지 않을 것이며, 추천하는 본인 역시 개인적으로 선호하는 인물이다.'[224] 이 정도의 문구라면 제자를 넘어 자식 같은 대우를 받은 것이 자명했다. 이 추천서를 받고 나움부르크 시의회는 더 이상의 지원서도 받지 않고 만장일치로 알트니콜의 영입을 결정했다고 한다.

알트니콜은 스승에게서 큰 사랑을 받았고, 동시에 큰 빚을 졌다는 걸 알고 있었다. 그런 그가 스승과 그의 식솔에 대해서 약간의 책임감을 느꼈다 한들 크게 이상한 일은 아니다. 리스헨은 곱게 자라 부모가 정해준 사람과 혼인까지 했으니 시집 못 간 나와는 비교할 수 없는 효녀임을 나도 잘 안다. 나보다 18살이나 어린 그녀를 내가 비교의 대상으로 여긴 적은 별로 없었다. 그런데 아버지가 남달리 리스헨을 아끼는 모습이 혹여 눈에 띄면 같은 딸의 입장으로 돌아와 초라한 내 모습이 서글퍼진다. 엘리아스가 자녀들의 가정교사로 개인교습을 시작하면서 넷째 아들인 고트프리트 하인리히 옆자리를 리스헨이 차지한 것이! 2년 먼저 태어난 오빠 고트프리트 하인리히의 조력자라는 게 이유 겸 핑계였다. 고트프리트 하인리히는 정신적인 문제로 지적 수준이 떨어지니 어쩔 수 없다 해도 리스헨은 왜 이런

---

224. David & Mendel, ed. *The New Bach Reader*, 232.

행운을 얻은 것일까? 같은 딸인데 누구는 부호의 딸처럼 개인교습을 받고, 누구는 하녀처럼 부엌에서 구경이나 하는 상황에도 난 맏딸로서 져야 할 책임을 마다한 적은 없다. 하지만 이 문제만은 좀 달랐다. 나이를 먹어도 속상한 건 똑같았다.

하지만 이런 소소한 감정도 그리 오래 가지 못했다. 리스헨은 결혼한 해 10월 초에 첫아들을 낳고, 그에게 요한 제바스티안이란 이름을 지어주었는데 그 아이는 두 주 후 사망했다. 그 후 1751년과 1754년에 두 명의 딸을 더 낳고 잘 사는가 했더니 1759년 7월 말 갑자기 알트니콜이 마흔 살의 젊은 나이로 세상을 떠났다는 소식이 들려왔다. 리스헨은 착한 심성을 지녀 그동안 지적으로 부족한 오빠 고트프리트 하인리히까지 자기 집에서 극진히 보살폈다. 하지만 고트프리트 하인리히도 1763년 39살의 나이로 세상을 떠나자, 리스헨은 남은 두 딸과 함께 엄마 막달레나가 있는 라이프치히로 돌아왔다. 그녀가 과부가 된 이후 리스헨 가족의 생활비를 보낸 사람은 바로 카를이었다. 자기도 넉넉하지 않은 형편인데 부친과 큰형의 빈자리를 메꾸기 위해 살뜰하게 집안을 보살핀 카를이 정말 대단하고 고마웠다. 또한 겨우 33살에 두 딸과 함께 빈털터리로 과부가 된 리스헨을 보니 한편 측은하기도 하고, 또 한편으로는 시집 못 간 내 신세가 특별히 더 나쁜 것도 아니란 생각이 들었다.

퀴들리벳: '서로 사랑하라'

'간음하지 말라, 살인하지 말라, 도적질하지 말라, 탐내지 말라 한 것과 그 외에 다른 계명이 있을지라도 네 이웃을 네 자신과 같이 사랑하라 하신 그 말씀 가운데 다 들었느니라. 사랑은 이웃에게 악을 행치 아니하나니 그러므로 사랑은 율법의 완성이니라.'

_ 로마서 13:9-10

바흐 가문의 사람이라면 누구나 〈아리아와 다양한 변주곡〉의 마지막 변주곡에 사용된 두 노래를 알고 있다. 이들은 제바스티안이 어렸을 때부터 바흐 일가가 모이면 자주 불렀던 노래들이다. 가문 대부분이 음악을 업으로 삼다 보니, 노래 부르면서 장난치고 노는 일은 너무나 당연하고 자연스러웠다. 그렇게 모여서 부르는 노래들은 대부분 가사가 조금은 황당하고 재미있어 나름 모임의 흥을 돋우기에 제격이다. 전혀 다른 두 개 노래의 선율을 동시에 부르면서 이렇게 꿰어맞추는 것은 일종의 음악으로 된 퍼즐 맞추기이니 제바스티안은 이를 놀이처럼 즐겁게 여겼을 것이 분명하다.

사실 이 두 개 선율의 가사는 듣는 이들에게 친근한 무언가를 연상시킨다. 첫 번째 노래는 "나는 너무 오랫동안 너를 떠나 있었네. 돌아와. 돌아와."로 둥글게 원을 그리며 추는 춤인데 내용은 이별과 사랑의 노래다. 무도회나 결혼식에서 그 밤의 마지막 춤곡으로 사용되는 이 독일 노래는 일명 '할아버지 춤'으로 불리는데[225] 30개의 변주곡 중 마지막 선율로 매우 적절하다. 두 번째 노래는 "양배추와 순무가 나를 떠나게 했지. 엄마가 고기반찬만 해주었어도 난 더 오래 머물렀을 터인데."로 철없는 아들의 넋두리에 피식 웃음이 나오는 가사이다. 이 곡은 원래 이탈리아 북부 시골의 춤곡으로 프레스코발디[226]가 사용한 바 있다. 또한 두 노래의 주제가 다 어딘가 떠나 있음을 강조하므로 마치 성경에 나오는 탕자의 비유처럼 돌아오기를 바라는 진한 메시지를 담고 있다. 따라서 곧 맨 처음에 연주된 아리아가 돌아올 수밖에 없는 순환 구조를 자연스럽게 준비해 준다.

제바스티안의 적극적인 후원자였던 랑에 시장이 1740년대 초반 청력에 문제가 생기면서 일선에서 물러서자 제바스티안도 콜레기움의 감독직을 내려놓았다. 1746년경부터 랑에 자리를 보른 시장이 대신하게 되었고, 선제후 측을 대변해 온 랑에 시장은 1748년 결국 세상을 떠났다. 라이프치히 시장 야콥 보른은 제바스티안이 버젓이 활동 중인 1749년 6월에 성 토마스 교회 칸토르 후임자 오디션을 개최하는 망령된 행동을 거침없이 저질렀다. 이는 작센의 수상인 하인리히 폰 브륄이 추천한 고트롭 하러를 그 자리에 뽑기 위해 자행된 일이었다. 오디션 장소는 교회가 아닌 콘서트 홀이었고, 관례대로라면 주일 예배 중에 해야 하는데 야릇하게 주중인 평

---

225. Wolff, *Bach's Musical Universe*, 189.
226. 프레스코발디(Girolamo Frescobaldi, 1583-1643)는 이탈리아 태생으로 17세기 건반 음악사에서 매우 중요한 인물이다. 그가 1635년 출판한 〈음악의 꽃다발(Fiori musicali)〉 중 Bergamasca의 주선율이 쿼들리벳의 두 번째 선율이다. 요한 제바스티안이 프레스코발디의 이 곡집을 직접 사보해 소장했기에 그 연관성이 돋보인다.

일에 하는 등 모든 절차가 이례적이었다. 1749년 봄부터 제바스티안의 건강이 나빠진 건 사실이었다. 하지만 그는 8월 말 시의회 행사 때 칸타타를 연주할 만큼 첫 위기를 보란 듯이 잘 극복했다. 심지어는 칸토르 후보자로 온 하러가 오디션을 했던 같은 장소에서 본인의 세속 칸타타인 〈푀부스와 판〉을 재연하면서 날카로운 반격을 가했다. 이 곡은 무엇이 좋은 예술이고 무엇이 나쁜 것인지 비교하는 내용인데, 저급한 음악을 대표하는 판과 훌륭한 음악을 대변하는 푀부스 간의 경쟁을 희극적으로 묘사한다. 역시 제바스티안답게 당시 판국을 비판하는 쓴소리를 말이 아닌 음악으로 표현해 그의 입장을 후대에 정확하게 남긴 것이다. 보른 시장은 제바스티안을 한낮 나이 들고 병든 노인네로 너무 우습게 보고 잘못 건드린 꼴이 되고 말았다.

하지만 1750년 3월 말과 4월 초에 제바스티안의 눈병이 도져 두 번에 걸쳐 유명한 영국인 안과의사 존 테일러 씨에게 백내장 수술을 받았다. 솔직히 백내장이 생명을 위협하는 병은 아니지만 아직도 작곡에 대한 열정이 식을 줄 모르는 그에게 시력 약화는 매우 성가신 문제였다. 게다가 지병인 당뇨 치료에도 무심했으므로 수술 후 상태는 전혀 호전되지 않았다. 마음은 훨훨 날아 아직도 다 풀어내지 못한 작품들을 이리저리 구상하고 있는데 몸은 무겁고 눈은 보이지 않으니 얼마나 답답했겠는가. 첫 번째 수술을 하고 넉 달 정도를 버틴 걸 보면 급작스러운 세균 감염이 사인은 아니었던 것 같다. 결국 1750년 7월 28일 저녁 8시 15분에 라이프치히에서 가장 노련한 의사 두 명의 극진한 보살핌에도 불구하고 제바스티안은 66년간의 생을 마감했다.[227]

---

227. David & Mendel, ed. *The New Bach Reader*. 303.

임종 6일 전인 7월 22일 제바스티안은 성 토마스 교회 목사의 특별 배려로 집에서 성찬식을 거행했다. 그의 임종 시엔 아직 남편을 보낼 준비가 되지 않은 아내 막달레나와 카타리나를 포함해 자녀 9명이 모두 함께 그 자리를 지켰다.[228] 그러고 보면 제바스티안은 이 세상을 떠날 때 그리 외롭진 않아 보인다. 30년 전 마리아 바바라의 임종과 비교해 보자면 말이다. 제바스티안의 임종 앞에서 자녀들이 할 수 있는 건 없었을 터이고, 아마도 그가 좋아하던 코랄 '당신의 보좌 앞에 나아가며'[229] 를 함께 부르면서 그의 천국 여행을 배웅하지 않았을까 싶다.

---

228. Williams, *J. S. Bach: A Life in Music* (Cambridge University Press, 2007), 266.
229. 당신의 보좌 앞에 나아가며'(Vor deinen Thron tret ich)는 임종 시 부르는 찬송이며, 오르간 코랄 전주곡(BWV 668)은 미완성으로 남아 있다.

멀리서 온 자녀들도 있고 해서 아버지의 장례식은 그리 오래 끌 수 없었다. 그게 7월 30일인지 31일인지 확실히 기억나지 않으나 간단한 장례예배 후 시신을 모신 오크나무로 짠 관을 동생들이 들고 장례 행렬은 그리마 문을 통해 동쪽으로 향했다. 라이프치히 성벽 밖 성 요한 교회 야외 묘지를 향해 행렬은 줄지어 걸어갔다. 성 요한 교회는 아버지가 1743년 J. 샤이베가 제작한 새 오르간의 준공 검사를 했던 곳이다. 교회 남쪽 마당 묘지에는 어렸을 때 세상을 떠난 당신의 자녀들이 7명이나 이미 옹기종기 모여 묻혀 있었다. 그 옆에 아버지의 관을 묘비 하나 없이 조그만 구덩이 속에 내려놓을 땐 모두 참고 있던 눈물을 쏟았다.

작센의 궁정 작곡가며 최고의 음악가여도 아무 소용이 없었다. 전도서의 말처럼 인생은 헛된 게 맞나 보다. 평민이었던 아버지는 묘비 하나 쓸 수 없었다. 열심히 위치를 기억하려고 애는 썼으나 우리 형제들마저 이 세상에 없으면 누가 아버지의 묘지를 알아보고 기억한단 말인가! 제바스티안의 여러 동료도 장례식에 참여했다. 그들 역시 악기 하나 없이 빈손으로 왔고 제바스티안 휘하의 합창단이 그나마 행진할 때 불러준 코랄까지 없었다면 평생을 음악에 헌신한 아버지에게 너무나 초라한 장례식이 될 뻔했다. 하나님과 영생을 믿는 굳건한 신앙이 없었다면 그 자리를 계속 지킬 수나 있었을까? 아버지가 살아 있을 때 죽음에 관해 어떤 생각을 품었는지는 그의 음악에 더 잘 나타나 있다. 믿는 자에게 육신의 죽음은 결코 슬픈 일이 될 수 없다. 예수님의 죽음과 부활을 통해 구원받은 성도는 영원한 하늘나라로 가는 이 길을 마땅히 기뻐하고 감사해야만 했다.

"서로 사랑허리"는 성경 말씀이 유품과 유산을 나눌 때 제대로 이루어졌는지는 잘 모르겠다. 유산 배분은 주로 과부가 된 막달레나와 프리데만,

카를 셋 사이의 문제로 남겨졌다. 꽤 넓은 칸토르 사택의 군데군데 쟁여 있던 악기들과 책, 악보와 살림살이를 처분하는 일은 만만치 않았다. 칸토르부인으로 남부럽지 않던 안나 막달레나는 갑자기 가난한 과부 신세로 전락했다. 그녀가 불쌍해 보이는 게 혹시 사랑이라면 나는 유언을 그런대로 잘 따랐나 보다. 막달레나는 헌신적인 아내와 엄마로 최선을 다해 살아왔다. 집을 방문하는 여러 손님에게 후덕한 안주인이었고, 남편과 자녀들의 요구에 인내와 사랑으로 화답했다. 막달레나가 아끼는 막내 아들 크리스텔은 카를을 따라 베를린으로 떠났지만 13살인 요하나 카롤리나와 겨우 8살인 막내딸 레지나 수잔나가 라이프치히에 남았다. 내가 이곳에 있어 조금이라도 보탬이 된다면 난 기꺼이 새엄마 곁에 남을 용의가 있었다. 하지만 라이프치히에는 내가 설 자리가 없었고, 결국 난 아직 미혼인 프리데만을 따라갈 수밖에 없었다. 프리데만이 결혼한 후에도 거의 20년 정도 그의 곁을 지키다가 1770년경 다시 라이츠치히로 돌아왔다. 내가 돌아온 이유는 간단하다. 내가 죽으면 나를 아버지를 비롯한 우리 가족이 묻힌 성 요한 교회 야외 묘지에 묻어줄 것이기 때문이었다.[230]

---

230. Hübner, Frauen der Bach-Familie(Kamprad, 2021) 141-3.

돌아온 천상의 아리아

　제바스티안이 추구한 마지막 목적이자 궁극적인 동기는 오로지 음악을 통해서 하나님께 영광을 돌리고, 사람들의 영혼에 즐거움과 위안을 선사하는 것이다. 그는 세상을 떠날 때까지 라이프치히의 시민이 되지 못하고 아이제나흐 시민으로 머물렀으나 시 소속 학교에서 일했던 까닭에 라이프치히에서 여러 가지 특권과 법적 보호의 혜택을 누렸다. 제바스티안은 당대 최고의 건반악기 연주자로 칭송받았으나 헨델이나 텔레만처럼 국제적으로 활발한 활동을 펼치지는 못했다. 하지만 그의 음악은 어느 시대나 지역에 국한되지 않는 자유로움이 넘쳤고, 모든 지역의 국경을 넘나드는 국제적인 성격이 강했다. 사실 제바스티안은 음악의 한계를 이 지상을 넘어 우주까지 확장 시켰으니 가장 폭넓은 상상력을 펼친 음악가인 게 분명하다. 질서정연한 우주와 그 경이로운 세계를, 그 다양함과 조화로움을 자신의 예술 안에 담았으니 그저 놀라울 뿐이다.

　시간이란 무엇인가? 봄, 여름, 가을, 겨울의 계절이 있고, 한 해의 첫날이 있고 마지막 날이 있듯이 돌고 도는 것일까? 아니면 언젠가는 세상의 종말이 오는 것처럼, 또 사람이 태어나고 죽듯 역사에도 끝이라는 게 있을까? 이 둘 중 무엇이 더 영원한 것일까? 이 질문의 답은 의외로 단순하다. 끝이란 게 있다면 결코 영원해질 수 없기 때문이다.

제바스티안은 왜 30개의 빛나는 변주곡을 거친 다음에 처음 시작한 아리아로 되돌아가라고 지시했을까? 그는 그게 세상의 끝이든 이 작품의 끝이든 간에 마지막을 보고 싶지 않았던 것인가? 하지만 〈아리아와 다양한 변주곡〉은 다른 어느 작품보다도 곡이 진행되면 될수록 클라이맥스를 향해 더욱 더 강렬하게 몰아간다. 특히 마지막 몇 개의 변주에선 처음에 들었던 선율 따위는 잊을 만큼 미래 지향적으로 앞으로만 내달린다. 바로 그 시점에 아리아로 돌아가라는 작곡가의 의도는 무엇일까? 돌고 도는 원 같은 영원한 시간과 시작과 함께 끝을 향해 쏜살같이 달려가는 화살 같은 직선적인 시간 사이에서 제바스티안은 두 마리의 토끼를 다 잡으려고 한 것일지도 모른다. 그러면 충분히 시간의 이 두 가지 측면을 다 이해하고 표현할 수 있었을 테니 말이다. 30개의 변주곡은 선율이 아닌 베이스 성부의 반복을 통해 통일감을 얻으며 아리아로 돌아오긴 하지만 완벽한 원을 만들 수는 없다. 사실 이는 원도 아니고 직선도 아닌 나선형의 구조에 비교할 수 있다. 점점 음정의 폭이 넓어지는 카논을 세 곡마다 사용한 것도 이런 나선형 구조를 이루는 데 한몫을 하는 건 아닐까? 이 곡은 반복되는 일상의 원을 뚫고 더 완벽한 예술의 세계를 추구하려고 앞으로 나가는 제바스티안의 열정적인 모습을 그대로 담고 있는 듯하다. 30개의 변주곡과 점점 간격이 벌어지는 카논을 나선형 구조의 시간으로 이해한 후 이제 아련하고 촉촉한 단비처럼 마음을 적셔주는 아리아가 다시 돌아옴에 우리는 위로와 함께 각자의 삶의 궤도를 뚫고 나아갈 새 힘을 얻는다.

양탄자에 씨줄과 날줄이 있다면 음악도 마찬가지이다. 음악의 씨줄이 선율이면 날줄은 화성이 된다. 진흙으로 매끈한 도자기를 만들어 내듯이 음악가의 손안에서 씨줄인 선율은 가지각색의 다양한 모습으로 자기가 속한 곡의 분위기에 어울리는 모습으로 태어난다. 봉긋 올라온 꽃봉오리처럼 수줍고 여린 애들이 있는가 하면 태풍처럼 강렬한 힘으로 몰아치는 선율도 있다. 선율에 뛰어난 작곡가는 사실 여럿 있다. 헨델, 비발디, 코렐리, 텔레만 외에도 이름을 대면 알만한 많은 음악가가 아름다운 선율로 대중의 귀를 낚아채고 인기를 끌었다. 하지만 그 누구도 화성에 있어선 제바스티안을 따라올 자가 없다. 그가 숨겨놓은 화성의 비밀은 무엇인가? 왜 제바스티안의 음악만이 이렇게 독창적인 화성을 통해 깊이가 다른 표현을 할 수 있는지 모르겠다.

　작곡이란 보통 무슨 이야기를 할 건지 주제를 정하고 거기에 어울리는 형식을 선택한다. 그리곤 씨줄인 선율과 날줄인 화성으로 천을 짜면서 그 안에 적당한 이야기나 감정을 담는다. 그런데 제바스티안은 이 음악적인 씨줄과 날줄을 재료 삼아 천을 짤 때 대위법이라는 무늬를 추가하는 것을 누구보다 좋아했다. 왜 남들과 견줄 수 없는 복잡하고 어려운 화성에 대위법이라는 복잡한 규칙까지 더해야 만족하는지 그 이유는 알 수 없다. 남들이 초보적인 산수와 서술적인 스케치에 골몰할 때 제바스티안은 고차원적인 수학과 입체적인 건축물을 동경한 것일까? 아니면 남들이 땅에 떨어진 금화나 찾고 있을 때 그는 우주와 별자리에 푹 빠져 육안으로 보이지 않는 형이상학적인 세계에 마음을 빼앗긴 것인가? 남들이 우아하고 화려한 음악의 외향에 정신 팔려있을 때 그는 변증법적으로 대조되는 요소들을 하나로 통합하기 위해 고심하는 외로운 작곡가로 남기로 작정한 것인지도 모른다. 어쨌든 제바스티안이 짜 내려간 직조물은 세상 어디에서도 볼 수 없는 기하학적이고 독창적인 아름다운 무늬를 지니고 있다. 진정한 예술가로서 그는 완벽하게 창조된 예술이 어떤 것인지 알기 때문에 그 수준 이하의 하찮은 무늬로는 절대 만족할 수 없는 모양이다.

수면 아래에서 깊이 잠자고 있던 카논의 가능성을 깨워 수면 위로 부상시킨 제바스티안은 다성 음악 중에서도 가장 복잡한 지적인 작업을 수행한 셈이다. 유니슨에서부터 9도까지 따라오는 성부의 음정을 넓히면서 일부는 전위시키고, 일부는 역행시키는 등 온갖 정교한 기술을 발휘했다. 왜 유니슨 카논에서 시작해 9도까지만 음정을 확장 시키고 10도로는 가지 않았을까? 어쩌면 그는 끝을 열어놓고 싶어 9도에서 멈추었거나, 아니면 10이라는 숫자는 다음을 위해 아껴두었는지도 모르겠다. 어쩌면 1747년 멋지게 인쇄한 <음악의 헌정> 안에 있는 10개의 카논이 바로 그 답일지도 모르겠다.

그런데 흥미롭게도 <아리아와 다양한 변주곡>의 진정한 매력은 이렇게 위대한 대위법적 기술을 뼈대로 삼고 있지만 그게 겉으로는 잘 드러나지 않는다는 점이다. 심오한 작곡 기법과 최고로 어려운 연주 기술에 비해 이 곡을 감상하기는 생각보다 수월하다. 제바스티안이 음악 안에 숨겨놓은 의미와 비밀을 아무것도 모른 채 들어도 이 곡은 너무 세련되고 사랑스럽기 때문이다. 하지만 그가 이렇게 독창적인 고안 속에 숨겨놓은 보석들을 하나씩 탐구하고 발견해 내는 기쁨 또한 제바스티안의 선물이고 의도일 수 있다. 제바스티안은 나름 성공한 음악가였으나, 스스로는 이 세상이 자신의 깊고 독창적인 예술 세계를 제대로 인정해 주지 않아 섭섭했을 것이다. 어쩌면 신실한 신앙을 통해 그가 바라본 건 모든 면에서 불완전한 사람들의 세상이 아닌 위대한 분이 다스리는 영원한 세계가 아니었을까? 제바스티안이 바라본 하나님과 묵묵히 그 뒤를 따르고자 노력하는 자신을 표현할 수 있는 순종의 가장 적극적이고 창조적인 표현이 카논일 지도 모른다. 질서정연하게 돌아가는 우주와 그 아래 작은 지구, 거기에 인간을 창조한 분의 예술적인 안목과 능력이 제바스티안을 통해 이 곡 안에 거울처럼 반영된 듯하다.

그렇다면 인생의 씨줄은 무엇인가? 그게 시간이라 치면 제바스티안에게 시간은 곧 음악이었고, 작품을 만들고 구상하는 과정이었다. 밥을 먹고 거리를 걸어 다닐 때라도 그의 머리 속은 온통 작품 생각에 여념이 없어 몸은 허깨비처럼 둥둥 떠다닐 뿐이다. 하나님으로부터 받은 음악적인 재능을 통해 최고의 음악을 만들고자 하는 그의 목표는 주위 사람들과 심한 갈등을 빚었고 그 자신에게 큰 불이익을 초래하기도 했다. 그런 모든 걸 불사하며 끝까지 달려가 만난 상급은 무엇이었을까? 다른 사람의 눈에 비친 제바스티안은 편안하고 안락한 삶을 추구하기보다는 예술을 통해 하나님께 영광 돌리는 최후의 목표를 향해 끝까지 매진하는 쪽이었다. 자기와의 치열한 싸움을 통해 얻은 이 빛나는 작품들을 제바스티안이 하늘에서도 들을 수 있다면 그의 상급은 당대가 아닌 후대에, 이 세상이 아닌 하늘나라에 준비되어 거기서 영원히 누릴 수 있을지도 모르겠다.

그렇다면 인생의 날줄은 무엇일까? 주위 사람들과의 관계인가? 고집스럽게 생긴 외모 때문에 많은 이들은 제바스티안을 고집불통에 음악 외엔 무심한 사람이라고 오해하는 경향이 있다. 젊은 부인에게 카네이션과 홍방울새를 선물하고, 자식들 교육에 그렇게 열을 내며, 제자들의 취업을 위해 추천서를 몇 통씩 써주는 그가 일밖에 모르는 답답한 사람일까? 가족과 친구와 제자, 그리고 음악, 이들은 제바스티안이 목숨을 걸고 사수해야 하는 보루 그 자체였다. 이 성을 감히 공격하고 무너뜨리려는 이들과는 전쟁을 불사했기 때문에 '고집불통'이라는 수식어를 달게 된 것이다. 그토록 그를 괴롭히고 못살게 굴던 많은 사람의 얼굴이 하나씩 스쳐 지나가면서 이제는 나름 그들조차도 제바스티안의 음악 어떤 한 부분에 불협화음으로 남아 있음을 느낀다. 음악에서는 아무리 지독한 불협화음이라도 다음 순간 협화음으로 바로 해결할 수 있지만 인생의 날줄에서는 그게 그렇게 호락호락 처리되지 않는 게 문제지만 말이다.

라이프치히에서 제바스티안은 그 어디에도 진정한 소속감을 느낄 수 없었다. 성 토마스 학교와 시의회는 그가 평범한 선생이 아닌 전문성이 과도한 음악가라서 싫어했고, 라이프치히 대학은 제대로 된 대학 교육을 받지 못했으면서 고집만 세다고 그를 멀리했다. 제바스티안을 선발한 드레스덴 궁정과 그 일파 역시 그가 오페라를 쓰거나 국제적인 명성의 소유자가 아니라고 열외로 밀쳐두었다가 나중에나 겨우 인정해 주었다. 어디서 굴러들어 온 돌이 설치냐는 식의 삐딱한 시선이 항상 제바스티안을 따라다녔다. 만약 가족과 친구라는 견고한 성이 없었다면 그는 이 거친 세상을 헤쳐 나갈 힘을 어디서 얻을 수 있었을까? 제바스티안의 모습을 있는 그대로 사랑하고 지지하는 사람들의 응원이 그의 음악에 춤추듯 활기찬 에너지와 따스한 감동으로 스며들어 여전히 남아 있다.

인간은 누구든지 완벽할 수 없다. 나에게는 요한 제바스티안 바흐가 인간적인 약점과 강점을 동시에 지닌 예술가로서 질서와 균형이 완벽한 음악을 창조해 낼 수 있다는 사실이 더욱 놀랍고 소중하다. 인류의 가장 지성적인 유산의 하나로 꼽히는 그의 경이로운 예술 활동이 단순히 천재적인 재능과 불굴의 노력으로만 이루어진 건 아닌 듯하다. 그의 창작과 활동을 기뻐하고 지지하는 가족과 친구, 지인들의 격려와 인정이 그에게 얼마나 큰 힘이 되었을지 상상해본다. 심지어 그를 둘러싼 극심한 갈등까지도 어쩌면 나름 한 몫을 했는지도 모른다.

요한 제바스티안 바흐는 나에게 끊임없는 도전을 하도록 부추긴 최고의 스승이다. 그의 음악은 인간의 언어로 온전히 표현할 수 없는 아름다움과 진지함, 숭고함을 지녔다. 고난도의 형식과 구조를 갖춘 음악이 대중적으로 높은 인기를 누리기는 쉽지 않다. 그런데 희한하게도 클래식 입문자부터 수준 높은 애호가, 전문 연주가까지 바흐의 음악을 각자 다른 이유로 흠모하고 좋아한다. 사람마다 음악적, 이론적 이해의 깊이가 다르고 수준이 달라도 한결같이 바흐의 음악에 심취할 수 있다니 놀랍지 않은가.

바흐가 쓴 건반 음악 작품들의 표지에 기록된 내용을 종합해 보면 바흐는 작곡 이유 혹은 목표를 세 가지로 요약했음을 알 수 있다. 첫째는 신께 영광을 돌리기 위함이고, 둘째는 듣는 이들에게 영혼의 기쁨을 선사하고, 마지막으로 후학들의 교육을 위해서라고 했다. 신실한 신앙인으로서 바흐는 하나님으로부터 받은 자신의 남다른 음악적 재능을 갈고닦아 이를 주신 분께 되돌리는 게 당연하다고 생각했다. 또한 그의 음악이 듣는 이들에게 영혼의 기쁨과 마음의 안식을 준다는 사실을 우리는 충분히 인정한다. 반면 바흐가 말한 교육적인 목표가 무엇인지는 그리 분명치 않다. 그는 자신의 음악을 통해 후학들이 어떤 자질을 키우길 바랐던 것일까? 바흐는 연주 능력과 음악을 이해하고 작곡하는 게 함께 교육되고 향상되길 바랐던 것 같다. 성부 간의 독립성을 지키면서 다성 음악의 구조를 이해하고, 복잡한 화성과 선율, 리듬을 놓치지 않으면서 작곡가가 표현하려는 초점을 감지해야 한다. 이와 동시에 음악을 통해 감성적으로 청중을 설득하는 능력을 요구했을 것이다. 이토록 총체적인 반응과 고도로 훈련된 음악적 자질에 지적 판단력까지 후배 음악가들이 갖추기를 바라면서 바흐는 음악적인 수준과 난이도에 새로운 기준을 세웠다.

단순한 반주와 감성적인 선율에 사람들이 쉽게 마음을 빼앗기는 걸 바흐가 모를 리 없다. 바흐의 시대에 이미 다성음악은 구식으로 치부되며 인기를 잃어버렸다. 하지만 요한 제바스티안 바흐는 말기로 갈수록 기악과 성악 모두에서 유독 다성 음악을 선호하면서 그 수호자임을 자처했다. 다성 음악은 두 개 이상의 선율이 각각 독립적이기 때문에 몰입도를 높이면서 풍성한 음악적인 짜임새를 만든다. 모든 성부가 똑같이 중요하게 대우받는 다성 음악이 당시의 뚜렷한 계급사회에서 작곡가에게 어떤 매력으로 다가왔을까? 바흐가 예술가로서는 홀로 우뚝 선 영웅이지만, 한 인간으로서는 가족과 친구, 제자들과 함께 더불어 살아가는 모습을 중시했으므로 이런 다성 음악을 통해 조화로운 모습을 구현한 것일지도 모른다. 또 우리는 바흐의 곡들 속에서 고통스러운 삶을 반영한 듯 날카로운 불협화음이 협화음보다 훨씬 더 흥미롭고 매력적이라는 사실을 잘 알고 있다. 불협화음과 복잡한 짜임새가 지닌 마법과 같은 호소력에 빠져들면서도 동시에 바흐의 음악이 달콤한 영혼의 기쁨을 맛보게 해주는 까닭은 무엇일까? 겸손과 허세, 복종과 반항, 사랑과 미움 등 인간 존재의 밑바닥부터 꼭대기까지 폭넓은 삶의 스펙트럼을 지닌 예술가만이 줄 수 있는 메시지가, 캐도 캐도 끝나지 않는 음악적 질문과 감동이, 배움과 깨달음이 그의 음악 안에 있기 때문이리라.

1989년부터 교단에 섰으니 어느덧 36년째 학생들을 가르쳤고, 올해 초 드디어 퇴임했다. 2000년 한국예술종합학교에 부임했고, 2002년에는 고음악협회를, 2005년에는 고음악연구소를 창립했다. 제작 기간이 3년이나 걸리긴 했으나 국내에 유일한 순수한 바로크 방식으로 제작된 스웨덴 예테보리 오르간연구소(GOArt)의 파이프오르간을 2006년 한국예술종합학교 음악원 크누아홀(현 이강숙홀)에 설치하면서 본격적인 활동을 할 수 있는 기틀이 마련된 셈이었다. 한 해는 안식년으로 쉬고, 1년을 준비한 후 2009년 4월 제1회 '한예종 바흐 주간'을 시작했다. 올해로 제17회가 된 '바흐 주간'은 모든 게 멈췄던 팬데믹 기간에도 쉬지 않고 이어져 왔다. 가장 존경받으나 동시에 너무 어려워서 회피하고 싶은 작곡가인 요한 제바스티안 바흐와 친해져 보려는 노력과 몸짓은 나름 유효했다. '한예종 바흐 주간'을 거쳐 간 많은 학생과 더불어 이를 기획하고 진행한 나에게도 이 행사는 지속적인 학습과 연구의 기회를 제공하였다. 물론 그동안 바흐를 탐구하는 과정이 쉽지만은 않았다. 그러나 한예종 같은 교육기관에서 선생과 학생이 함께 가장 학구적인 작곡가인 바흐를 연주하고, 이를 통해 배우고 깨달을 수 있는 장을 펼칠 수 있어서 진정 행복했고, 또 감사했다.

나는 학교에 몸담고 난 이후 틈만 나면 유럽의 오래된 오르간들을 찾아다니면서 바로크 악기들의 소리와 연주법에 관하여 탐구했다. 물론 그 중심에는 항상 요한 제바스티안 바흐가 자리 잡고 있었다. 나의 관심은 이제 연주를 넘어 여러 문헌과 다양한 서적을 통해 이론의 배후까지 파고들고 있었다. 이 열정은 2008년부터 2024년까지 '오자경의 바흐 이야기'란 제목으로 14회에 이르는 렉처 콘서트를 진행했고, 그 내용들이 이 책의 중요한 뼈대가 되었다. 이외에 수시로 강의와 연주를 통해 바흐의 음악을 알려 왔건만 그럼에도 가시지 않는 갈증을 느끼곤 했다. 연주를 마친 밤이면 사라져 버린 소리와 시간이 깊은 호흡 아래 고요히 쌓였다. 시간 예술이라는 한계 때문에 잡아둘 수 없던 그 많은 소리를 차곡차곡 거둬들여 문자로 변환시키면 어떻게 될까? 그럴 수 있다면 내 갈증이 조금은 트일 수 있을까?

뭔가 답답하고 마음이 불편할 때 이를 떨치기 위해 나는 걷는다. 그게 공원이든 산이든 천천히 걷다 보면 걱정을 잊고 전혀 다른 상상을 하는 모습을 발견한다. 사실 이 책의 내용도 산책하면서 구상한 게 적지 않다. 바흐와 산책 이 둘은 내 삶의 큰 위안이며 축복이었다. 자신에게 주는 선물이라 여기며 작년 연초에 남미 파타고니아 지역에 트래킹을 다녀왔다. 원고는 잘 써지지 않는데 긴 여행을 가는 거라 솔직히 마음이 편치 않았다. 하지만 그림 같은 설산과 호수, 청명한 하늘을 보며 엄청난 바람과 몸싸움하면서 걷는 동안 나는 너무 완벽한 대자연의 모습에 홀려 버렸다. 때 묻지 않은 파타고니아의 원초적인 아름다운 풍경에서 생각난 것은 도리어 바흐의 음악이었다. 쎄로또레와 피츠로이, 또레스 델 파이네처럼 우뚝 선 바위산 봉우리들은 타협하지 않고 자신의 길을 묵묵히 끝까지 걸어간 요한 제바스티안의 기개를 떠올리게 했다. 시시각각 색이 변하는 호수와 표정을 계속 바꾸는 하늘은 바흐 음악의 만화경 같은 다양함을 실감 나게 해주었다. 스틱을 땅에 깊게 찌르지 않으면 밀려날 정도로 센 바람은 바흐 음악이 갖고 있는 강력한 에너지와 위력을 실감 나게 해주었다. 이번 파타고니아 여행은 휴식이라기보다는 일종의 한계를 체험하는 시험대 같았다. 평소에 오르막보다는 평지만 좋다고 걸으며 훈련을 소홀히 한 결과가 눈앞에서 드러났다. 아름답지만 힘난한 그 길은 한 발씩 발을 떼는 게 힘들었을 대가의 투혼을 기억나게 하는 순례의 길이었다.

음악은 백번 말하는 것보다 한 번 듣는 게 낫다고 한다. BWV 번호로 알려진 바흐의 작품번호 체계는 볼프강 슈미더가 20세기에 만들어 어려운 독일어 제목을 몰라도 작품을 편리하게 찾아볼 수 있다. 바흐 생전에 있던 분류 체계는 아니지만 본문에 BWV 번호를 추가했으니 관심 있는 독자들은 이 글을 읽으면서 본문에 나오는 바흐의 음악을 직접 감상하기를 추천한다. 최근 유튜브 등 여러 앱에서 바흐의 작품은 BWV 번호만 알면 매우 쉽게 찾을 수 있다. 거기에 이왕이면 시대 악기와 연주 방법을 사용하는 연주자이거나 고음악 단체의 연주라면 금상첨화일 것이다.

솔직히 이 한 권의 미미한 내용으로 요한 제바스티안 바흐의 삶이나 음악을 다 이해할 수는 없다. 위대한 예술가로서의 면모만큼 한 명의 인간으로 평범한 삶에서 그가 느꼈던 고뇌와 희열, 또 그의 가족 및 주변 인물들과 어떤 인간관계를 유지했으며 그게 음악에 어떻게 반영되었는지 그저 아주 일부분의 이야기를 풀어보려고 하였을 뿐이다. 제바스티안의 맏딸인 카타리나 도로테아를 소환해 그녀의 회고를 통해 약간 주관적이고 개인적인 감정도 풀어보려 하였다. 어쨌든 조금은 색다른 평전을 통해 J. S. 바흐의 삶과 음악을 이해하는 데 이 책의 내용이 조금이라도 도움이 되기를 바란다. 필자의 지식과 안목이 부족하여 여러 면에서 내용이 미진함을 인정하며 독자들에게 너그러운 양해를 부탁드린다.

2025년 10월
오자경(우면산 자락에서)

아리아와 30개의 변주곡 원곡의 구조

Aria mit verschiedenen Veränderungen BWV 988

Aria

Variatio 1. a 1 Clav.

Variatio 2. a 1 Clav.

Variatio 3. Canone all' Unisono. a 1 Clav.

Variatio 4. a 1 Clav.

Variatio 5. a 1 ô vero 2 Clav.

Variatio 6. Canone alla Seconda. a 1 Clav.

Variatio 7. a 1 ô vero 2 Clav. al tempo di Giga

Variatio 8. a 2 Clav.

Variatio 9. Canone alla Terza. a 1 Clav.

Variatio 10. Fugetta. a 1 Clav.

Variatio 11. a 2 Clav.

Variatio 12. Canone alla Quarta. a 1 Clav.

Variatio 13. a 2 Clav.

Variatio 14. a 2 Clav.

Variatio 15. Canone alla Quinta. a 1 Clav.

Variatio 16. Ouverture. a 1 Clav.

Variatio 17. a 2 Clav.

Variatio 18. Canone alla Sexta. a 1 Clav.

Variatio 19. a 1 Clav.

Variatio 20. a 2 Clav.

Variatio 21. Canone alla Settima. a 1 Clav.

Variatio 22. a 1 Clav. alla breve

Variatio 23. a 2 Clav.

Variatio 24. Canone all' Ottava. a 1 Clav.

Variatio 25. a 2 Clav. adagio

Variatio 26. a 2 Clav.

Variatio 27. Canone alla Nona. a 2 Clav.

Variatio 28. a 2 Clav.

Variatio 29. a 1 ô vero 2 Clav.

Variatio 30. Quodlibet. a 1 Clav.

Aria

요한 세바스티안 바흐의 직계 가족

요한 제바스티안 바흐(1685-1750) - '제바스티안'

첫째 부인 마리아 바바라 바흐(1684-1720)와 사이에 태어난 자녀들

　　*카타리나 도로테아(1708-1774) - '카타리나'
　　*빌헬름 프리데만(1710-1784) - '프리데만'
　　쌍둥이 마리아 소피아와 요한 크리스토프
　　　　(1713년 2월 23일에 태어나 몇 일만에 둘 다 죽음)
　　*카를 필리프 에마누엘(1714-1788) - '카를'
　　*요한 고트프리트 베른하르트(1715-1739)
　　레오폴트 아우구스투스
　　　　(1718년 11월 15일 태어나 1719년 9월 28일에 죽음)

둘째 부인 안나 막달레나 빌케(1701-1760)와 사이에 태어난 자녀들

　　크리스티아나 소피아 헨리엣타(1723-1726)
　　*고트프리트 하인리히(1724-1763)
　　크리스티안 고트리프(1725-1728)

*엘리자베트 율리아나 프리데리카(1726-1781) - '리스헨'

에르네스투스 안드레아스

    (1727년 10월30일에 세례 받고 11월 1일 죽음)

레지나 요하나(1728-1733)

크리스티아나 베네딕타

    (1730년 1월 1일에 세례 받고 1월 4일 죽음)

크리스티나 도로테아(1731년 3월-1732년 8월)

*요한 크리스토프 프리드리히(1732-1795) - '프리데리히'

요한 아우구스트 아브라함

    (1733년 11월 5일에 세례 받고 11월 6일 죽음)

*요한 크리스티안(1735-1782) - '크리스텔'

*요하나 카롤리나(1737-1781)

*레지나 수잔나(1742-1809)

국외 문헌

Baron, Carol K. *Bach's Changing World: Voices in the Community*. Rochester: University of Rochester Press, 2006.

Boyd, Malcolm. Ed. *Oxford Composer Companions J. S. Bach*. Oxford: Oxford University Press, 1999.

Butt, John. Ed. *The Cambridge Companion to Bach*. Cambridge: Cambridge University Press, 1997.

Dadelsen, Georg von. Ed. "Preface", *Klavierbüchlein für Anna Magdalena Bach 1725*. Kassel: Bärenreiter, 1981.

David, Hans T. and Arthur Mendel. *The New Bach Reader: A life of Johann Sebastian Bach in Letters and Documents*. Revised by Christoph Wolff. New York: W. W. Norton, 1998.

Glöckner, Andreas. Rev. *Kalendarium zur Lebensgeschichte Johann Sebastian Bachs*. Leipzig: Evangelische Verlagsanstalt, 2008.

Hansen, Ed., *Bach & Friends: Bach's Life in 82 Engraved Portraits* by Bachhaus Eisenach.

Hübner, Maria. *Civic Pride and Artistic Splendour: 300th Anniversary of Bose House*. Leipzig: Bach-Museum Leipzig, 2011.

Hübner, Maria. *Anna Magdalena Bach*. Leipzig: Evangelische Verlagsanstalt, 2005.

_____. *Frauen der Bach-Familie*. Altenburg: Verlag Klaus-Juergen Kamprad, 2021.

Lindley, Mark. "Bach's Tunings", *The Musical Times* 126(1985), 723.

Kobayashi, Yoshitake. Translated by Jeffrey W. Baxter. "Universality in Bach's B minor Mass: A Portrait of Bach in his final years." *Bach* 24-2 (1993), 3-25.

Newton-Jackson, Paul. "Polish style", *Early Music* 47-4(2019), 587.

Marissen, Michael. *Bach & God*. New York: Oxford University Press, 2016.

_____. "The theological character of J. S. Bach's Musical Offering," in D. Melameded., *Bach Studies 2*(Cambridge, 1995), 85-106

Melamed, Daniel R. Ed. *Bach Studies 2*. New York: Cambridge U. Press, 1995.

Milka, Anatoly P. Rethinking *J. S. Bach's The Art of Fugue*. London & New York: Routledge, 2017

Moroney, David. *BACH: An Extraordinary Life*. London: ABRSM, 2010.

Peters, Mark A. *A Woman's Voice in Baroque Music: Mariane von Ziegler and J. S. Bach*. Hampshire: Ashgate, 2008.

Sadie, Stanley. Ed. *The New Grove Dictionary of Music and Musicians 10*. London: Macmillan, 1980.

Salmen, Walter. *Zu Tisch bei Johann Sebastian Bach*. Hildesheim: Georg Olms, 2009.

Vogel, Herald & Dirksen, Pieter Ed. "Introduction," *J. P. Sweelinck Complete Keyboard Works Band I*, Wiesnaden: Breitkopf & Härtel, 2004.

Williams, Peter. *J. S. Bach: A Life in Music*. Cambridge University Press, 2007.

_____. *Bach: A Musical Biography*. Cambridge University Press, 2016.

_____. *The Organ Music of J. S. Bach. Vol. 1.* Cambridge University Press, 1980.

_____. *The Organ Music of J. S. Bach. Vol. 3.* Cambridge University Press, 1984.

_____. *Bach: The Goldberg Variations.* Cambridge: Cambridge University Press, 2001.

Wolff, Christoph. *Bach's Musical Universe.* New York: W. W. Norton, 2020.

Wolff, Christoph & Markus Zepf. Translated by Lynn Edwards Butler. *The Organs of J. S. Bach.* University of Illinois Press, 2012.

Yearsley, David. *Bach's Feet: The Organ Pedals in European Culture.* Cambridge: Cambridge University Press, 2012.

국내 문헌

존 엘리엇 가디너. 노승림 역. 『바흐: 천상의 음악』 서울: 오픈하우스, 2020.

마르틴 객. 강해근 나주리 역. 『바흐의 아들들』 서울: 음악 세계, 2012

김기석. 『오래된 미래』 서울: 포이에마, 2012.

김용규. 『데칼로그』 서울: 포이에마, 2015.

크리스토프 보써트. 김정미 이상미 공역. 『바흐 음악의 조직체계 속에 나타난 신학적 의미와 종말론-평균율 제2권을 중심으로』 서울: 도서 출판 마루, 2006.

크리스토프 볼프. 변혜련 역. 『요한 세바스찬 바흐 1』 서울: 한양대학교 출판부, 2000.

크리스토프 볼프. 이경분 역. 『요한 세바스찬 바흐 2』 서울: 한양대학교 출판부, 2000.

이기숙 옮김 나주리 해제 『요한 제바스티안 바흐 교회칸타타』 서울: 마티, 2021.